中外哲學典籍大全
中國哲學典籍卷

總主編 李鐵映 王偉光

宋元明清哲學類

吴澄集（四）

〔元〕吴澄 著

方旭東 光潔 點校

中國社会科学出版社

卷八十二　墓誌銘

故桂溪逸士陳君墓碣銘

宋末科舉之學甚盛，國亡，科罷，而業之者亦廢。樂安陳貴道，守其故業，以自娱嬉，不以時所不用而怠。皇元延祐，儒科復。于時，舊學者已忘其步武，新學者未得其門庭，而君獨擅所長。年雖老，猶挾其藝一再試有司。遇不遇有命，而君之先識定見，莫不嘆服焉。

貴道，君之字，仕貴其名也。居樂安縣西之二十里。世裕貲産，逮其祖、其父益昌大。君生長富家，志趣不俗，種學績文是務。於親、於兄、於弟、於族，以孝恭友睦稱，交朋信，待衆仁，藹然君子長者之遺風。實乎譽達，鄉人士師尊之，邑大夫禮敬之。憲僉蔣侯行部至邑，見君甚歡，出所作詩詞與共商略。邑校缺官，當路以君攝職。前時君之弟崇進新構講堂，君又新構禮殿，衆口頌美。既而君復歸舊隱。

先世嘗創道山書塾，屏帷列岫，襟帶清流，占地之勝，名公題詠不一。君讀書其中，夜參半，誦聲猶未歇。老而彌勵。至治癸亥感微疾，正月十二日卒，享年七十八。娶方氏。子男四：文鳳、文麒、文璘、文慶。女四：適師、適張、適鄭、適何。孫男八，女七。泰定乙丑正月二十八日，諸孤奉柩葬于所居之西下陂之山。其冬，予還自禁林。明年，文璘請文墓石。予與君素厚善，思篤學篤行如君者不可見已，乃敘其概，而繫之以銘。桂溪者，君別墅之扁也。銘曰：

恂恂耆舊，展也希有。隆隆丘阜，噫其可久。

金谿劉君妻吴氏墓誌銘

危素以其學子劉蘭見傳其大父之命，其言曰：「吾母新田吴氏，諱卿吉，宋貢士可之子。賦質溫淑，治家儉勤，中外無間言。外祖母卒，既葬，諸舅欲以篋笥所貯金帛分與女兄弟。諸女中，吾母次居四，艴然曰：『女出嫁在外，母病不得晨夕侍側奉湯藥，抱痛終天矣。身後又攫取所有，是利母之死，於心忍乎？』弗受。大德乙巳秋，外祖父罹無妄之災，吾母憤曰：『恨我非男，不能詣官代父明曲直。』勉吾父捐資佐諸舅訴于上司，遂白其屈。吾父歿時，吾母未五十。畢男女昏嫁之未畢者，教之各使成立，家日以豐，受子孫致樂之養。年七十六乃終，至順庚午三月五日也。卜宅兆于岳溪，將以某月日窆。敢徼一言光泉壤。」

予與其夫家無一日之舊，危素丁寧述其子之情，乃爲之銘。其夫劉國珍也，子男三：介福、象賢、有容。女三：適荀、適鄧、適趙。孫男九，女四。曾孫男三，蘭其長也。銘曰：

富且壽，繁胤胄。德可稱，福亦厚。

故陳山長妻姜氏墓銘

故浮梁州長薌書院山長陳君之配姜氏，年八十一，無疾而終。越四年，其婿金谿吴晉卿諗予曰：「妻母三子：長曰偉，建寧路崇安縣星村鎮巡檢；仲曰紳，將仕郎、瑞州蒙山銀冶提舉；季曰經，由平江路長洲縣教諭改儒學正。長子先二年卒，季子先三月卒，仲子獨治喪事。其從兄桂陽路儒學正厚爲敘其母之行，方將求誌銘以葬，而紳亦卒。諸孫惟鈞既壯既室，其餘俱幼。晉卿承妻兄之志，敢蘄一言光幽宮。」

予閱厚所敘，夫人世居饒安仁之璜塘，歸爲陳氏婦，奉舅姑無違，娣姒未嘗有間言。山長君負意氣，少宦學，遍游諸先進之門。晚值時難，能排紛禦侮於談笑間。不屑治貲産，得内助力，生殖有經，家業彌裕。勤女工，至老不倦。饑寒不給者，隨所有濟之。能償不能償，不較也。三子皆有立，諸女亦克如其母。婚嫁費繁，辦之不勞力。晚受子孫孝養，閭里羡其享盛福。其殁泰定二年十月六日也。男三。女亦三：適張；適上官；吴，季婿也。孫男五，女五。曾孫男一，女二。某年月日，葬某處。銘曰：

壽且豐，孫承宗。用康厥終，允臧斯封。

故金谿毛秀實妻陳氏墓銘

鄱陽陳氏女惠安，生宋寶祐甲寅九月。年未二十，歸撫金谿，爲毛秀實妻，奉夫之妾母如君姑。元至元丙子，家燬于兵，器服鮮遺。掇拾燼餘，日積月累，賓祭靡缺。供上所羸，猶能增廣田園廬舍，生殖浸浸饒裕。延祐甲寅，夫喪，斂葬如禮。時君舅進武校尉之喪猶在殯，曰：「予既卒且葬矣，茲豈宜緩？」遄卜宅安厝，畢其夫未畢之事。

居常不忘敬順，未嘗鮮衣美食。戒其子繼芳暨翼曰：「吾相爾父興家於艱危，本之以勤苦，將之以節儉，以有今日，爾其念哉！侈用則傷財，傷財則窶；矜氣則逆衆，逆衆則爭，爾其慎哉！」已爲所生子蔣之子，繼芳是也。蓋曰：「毛，文王之昭；蔣，周公之胤，二氏實一姓也。」年四十餘，復屬其夫以妾媵，生男二，其一不育，其一翼也。待二子與己出無間。命翼從前進士盱江李先生受學。泰定丙寅春，得疾。明年丁卯夏，小愈。明年戊辰春，又劇。五月丙戌卒，年七十五。其冬，翼来乞銘，余病不能作，辭之。天歷己巳春，温前請，將以某月日窆于某原。予觀毛母戒子之言，雖士大夫，或有所不及，蓋賢母也，乃爲銘。曰：

母教兢兢，子孝承承。毛氏其興乎？

故登仕吴君夫人余氏墓誌銘

宋登仕郎吴時可，撫金谿著姓。咸淳間，暨其季弟與郢程鉅夫共學臨汝書院。余鉅夫友也，亦時造焉，遂識君仲季。未幾，運代革，鉅夫顯宦于朝，時可隱處于家，恂恂然有古逸民遺風。食皇元之土踰三十載乃卒，鉅夫爲銘墓。又垂二十載，而其夫人卒，諸孤徵銘於余。

夫人余氏，諱妙真，金谿禮原之系。曾大父忠全，大父延明，父世覺，俱濳晦弗耀。

景定庚申，歸爲吴氏婦。順舅姑，睦娣姒，厚宗戚，下逮使令，咸得其心。女事婦功躬不憚勞，相其夫終二親喪，無違禮。登仕君晚嬰末疾，足不良于行者八年，湯藥飲食之奉，纖悉具宜。比及卒葬，凡附棺内外，必誠必信。老年獨受子孫孝養，燕居談論，每勸以勤學謹行、持身理家之道。既壽且寧，福稱其德。元至治癸亥某月某日，無疾而逝，年八十二。泰定甲子某月某日，葬某里之延福原。子男五：垕子、辰子、良子、復子、萊子。其一、其四先卒。女三。孫男十，女十三。曾孫男五，女五。

予觀家之盛衰，寔關内助之賢以否。吴氏自宋至今弗替益隆，非其所積者厚、所詒者遠而然哉？銘曰：

福集家昌，靡不繇内則。壽永身康，靡不繇順德。

胄胤振振，一門其如春；堂防困困，百世其如新。

故吉水縣尉楊君墓誌銘

國朝一天下以来，民志靡定，塗之人輒欲躋身大夫士，窮智慮、竭貲力，雖不可得而猶不止。幸而得之，如行可、際可、公養無一可，而甘心焉。鞅掌盡瘁，脂韋忍詬，雖不可爲，而猶不悔，余壹不知其奚慕。

吉水縣尉楊君，家清江縣之清江鎮。鎮綰西江東廣之會，貨物聚，户口蕃。大兵南下時，未及郡竟，官吏已逋竄，居民失依倚，惡黨乘時將魚肉其鄉鄰。君見事明投機敏，合數大家首詣帥府，輸欵順附，一鎮之人，大得以安，小得以全，更生者不啻百千萬。帥府嘉其誠，上其功，朝命授吉水縣尉。甚能其官，然不俟滿而歸。年方壯盛，閒適四十餘年，以至于老，無復萌仕進想。人問之，則曰：「吾先廬先疇自可容膝餬口，以怡吾親，胡能役役爲人也哉？」

噫！君之一命，分所宜有，非如它人之以智慮貲力取，猶且薄之而不處，何其識趍之超乎衆也！昔者范蠡既成功名於越，思移謀國之術而施之於家，謂陶之地宜貿遷，遂徙家箸鬻，竟以饒財雄一世。清江鎮亦江右之陶也，五方俊民聞陶朱公之風而興者，前後輻凑，至往往能有所立，故鎮人每由客寓，而老子長孫其間，土著蓋無幾。獨楊氏爲世族，家近於市，而身遠於賈。雖廛地分僦于編户，厚生利用，不過歲收其土之入，而他無所通阜，坐視輩儔納倍蓰之息、累鉅萬之積，略不動其心。噫！聖門如子貢，猶未免於殖貨，君其賢也已！烏有晨夕羊鼎之旁，而不一染指者乎？何其識趍之超乎衆也？

宜春易貢士景升，於君有三世之好，而述其行曰：「君身長七尺，望之偉然，魁碩軒岸。重厚和易，輯睦閭井；解釋紛競，直辭正色，使人心服。鄉有水患，率丁壯築陂堰十餘里，護淤田數千百畝爲膏腴。歲饑，隨廪實多寡以賑。善大字，樂爲人作名扁。所居水竹幽靚，庭階雜蒔花卉，種梅數百株，紆環如谷，人號之爲『梅谷』云。泰定丁卯正月微疾，子弟親友咸在，君端坐曰：『吾年至此，吾欣然逝矣。』季旬八日也，壽七十六。曾大父有貴，大父法顯，父與祖，晦迹弗耀。君諱三登，字儀之，少業進士詩賦，藏書數百卷。昆弟三人俱文雅，訓勵諸子唯謹。娶王氏。男：以義、以道、以德。女：適胡、適張、適彭。孫世昌。將以某年月日葬某原，君所自卜也。」

卒之四月，予客上湖黄氏之塾，以義，黄倩也，衣大布之衣来乞銘，其婦翁黄良孫謂予曰：「儀之之行可銘也。」乃爲銘曰：

不惡辱以榮，不惡嚚以嬴，人之同情。彼林林而醒，此孑孑而醒，噫其可稱。

故蒼山居士徐君墓銘

余昔由撫而洪，由洪而撫，每過金溪城，泊舟岸下，屢欲登岸一覽，而輒不果。蓋撫建之水自南遶其東而北流，又分一派遶其西，而合于北。山林可樵，原陸可耕，而水環其外，若海中洲島然。地屬撫郡臨川縣之明賢鄉，舟人云：某姓某姓居其間。今不復能至其處矣。有徐居士子孫来乞銘以葬，問其居，曰：「金谿城也。」問其族，曰：「先世自洪之豐城徙。」

居士君諱天麒，字麟卿，生宋寶祐甲寅仲冬季旬之二日，卒元泰定丙寅孟冬上旬之六日，得年七十三。至天歷己巳季冬仲旬之四日，葬長樂鄉之塔坑。

居士處有恒産，出可通舟，薦歷江、淮、湖、湘，貿遷所貯，家浸以肥。多接豪俠偉人，故襟抱識趍不鄙不凡。南服歸國，徵役難任，率至疲瘁。獨綽綽應之，竟莫能害，而尤加裕焉。近境竊發，設計平殄，不煩官軍，黨里蒙惠。賙賑匱急，負者弗責。二教之徒蘄助，亦欣然樂施。達官嘗書「蒼山」二字而扁其宴息之樓。鄰善家富，身康心寧，優游長年，以壽令終。子孫才賢，興盛未艾，真福德人哉！

考文先，妣蕭氏。娶白，早世，無嗣。再娶陳氏，先卒。子男四：景仁、景瑞、景輝、景昭。瑞，陳出也。女二：梅、次鼎。甘泉，婿也。孫男十：曰彧、曰彦、曰誼、曰啓、曰文、曰成、曰馬、曰虎、曰智、曰黑，女五：曰武、曰琇、曰祉、曰祐、曰玉。爲請銘者鄔迪，景瑞之妻弟，而吾孫婦之族父也。銘曰：

肥遯皎皎，人間瀛嶠。生崇吉德，死妥吉兆。

有元忠顯校尉富川縣尹皮府君墓誌銘

府君諱南舉，字仲尹，姓皮氏，系本長沙醴陵，徙新淦西歸里，分徙清江崇學鄉，今爲崇學人。族以業進士舉貢者不一。至宣教郎諱巽，登上第，知平江縣，繇是聲望彌光。府君，平江第二子也。幼從父游宦，其伯兄留任家督。父既歿，聚處協理，兄所可，弟然之；弟所可，兄然之。雍睦無間，鄉族鮮二。

早歲俱從碩師受周禮義，兄嗣家學，相先後貢于鄉，同試禮部，弗利。國朝奄有南土，豫章已附，游兵騷騷及清江。皮姓介居二郡之間，官民靡所倚藉，僉謂宜得望族有才略者出應事機。府君完保宗黨于家，衆推伯兄往詣帥府輸欵，境内遂安堵如故。事定，朝命授伯兄嘉議大夫、南雄路總管；授府君忠顯校尉、管軍總把，湖廣行省命充賀州富川縣尹。

府君素志恬淡，隱退不仕，俗塵略無芥蔕。尊酒棋枰，藥爐丹竈，逍遥閒散，如方外人。然譽聞日隆，過從雲合，接賓朋有禮，賙鄰曲有恩。遠近視如泰山喬嶽焉。夫人清江縣尉胡蒙冲女，生子豫。晚歲病瘵，年七十七子喪。憂悸病劇，既而復愈，年八十二危篤幾甚，忽矍然而甦，自是又五年，八十六乃終。女八人，婿二胡、一趙、一黄、二鄒、一劉、一鄧。孫男一，植；女二，適楊、適趙。曾孫男二，女二，皆幼。

余昔年屢客皮氏，總管公暨府君親密如膠漆。府君卒後九年，余再過清江，而府君之柩猶在淺土。植以總管公之子平江州判官溍之狀，請銘其大父之葬。余於府君情誼非止如舊館人而已，追想其風流，不可復見，則爲之銘。曰：

質也清，仙之臞；氣也初，春之煦。
人也外，冰之涣；天也内，澍之灌。德臻兹，其壽也宜。

樂安胡仲玉墓誌銘

樂安胡仲玉，諱漣，宋咸淳丙寅四月戊子生，元泰定丁卯四月壬午卒。是年九月乙卯，葬縣北二十里康村之大朱谷。前期，孤恭衰絰請曰：「先君善事父母，承順養志，服勞竭力；敬兄友弟，夫婦如賓；應接允當，明習吏牘，通敏過人。强壯時在官方愜志，忽自引退，曰：『此非吾業也。』閒居植産，勤而有恒，儉而中節，日豐饒。汲汲以教子爲務。又推所餘濟閭井之貧，衣寒粒饑，藥病棺死，以至梁川甃途，施財于二教，靡有吝意。孝弟慈厚出乎本然，而非黽勉也。今也不幸大故，儻得達者一言光于幽，則死者爲不亡矣。敢以請。」

予家距樂安甚邇，人之善否固所熟知。而恭劬書博記，屢應進士舉，嘗及予門者。仲玉去吏爲民，竟能致富，其財蓋足稱也。祖諱漕，考諱祐之，一兄二弟。娶鄒。男三：良、恭、讓。女一。孫男二：惠、溥。女孫亦二。銘曰：

孟子有云，術不可不慎也。斯人庶幾能擇術者夫？家裕而子賢，宜哉！

故南城楊泰可墓誌銘

右南城縣之南八十里，有聚曰裏塔，楊氏族居焉。族無貴顯之人，無富豪之家，而風俗敦樸好善。先世有諱宏者，嘗暮行入郛，度郛外長橋。橋有遺篋，命僕人攜歸館舍。啓視，内貯白金二百兩。翌日天未明，往俟橋間，果有號而至者曰：「昨領官降和糴銀本，適醉於此，而忘持，今雖傾家莫償。儻索不獲，唯有死爾。」宏察其言覈、其情哀，於是呼之造所館，出篋授之，其人泣感而去，由是鄉人稱爲〔二〕念善翁。翁之仍孫亨，字泰可。祖考妣、考妣四喪俱未就土，悉心竭力卜占宅，求良師，詳審安厝，唯恐弗慎。後亨年六十九而終。其子素不相識，詣予求銘，謂葬期擬今冬。余未暇作，則冬仲又至，必欲得銘，謂葬期展来春。嗚呼！昔者其父之葬親也，必待已之諳葬法；今也其子之葬親也，必待人之與銘文，否則寧未葬。揆之中道，固或未合，而致孝於親必誠必信，可謂厚也已矣。〔三〕

泰可德不許，和不流，天姓孝友。養生送死無憾，以禮開導族屬，俾不失尊卑序。理家儉勤，綱條整然。力匪有餘，每喜賑施。見貧瞽輒蹙額，若己疾痛。道路阻隘不便，亦

〔二〕以下四庫本脱文。
〔三〕以下四庫本脱文。

爲脩治。宋寶祐戊午十一月生，元泰定丙寅三月得疾弗起。娶宜黄饒。子男三：乍、平、本，平爲兄炎嗣。女適新城鄭。孫男六，女三，俱幼。兩及吾門者，季子本也。墓地在南豐小嶺下茶坑白石之原。銘曰：

偷俗靡靡，苟簡喪紀。訖事而已，奚念所始？必安親體，必章親美。嗚呼楊氏，有是父子。

故臨川鄭君宏叔墓誌銘

唐僕射鄭畋之子、户部侍郎凝績，葬建昌新城縣北三十里，子孫因家焉，今爲鄭氏族。臨川之楊塘、清泥、池頭、浮田四派，其分流也。

宏叔諱居誼，居楊塘。宋末寓清泥，與一二宋人文學相好。咸淳甲戌，混補入大學者名翔，貧無資，君給送其往。在學未幾，事變孔棘，奔避而出。道梗不通，適解后君於江東之境，相挈至家。時人情震蕩，君與大學兄弟力護鄉閭，鎮遏群不逞，幸而無虞，得以生聚。其間小定，乃歸楊塘故里。貢舉已廢，君教子明經不輟，或笑其迂。及儒科復，而君之子孫克副時需，始服君遠識。

母年逾八衮，子職謹甚。伯季凡四，同居五十年，雍睦如一日。公私應接，長者分畫，少者禀承，罔不恪恭。處鄉恂恂，嘉善嫉惡。間出片言，平釋忿怨，悉愜所願。有喪無以斂葬，周助唯恐後。晚年創僧道寺觀各一，施田以飯其徒。欲建書塾待游士，未果而疾革。猶以成志囑子孫。

生宋淳祐庚戌，元泰定丙寅九月卒。娶黄氏。子男：一雷；一中；一鶚，嘗任江浙御米稻田提舉。女：適楊、適曾、適龍、適楊。孫男五，女七，四已行，三未笄。曾孫男四，女一。卒之年十一月，窆于金谿歸德鄉之上磜。前期，一雷命其弟一鶚以前鄉貢進士程禄應所述行實來乞銘。余觀其行，蓋鄉之善士也，是可銘已。銘曰：

視久生厚，五福具有。本培末茂，韞美未售。躬之弗遘，式顯之後。

陳垚葬誌

陳垚，生長素封之家，而無膏粱紈綺之態。既成童，詣予所讀書，予每日談辯，從旁竊聽，悉能悟解。退而與同輩共論，雖年在其上者，輒爲之屈。予固異之，父亦喜之。泰定丁卯夏，予出訪清江舊友世，從。及秋，父促之歸，將爲畢娶，其意殊不欲。予與言曰：「父命安可違？」遂歸而娶。明年復過余，三月望歸省，竟以内疸之疾不可救而殂，四月十日也。父母哀之，予亦哀之。以予文誌葬，蓋其父母意也。聊藉是紓哀焉爾矣。

噫！程子謂：「有生之類間值者難，難則數或不能長。」垚之慧而夭也，殆以是與？其生至大庚戌九月十九日。年十九，已冠已昏，故不爲殤。冠之時字曰伯高。婦吴氏，卒之後五月二十二日生一女。噫！

卷八十三　墓誌銘

故居士康君祥可墓誌銘丁卯

江西之郡，吉爲最，其最者何也？文士之秀偉、富户之雄盛，俱非它郡所能敵也。其文士也，漁獵異書以逞其博，追琢瑰辭以衒其巧。如山岳嶙峋，如波濤洶涌，如秋空鷹隼，如春園花卉；或豪健豐贍，或清奇俊逸，或詼譎詭怪，或妍媚蔚紆，卑卑者不敢仰視。然求其淵淵如海、温温如玉，恂恂如孔子之處鄉黨，謙謙如顔子之有若無、實若虚者，蓋不多見。

其富户也，精神振發，氣燄赫奕，伯仲公侯而輿臺府史；伐蛟搏虎，吞象食牛，弛張闔闢，無施不可，大率襲翁伯、季良之餘風。倘不若是，則相與嗤議。其選愞骪骳，有能不爲習俗所移者，幾何人哉？若太和深溪之康，庶乎不移於習俗者也。

康居士諱瑞孫，字祥可，先世自祁州徙。家足恒産。迨南服土疆既屬國朝，其大父、若父相繼充拓，浸浸與擬封君者齊。而秉心無競，横逆弗校，卒能使之自屈，未嘗有一事涸公府。男女長穉會食秩秩，如古禮法之家。至居士三葉，遵守靡渝。居士幼已卓犖，見者心瞿。少長佐其父，致養盡歡。大父景明，至元己丑，年六十八而終；大母郭氏，延祐乙卯，年九十七而終。父國俊，受養三十年，終延祐戊午，年七十六。惟母劉氏夙喪，戚戚常懷罔極之報，事繼母羅、郭與因母同。一兄一弟不壽，恭承父命教育孤遺，一如己子。叔父年八衺，尊奉罔違。女兄之夫託處，白于親庭，給以田宅，至于今得所。妻兄孑立無依，爲窆其五六喪，館穀之終身，日與共飯，孝友睦婣之行，隆於内外者如此。

嗜書如飴，尤喜讀史。論已往成敗得失，如身與其間。泰定丁卯秋，攜孫出省稻畦，訓之曰：「詩書禮義固當熟，稼穡艱難亦當知。」越五日晨興，理櫛家政如常，俄入卧内，無疾而逝。閏九月二十日也，得年六十。

娶羅氏，先卒。子男元愷，孫男宗武，孫女許適劉。曾孫男舉，曾孫女一。卒之明年春，元愷遣宗武来乞銘以葬，余適未暇，辭之。孟夏又至，乃進宗武而問焉，獲聞居士梗概。噫！眥力之家，孰不頡頏騁騖以市聲勢，習俗則然。獨居士退若不盈，固其資識之超，抑亦默符於柱史之意乎？是可銘已。

其友顔觀生述其行曰：居士昂藏玉立，束帶十圍；白髯蕭疏，風采熠燿；衣襜手翼，無疾言遽色。薄書填委，公檄交馳，泰然若無事。待下有恩，雖盛怒，不一撲。少頗嗜飲，中年痛自節抑，每以沈湎爲戒，常談皆菽粟之味，聽者不厭。歲饑平糶，不乘時射利爲低昂。敦意氣，重然諾，所爲磊磊落落，無一不可對人言。不求愧人而人自愧，不求勝人而人自不能勝。或有非義，曉以不可。事或非便，必力沮以安善良。爲人排難解紛，而不以爲德。一二郡侯甚嚴明，見之必禮敬，稱爲善人。子練達周務，孫警敏樂學，身後其無憾矣。

儒學提舉、同郡龍人夫記其書室，而曰：「盤盤碩碩，爲家令子；沖沖雝雝，爲鄉令士」，亦知居士者云。

銘曰：

斯人之懿，斯器之異；斯銘之識，斯則之睎。

吴叔升墓誌銘

至元丙戌，余始與吴東子叔震友。其幼弟順子甫十歲餘，就傳讀書，嶷然如成人。余及見其冠，及見其昏，及見其有子，及見其教子能成才，又及見其卒且葬。烏乎悕矣！順子字叔升，自幼端重恭謹，事親從兄，動循禮度，言行表裏相應。襟懷坦易，耻爲機巧，神情散逸，與物無競。生至元丙子五月季旬之七，卒泰定乙丑十一月仲旬之五。丁卯九月丙申，葬崇賢鄉之大塘。其先宋紹興甲子貢士珏，特奏名入官，子賁贈朝散大夫。朝散生乾道己丑進士榮，仕至奉直大夫、江東制置安撫司參議。奉直生紹熙甲子貢士發藻，貢士生從事郎、吉州永新縣丞焱，免文解登嘉熙戊戌第，是爲祖。忠翊郎、御前諸軍都統司主管機宜文字困孫，是爲考。妣鄒氏無子，繼妣徐氏所生也。縣南鄒景元婿之，五男二女。

長兄東子，歸附初授將仕佐郎，主永春縣簿，嘗以家之書樓作明新義塾。其後屋者摧壓，鳳山之陽山水奇秀，擬于其地建塾以嗣兄志，未及爲而卒。嗚呼！順子三兄，不四十年其長兄逝、次兄逝、順子年及五十又逝。惟一兄曾任儒學教諭者尚存。昔韓子志馬少監墓，以人久不死而觀此世爲悲，今余之於順子亦然，其子也，其孫也。銘曰：

命也在天，莫窺其然。徵之人事，有子可俟。

金溪吴昌文墓誌銘

金溪士吴棐出應至治三年進士舉，遂如京師。泰定二年，試補國學生。三年，謁告省親。中路疾作，賴母之從兄陳真人日新與偕，不惜勞費，爲求醫藥，扶護至杭之崇陽宫。弟貫先期在杭，見兄羸瘠，甚戚。是夕，臀膚生疽，七日而潰，養疾逾月，七月季旬，乃與弟俱西。丁卯，舟宿富陽二十里外，中夜如夢而逝。次日，順風踔一百里餘，泊嚴陵，買棺以斂。時貫之妻之父曾尉文樞同自經紀喪事有力。又三日，抵常山，止於逆旅。八月辛巳，父母聞訃，幾悶絶。從兄善往迎柩，丙申以喪至。宗族賓客哭極哀，數百里内皆傷嘆。蓋其天資純厚精敏，童時不同群兒嬉狎。進士業既通，及吾門問古大學之道，志在爲善士。喜吴興趙承旨孟頫書，模寫忘寢食，宛然得其風致。作近體詩温雅華麗，事父母至孝，與人交未嘗忤人。雖燭見姦慝，口終不言。或託以事，必盡心竭誠。

生大德辛丑十月，年廿六而終。居延福鄉之吴塘。大父可孫，宋咸淳甲戌進士，迪功郎、新昌尉，至元中授將仕佐郎、建昌路儒學教授。父晉卿。世世積善，鄉里稱爲篤行之家。有子賢而不壽，天道殆不可知。娶穀城簿朱彦才女，生一男二女。男始十歲。余之哀之也如親子姪〔一〕，余之三孫與共處國學者，哀之如親兄弟焉。其妻之兄、鄉貢進士朱夏狀其行，而曰：「較之德儉年多者，此曷爲短，彼曷爲長也邪？」嗚呼！此昌黎韓子所以銘李觀，施之昌文爲宜。昌文，斐字也。銘曰：

冉而疾，顔而夭。謂天昭昭，胡斯杳杳？

〔一〕姪，四庫本、成化本皆作「姓」，據文意改。

故梅埜逸士劉君墓誌銘

故丞相廬陵文公嘗寫「卷舒堂」三大字貽其鄉之隱君子劉氏，筆勢雄偉，廣脩丈餘，劉寶藏之。其嗣肖翁敞前規揭舊扁，不遠數百里遣人持文公真蹟造吾廬。余嘉其孝，爲作堂記。越數年，肖翁之子以麟致書曰：「亡考辱先生記其堂矣，不幸大故，將卜月日以葬，敢乞一言志諸墓。」余昔者固嘉肖翁之孝，今也以麟之孝如其考，惡得不諾其請哉？

劉自袁之分宜徙，傳十餘世至振道，字子明，志氣慷慨，交四方賢士大夫，文公爲書堂扁者也。肖翁，其次子，名夢説。博誦强記，經史諸書貫穿通暢，翰墨尤工。婉愉事親，左右服勤，罔或遺親憂。素善鼓琴，父之燕座曰「琴牖」，其扁章丞相鑑所書。延客其間，父命操古調，聽者咸喜。父既没，偶至琴牖，必潸然隕涕，終身爲之廢琴。養母田夫人，堂名春暉，未幾母亦喪。讀孟東野詩，輒嗚咽痛絶。與伯兄同爨三十餘年，䣛睦如一日。兄逝，哀戚劇甚。

凡父所營創，莫不繼述充拓。堂西建重樓，藏書數千卷，首自點校，籤帙整整。前代所存古器奇玩、法書名畫，篤意收貯。資質甚端毅，言動典刑，遇事正辭，無所阿狥。里有靈祠廟圮弗治，歲旱禱雨未應，焚香祝曰：「惟爾明神，久食兹土，幸速作霖，以蘇民望。」有頃大雨。首倡衆力一新其廟。

平時希入城市，府公邑長待以賓禮，未嘗私有所干。安福州官范侯益民廉吏第一，敬慕身教家法之嚴，以女妻其子。往時盧學士摯將旨祀南海，解后一見，特加器重。問其名若字，因曰：「傳巖之肖宜爲和羹之梅。」乃錫「梅埜」二字以號。繇是種梅結亭，稱梅埜逸士。幅巾鶴氅，游息亭中。雅歌投壺，枰弈茗飲，與賓客賡酬爲樂。酒酣興適，浩歌東坡「治生不求富，讀書不求官。譬如飲杯醉，陶然有餘歡」之句，拊掌擊節。殆不知世間有榮辱事。撝謙自牧，好學友善，耆德先達、名人勝流相與如伯仲，故見聞識趣歲長月異，漸潤熏染，於其子亦日益焉。泰定丙寅，子以麟往應進士舉，朂之曰：「吾祖父以儒爲世家，吾從兄以名達禮部，汝其勉旃。」

八月初，瘍生於背。雖謹視醫藥，然别墅從容賓客談笑，一如無病時。是月二十九日終，享年五十四。娶王氏，先三十年卒。繼張氏，縣尉某之女，縣尹某之孫也。子男二：以麟、以立，俱張出。女三：長適吳；次許適王；幼在室。

張欅之狀謂：「肖翁好義好禮，保其清福，有詩書園林之娱。其生也，人樂與游；其没也，傷嗟之不已。所惜學未及設施，名未至光顯，懷才抱器，死於中天，可哀也。陰有德者必食其報，不在其身，在其子孫。劉氏世有隱德，其来遠矣，其後又何可量哉？」斯言蓋足徵云。銘曰：

韜卷經綸，以隱以淪。漫漫知津，疇詘疇信？不降其志，不辱其身，古之逸民與？

故鄔夫人周氏墓誌

夫人周氏，樂安鄔君孟時之妻，仁傑之母也。仁傑爲余言：「鄔氏自五代時，居天授鄉甘泉里之河山，族屬蕃衍，經宋三百年，號著姓。至元丙子以来，軍寇交擾，靡有寧歲。壬午冬，先君奉親避地豐城之竟。明年春，彼地寇作，吾家亦罹其毒，而先君没焉。

先妣抱諸孤依外氏而處。嘗謂仁傑曰：『汝父才志不在人下，實爲家督相，爾祖樹立門户，諸叔蒙業而安。咸淳癸酉，汝仲父龍從與貢，汝父慨然以儒效自期。未幾歷改科廢，又不幸早世。汝能勉學繼先志乎？』事變僅定，去外氏，復歸故里。吾母劬勞二十載，畢男女昏嫁，一家子孫四十餘人，養志盡歡，乃潸然涕泣曰：『吾與汝得脱寇亂之禍，享康寧之福，猶有淺土之喪，盍亟謀葬？』既葬，又曰：『昔張圓遇盗以死，其妻能求文人志墓，俾死者名永長存，而不悼其不幸於土中。吾老且病，弗果謀，汝輩獨不念及此乎？』逮病革，又曰：『吾年二十歸汝家，汝父年四十四而死，其時汝七歲，汝弟三歲，幼弟甫歲。今幸未墜先緒。吾死，必乞銘以表汝父之墓，以成吾志。』言既，涕泣不自已，明日遂終。先君諱龍啓，生宋淳祐庚子九月壬申，卒元癸未三月丁卯。延祐庚申正月戊子，遷葬里之大山。先妣諱柔恭，生宋寶祐癸丑七月丙午，卒泰定甲子九月丁亥。越四年，丁卯十二月壬申，葬里之蔡家原。仁傑未能立身顯親，吾母遺教其敢忘失，謹承先母志，以墓石之文爲請。先生閔其情而畀之銘，不惟生者可逭子責於昭昭，抑使死者可無遺憾於冥冥也。」

曩余未壯，已聞府君之父宜伯諱誼，富盛而尚文，表表爲名家。比壯，又識夫人之父叔器諱治，敦樸而不華，與余相厚善。夫人以周長女爲鄔家婦，承厄難之餘，克勤克儉，以中興其家。哀傷夫君，圖壽其名於身後。嗚呼！賢矣哉！志夫人之葬，因以著府君之名，庶其慰愜貞妻孝子之心乎？系曰：夫人，府君同鄉，懷仁里人。三男：仁傑、仁俊、士佐。中男爲季父後。一女，適崇仁鄭桂。孫男十一，女八。曾孫男五，女六。余之孫當，夫人孫婿也。是爲銘。

袁弘道妻陳氏墓誌銘

吾里陳居士庚，夫婦皆善人，四男三女，其中女幼慧，生宋寶祐戊午十一月八日，元至元壬午歸於同鄉袁弘道，君舅夙喪，事君姑甚謹。夫家富而文，當時務紛紜、世業分析之後，儉勤相夫，以長裕其家。比近兄弟而處，凡七載。大德丁酉冬，從夫復還故里，貲産日闢，爲里中之甲。治内有法，遇下有恩，待賓客有禮。居士之家漸不如昔，弟姪来依者，衣食之、冠昏之，經紀顧視，終始如一。延師教子孫，俾克紹先志。里有貧病者，樂周之。至元己酉，構新宅而居。延祐己未正月十五日，以疾終。夫悲失助，子哀失母。弟姪之依焉者、賓客之過焉者，莫不悵然思其德。泰定丁卯十一月戊寅，葬查坑溪南，夫爲請銘。

子：時敏娶黄、娶陳；時敞娶游；時孜娶吴。孫男：濟泰、光明、昭志。孫女六，長適李，五在室。陳居士暨弘道諸父於余爲異姓伯叔父行，故不辭其請而銘。銘曰：

婦人之善，不著於外，不聞於人。猗與良士，得此良嬪。

樂安徐明可墓誌銘

樂安徐昭明可服親之喪，既練，泰定丙寅二月乙酉，以疾終。明年丁卯十月丙申，將葬縣前之碧隴谷，孤子炳哀泣請志其葬。

按，樂安徐氏，先世自臨川之下麓徙，昭之大父諱通，字泰甫，軒岸倜儻，意氣出群。宋末以庶人在官，前後邑令人品雖不一，率皆偉其才器。喜親士大夫，亦樂與交，其門常多嘉客。國朝初定，南土郡牧檄攝邑尉，新官待之如弟兄。時舊民未嫺新政，貴者乍失其貴，富者不保其富，倀倀無所依倚。一邑四鄉之人，晨夕奔趨，席其庇焘。消患解紛，人之賴以安全奚啻十百。聲譽洋溢，貲産彌厚，豪俠不嗇，日食千指，四方游士、伎術襍流，填咽而至，各滿所欲去。至元己丑九月卒，蒙惠者追思之。大母陳氏，年九十猶康强善飯。父儀，字士儀，習進士程文。宋亡科廢，不獲試。晚好老佛書，泰定乙丑正月卒。

昭生三歲，喪其母陳。比長，從詩師學詩，吟咏可傳。貢舉新制行，亦能其業，而壽不永。暨從弟尚俱及吾門。娶何，男一人，炳也。女五人：適邱；適王；一許適黄；二在室。徐氏三世挺然自拔於儔類中，昭年僅四十四，大父年止五十四，獨其父得年六十九，而父子相繼以殁，爲可悲也。銘曰：

猗嗟！一門前祖後孫，有惠濟人，有志顯親。惠未及浚，志未及伸，而遽隕身，其可嚬呻。

宜春易君妻劉氏葬志

故易處士妻劉氏，淑新其名，系出安成之族。年十九歸易，二十四喪夫，一男甫五歲，一女甫二歲。奉養舅姑，没而終其喪葬；鞠育子女，長而畢其昏嫁。禮教各無闕違。和妯娌，睦族媦，善比鄰，恤患難，撫孤幼，俱有藹然之仁。子既室，傳家事，專意道、釋二教，每日誦經，寒暑不輟。年未六十，及見曾孫。六十三得微疾，越八日，盥頮而坐。命人誦金剛經于側，聽至「如夢幻泡影，如露亦如電」而逝，泰定丙寅十一月十九日也。明年某月日，葬里之黄熊原。子震爲儒，謹愿篤實，請志其母之葬。

余謂而母嫠居四十年，有婦德，又能理家，上孝下慈，外雍内慧，貞婦也，賢母也。女妙巽，適駱，先卒。孫男一，曾孫男一，是爲志。

故撫城吴居士墓誌銘

吾家與居士交游，四十五年如一日，年七十七，得末疾，艱步履。越三年，余赴闕過郡，至其家，猶能扶拽出見。又五年，年八十三而終。其孤請爲銘墓。噫！余其何能無慨然也哉？

居士諱德新，字鼎之，世居撫城西門之内，直郡治之北。事親善幾諫，事兄篤恭。兄卒于家，卜宅兆而安厝之，撫其遺孤如己出，爲之冠笄昏嫁，各擇一業以終其身。故人子不自振，量力資給，可教者教之，底于成。濟親舊鄰里之貧，有貸未嘗計息。衣其寒，食其饑，疾不能醫者助藥費，死不能葬者助葬費。諱言人過，苟可告語，必責善以成其美。拯救急難，或有争訟，曉以理法，片言解紛，一出公是非，靡不心服。繇是諸鄉諸邑望族巨室，咸造其門。科舉興，教二孫以取應。每日曉鍾動即起，焚香誦梵典，自少至老不輟。至治辛酉春疾，泰定丁卯秋劇，七月二十二日翛然而逝。其生在宋淳祐乙巳十二月二十五日，娶黄，繼姜，皆先卒。子男一，文炳。女三：其一適詹，其二、其三適張。孫男二，女一。曾孫男三，女二。卒之年九月某日，葬臨川縣招賢鄉之德坊。

噫！居士敦謹人也，與人有情，與物無忤。延祐乙卯，充吉委吏。吉，大郡也，納米數十萬斛。概量平，訖事無譁，誠且才故也。善書者嘗扁其燕室曰「實庵」云。銘曰：

維慎維慤，有厚無薄，有善無惡，交久不渝。嗟哉已夫！余其銘諸。

卷八十四　墓誌銘

有元承直郎南康路推官蕭君墓誌銘 戊辰

延祐五年進士第八人蕭灟，初任同知唐州事，奉其父就養。秩將滿，一從子偕其父相繼卒于官所，纍纍然以喪歸。既葬，服除，所知迫之同趍京，且先爲持河南省咨文以往。灟憂患之餘趦趄其行，黽俛就道，僅一力自隨。泰定二年春至汴，疽作，閏正月七日，死旅邸。子輻扶柩過舊治，僚友吏民哀傷如其戚焉。喪歸數月，命下改授承直郎、南康路推官。其始仕唐州也，長貳頗以書生易之。見其行事，心乃大服，廉明之聲聞于當路。嗚呼！竟如是而止，悲夫！

灟字漢西，臨江新喻人。生至元癸未十月二十七日。祖寘叔，宋鄉貢進士。父元善，不仕。娶伍氏，子：輻、璋、琇，琇嗣兄後。女子一，許嫁而夭。四年十一月某日葬某處。余嘗校江西行省試士程文，而瀰與貢，故其子輻走數百里詣余請銘。嗚呼！余校文江西者再，初科得蕭立夫，拜初命，遄死；再科得蕭瀰〔一〕，運不及拜再命，又死。昔既銘立夫之葬，今又爲瀰銘，惡得而不悲也邪？銘曰：

人栽之，天培之，其諧也宜哉！人扶之，天摧之，其乖也何哉！

故洞真處士周君墓誌銘

君諱鼎，字德卿，姓周氏，廬陵人。其先世自汴徙。君生而英偉倜儻，不惟博覽群書，卓冠時彦，又善説辭，可馳騖艱難膠輵之場。年比壯，宋祚訖。危亡之際，猶能效謀獻計，贊近闕守禦之臣。然厦顛非一木能支矣。北來將相喜君才辯，君志在退處，無復干進。足迹半東南，達官鉅族，人人青眼相看，君亦不苟合。所至輒主僻陋隱約之家，不輕

〔一〕「瀰」字原闕，據意補。

出，不汎交，韜晦其才。擅名一藝絲桐，遺音悠然嵇中散之趣，所師蓋當代宗工，而君之巧有若飛衛與甘繩之射，手法神縱，幾獨步江右。從學弟子常數十輩。餘力兼嗜醫經，深探張仲景用藥意，每嘆庸醫誤人，攝傷寒論治法，撰成歌訣，明白縝密，觀者易曉。雖自處高簡，弗能低首下心爲人治疾，然醫流拾此，足以悟疑辯惑，陰有活人之功焉。老而倦游，不遠適，間造鄰郡訪舊相知，或留數月，或及期年。清江彭氏尤所親厚。泰定丁卯客其舘，值初度劇飲，朗吟樂甚。越數日，無疾而終，十二月九日也，年八十三。君之子聞訃而來，彭已悉爲經紀終事，輿論義之。君娶太學進士沈君女，子：瑛、瑾、珤。女歸羅。瑾、珤俱爲承天宮道士，瑾先卒，瑛卜致和戊辰某月日葬，兆在臨江新淦善政鄉德集里之玉澗。珤謂余知其父，請銘。君自號大江翁，夙慕清虛元教之宗，又號君洞真處士。珤克踵家學。銘曰：

古之伯牙，痛子期死。今之子期，欲伯牙生。豈可得哉？豈可得哉？嗚呼噫嘻！

金溪余天麒妻吴氏墓誌銘

金溪名家，故登仕郎吴君時可之長女懿純，以姪從姑，歸爲同里余天麒之配，泰定丁卯七月戊午，年六十四而終。葬有期，哀子城承父之命、持舅之狀來爲其母乞銘。余嘗銘登仕夫人余氏之葬矣，閲狀，余母之賢一如吴母。奉舅姑、夫君，處族姻、待使命，以至主饋饌賓，靡不中禮。蠶績女功，躬服其勞。雖家力彌裕，不改常度。姑疾逾年，晨夕侍養左右，憂不滿容。父登仕君晚節風廢八載，每月致藥饍，每歲歸省問，已嫁而孝不衰，可謂賢已。子男一，城也。女一，婿倪大本。孫男三，女一。致和戊辰九月甲申，葬白馬鄉之豹塘。狀其女兄之行者，登仕君之叔子應子也。銘曰：

父也賢，母也賢，故其爲女也賢，而歸爲人婦也亦然。

故登仕郎高君妻艾氏墓誌銘

臨川高溥，以其大父登仕君所撰大母艾氏夫人殯志，因其舅饒君心道來請銘。登仕君諱一夔，字帝臣。艾夫人諱良秀，字德潤，咸淳癸酉貢士性夫之女。年十有四歸于高，六十有六而終，延祐戊午冬也。次年春，殯于三岐。子男五：可、詒、裕，其四、其五出爲人後，俱早卒。孫男八：溥、洪、濬、深、某、某、某、某。女七，長適章，餘未行。夫人卒後一年，其季子卒；又四年，其伯子卒；又四年，其夫卒；又一年，仲子亦卒。諸孫將以泰定五年某月日葬於所殯之北。夫人生儒家，有婦德，中饋之職甚修，尊卑長幼，内外咸雍睦。事父孝，已嫁如未嫁時。其父貢士君晚節頗怏怏失志，日具壺觴就其寓地娱樂之，死而喪之哀。習見父族得儒效，每以勗其夫。銘曰：

一殯十年，家禍連連。今始克葬，維孫之賢。

故太學進士黄君妻徐氏墓誌銘

臨川黄君叔與，太學名士。直易代，弗及成名，諸子皆能。一日，持其舅氏金谿縣主簿徐奇伯狀來爲其母請銘。其狀曰：「奇伯女兄謹慧中凝重，不妄言笑。生淳祐丙午五月癸酉，咸淳癸酉歸黄。治家有則，動相警戒。夫入太學，脱簪珥，斧壓成劑，貯布篋中以授，且曰：『勿以舅姑晨夕奉養爲慮。』元至元戊寅，君舅喪，助夫喪祭，舉中儀式。君姑多病，抉掖盥櫛，湯藥必嘗而後進。訓兒子女鮮或厲聲色，處妯娌終始無間言。服飾簡朴，雖盛寒暑，手不離針線。大德丙午得瘧疾，每旦猶洮頮。七月己丑，言語如常時，奄然而逝。子男五：純、維、約、繼、紬。女四，婿曾、婿熊、婿王、婿許。孫男四：奐、岡、肯、德，女四。至大己酉八月，殯君姑墓左。至治壬戌，卜吉兆於盡安鄉之石牛堡，首乾趾巽，將以年月日葬。」嗚呼！余於太學君及其子約素厚善，銘其可辭乎？銘曰：

夫振文聲，子抱時才。克相克成，噫賢矣哉！

倪君立墓誌銘

與予同生淳祐己酉者，日就凋落，其存者，相知有廣平程公，相聞有上饒倪君。延祐丙辰，程公自翰林承旨以疾謁告歸。是年冬，倪君亦得疾如程，次年丁巳春，竟不起。其孤介通山主簿鄧君希顔書，以前太學進士余君鑰所狀君行來徵銘。嗚呼！予與君猶兄弟也。君生九月朔，後於予八月，而先於予以歿，能無悲乎？遂不讓而銘諸。

君諱南杰，字君立，先世銀青光禄大夫，始居貴溪之沂陽。曾大父元。大父灃，從事郎、武寧縣尉。父應雲，承信郎、沿海制置司議事官。

君天資特異，書一覽即成誦。工進士詩賦，侍制議君隸業象山書院，山長黄侯器之。咸淳庚午秋貢與選，待試國學，提刑唐公特薦入官，以養親辭。父既喪，恭順二叔，同門聚處無間言。嫁遣二妹，厚資備禮無靳色。堂構克繼先志，宫講周公書「南溪」扁其樓。元宋之交，群情震蕩。君内外調膕寧親，以施於鄉鄰。當路勸誘以仕，弗應。至元辛巳，省差徽州路學正、紫陽書院山長，黽勉供職。究朱、陸異同，捐俸以修黌舍，士衆悦服。乃曰：「吾安爲斗升之禄，廢晨昏之養乎？」不竢官滿，歸養慈親。年已五十，孝慕如孺。每一丘隴，惻惻興哀。

子能應門，家事一不關心，吟詠自適，爲佚老計。尤樂佳山水，嘗遊盱，有「夕陽影裏行人遠，春鳥聲中歸興忙」之句。繼游淛，遍覽奇勝，成詩一帙，曰淛水漁歌。臨清流建小閣，水光山色收拾靡遺。暇日登臨，蟬蜕塵氛埃壒之表。去家十里許，原曰莊院，隸撫金谿，過而樂焉，結庵其間，環植花卉，曰：「吾將宅於是。」

次孫如京，戒勿久處。甫及半載，又命促還。先除夕三日至家，則君已疾矣。風淫于未然，精神烔如。正月朔旦，受家人慶禮如常，至午，索筆書遺教，一畀二孫，勗以勤學；一畀其子，令喪祭從禮，勿信世俗薦拔等事。越四日，翛然而逝。配金溪劉氏，先十八年卒。男以忠。女一〔二〕，適安仁上官鑾。孫：志文、志學。曾孫日新。曾孫女三。君卒之明年戊午二月己未，日遵治命葬莊院。銘曰：

〔二〕一，原作「以」，據意改。

温温粹玉，炳炳華燭；如綺如縠，如菽如粟。乃如之人兮，未展而束。我銘以昭之，百世芳躅。

故静樂逸士黄君墓誌銘

故静樂逸士黄君，諱長元，子仁其字也。負英傑之氣，倜儻不群。往年初識，予心異焉。後嘗寓宿其家，既而不相聞垂二十載。泰定甲子秋，其季弟膺客死京華，比其歸骨，予哀而誌之，而君之子德華亦貽書爲父請銘。乙丑冬，予還自禁林。丙寅春，德華來温前請。

君洪之豐城人，其先自長寧鄉新田徙劍池鄉散田。考諱榮孫，號桂岩翁，少與清江徐侍郎卿孫友。宋咸淳丁卯，覃恩貢禮部。家素饒裕。至元丙子以後，民駭新令，疇昔高門鉅室不數年間淪爲中下户者比比，甚則破滅，靡有孑遺。君年甫弱冠，以家督膺門，奮勵不少挫攝。當紛紜膠轕之衝，衆縮手莫前，若談笑從容處置，一如故常。不惟保守先疇，又能有所恢拓。翁得養高肥遯，一事不攖于懷，承志盡懽，宗黨稱孝。丁亥之春，翁始厭世。君弟兄三人，各克振拔，人謂難兄難弟。貲産日進，視世業不啻增十之八，聲譽翕然，賓客益盛。由勤儉興，而濟急周貧，罔有靳色。或犯禮義，面折無隱。挺特嶷立，不波隨流俗。外似簡傲，然於所尊敬，雖爲之執鞭，忻忻如也。撫接卑下，惟恐弗逮。豪悍挾勢，必與之角理，勝乃已。最喜嚴陵方氏「提起」「截斷」二銘，勒之於石，佩服惟謹。天資超邁，書壹成誦，終身不忘。進士程文肆筆中度，旦旦敦勗，如科未廢。延祐甲寅，貢舉制復，率子弟應詔。丙辰秋，得痿痺疾。明年丁巳，猶力疾就試。至治癸亥九月十八日，竟以前疾弗起，年六十三，卜葬某鄉原。

配陳氏，男：德華、理復、德範。女適熊某、楊某。孫：成生、明生、壽生、酉生。熊婿後君一月卒，理復先君九年卒，俱無子，以孽子麟生、添生、次孫明生爲其後。狀君行者胡氏紹初，謂：「君才敏鋭，識通明；力量足以治繁劇，精神足以周細微。好善結交，急義勇爲，使得一命行其志，必有可觀。惜施于有政僅及一家。」胡與君之考同輩，年八十九矣，其言信。銘曰：

猗嗟猷爲！卓犖瑰奇，不弘其施，而止於斯。

故山南逸士曾君墓誌銘

嗚呼！世未嘗無才也，不用於世，則其才不可得而見。山南逸士曾君，才之可用而不獲用者與？君長予二歲，予兄事之，所居限一嶺，相距十五里。自幼相聚相知，至老，而君先逝矣，予其能無悲乎？

君警敏倜儻，年十二而孤，已工進士詩賦，才名自負，富貴競羅致爲子弟師。中值革運，鄰寇蜂起，逃難備嘗險艱。黠猾并緣新政魚肉舊民，循常蹈故者往往家毀躬瘁。君雍容其間，抵巇如夷。匪但自庇，又以庇人。悉復早年所喪先業，日進月益，貲浸以贏。一族子，一族孫，合志扶樹，人稱三曾云。習俗頹靡之餘，儒族流風幸未泯絕，三曾力也。

蓋君幹略最優，忘年折行，不相猜疑，用克協濟。議論明決，機鋒捷出，雖諧謔嬉笑，綽有雅韻。士大夫官於斯、客於斯，聞聞見見，咸尊慕敬禮焉。詩詞倡和，竿牘來往，若不經意，而精神飛動，葩馡炳蔚，可目可口，令人喜悦，無厭斁時。充君之材，使小試一二，或以文采著，或以政績顯，將無施不宜。然終身成效，僅僅一家一鄉而止。嗚呼！才之難、士之不遇，古今所共嘆！予之謂君，亦何能已於言哉？銘曰：

山南謂何？號以地也。逸士謂何？士弗仕也。鄫去邑爲曾，姓其氏也。一元名，叔仁字也。考貢士，夢薦諱也。張氏妣也，袁氏媲也。復孺、復參、復可，子也；張洪、董午，婿也。孫繁、衍、文三。曾孫又生、成生、明生、泰生四也。孫女五已行，一未行。曾孫女猶稚也。居撫樂安鄉，則忠義也。葬南砦原，二十里而邇也。生淳祐丁未，日四月九也；卒至治壬戌，日三月五也。十月六日窆，卒之歲也。其窆之宅，丙首壬趾也。誌之以章其美也，銘之以繫于誌也。

卷八十五　墓誌銘

金陵王居士墓誌銘

居士姓王氏，其先自汴來南，一徙再徙，而家金陵。諱進德，字仁甫，少孤，奉母涂氏至孝。上有四兄，其一、其四蚤世，其二君祥，其三君玉，居士其五也。勤苦自植，趍時貿遷，道途不避寒暑。嚴事其兄如父，協力興家。二兄既逝，君祥之子曰子清，君玉之子曰子淵、子淳、子澄，母三分其產畀一子四孫。異居異財，居士所有浸浸以羸。創立雖艱，而振恤不吝。三四十年間，每遇饑歉，施麵施米，施鈔施粥，日甚久，數甚夥，費甚不貲，泰然行之如常。每遇疫癘，市善藥，命良醫，家至户到，隨證治療。煮藥之器、佐藥之用，纖悉畢備。病愈能食，則啖以糜，其所全活甚衆。寒卧無以蓋覆者，施楮衾；貧死無以殯葬者，施棺木。公府倘有勸率，所出必倍他人。親疏之族、内外之姻，周濟尤篤。禮聘名師教子，郡庠燬于火，爲構講堂，高壯宏敞，并其中陳設器具一新，計緡錢七萬有奇，皆獨力所辦。買宅一區，割田九頃，創建江東書院，朝錫以額，設官掌其教。倣范文正公義莊規制，以贍親屬。城隍外門壞，内屋敝，運石于吴，取材于江，而更易其楹柱，而修完其棟宇。若此類布施，不一固其餘事爾。

配于氏，婉順温惠，孝其姑，友其姒，如居士之事母、事兄。父母之没已多歷年，凡忌日及時祭，夫婦哀感不異初喪。寬厚謙和，崇倫紀，敦信義，未嘗以貲富齒長而驕貧傲少。炎天獨處，衣冠儼然，見者竦肅。病劇，語言不亂，神色不變。天歷二年五月二十九日終，年八十有四。將以某年某月日合祔于氏宅兆，前期來乞銘。余客居士之家者屢，知其篤行詳矣，故爲志而銘焉。子男二：子雲、子霖也。女六，一先卒，其婿徐應隆、涂焕章、吕元知、趙良弼、于德淵、戚光。孫男九，女十三。曾孫男三，女六。銘曰：

篤行于身，無怨惡于人。噫！訢訢！噫！恂恂！噫！疇之與倫？

元故從仕郎婺源州判官致仕操君墓志銘

操君，饒之浮梁人。貴持名，子敬字也。宋贈朝奉大夫諱昇之之孫，朝奉大夫、太府寺丞、知武岡軍諱斗祥之子。寺丞公，淳祐辛丑進士發身，陞朝典郡，諸子皆殖學績文，稱爲名家，君其第五子也。年十七，以郡守之子試湖南轉運司，貢禮部。明年試，入太學，充弟子員。皇元一天下，奉親隱處。至己丑十月，父喪。癸巳，任安吉縣儒學教諭。大德丁酉，進餘干州儒學正。庚子，遷溧陽州儒學正。癸卯八月，母安人張氏喪，葬二親，悉遵朱氏家禮例。應部注教授，内省爲員多闕少，檄外省凡五十以下，再與學正山長之任，理作教授。月日丁未，長信州路藍山書院。至治辛酉，勑授撫州路儒學教授。壬戌四月至官。越三年，泰定甲子，移疾致仕。年未及，不許，力請再四，乃得請。丁卯，敕授從仕郎、婺源州判官，致仕。至順庚午五月己巳卒，年七十四。

君教授撫州時，余被旨趍京，識君于郡庠。卒之年，十有一月，君之子希德喪服造吾門，纍纍然，戚戚然，謂：「先君嘗獲一面，去冬苦脾泄疾，今春加劇，正月猶强出拜先祖考妣墓。生平喜玩易，善占筮。四月辛丑，筮疾，遇乾之夬，曰：『陽既亢矣，其能久乎？』次月甲子再筮，遇同人之乾，畫卦訖，默默斂策而卧，自此絶筆。越六日旦，命舁就正寢，屏女侍，親友來省，一一答之，精神不亂。問所欲言，則曰：『無可言者。』日將晡，儵然而逝。不肖孤痛。惟先君幼侍先祖宦遊，涉歷世故，備嘗艱險。事父母孝，待兄弟友，厚睦族姻，篤嗜文學。質剛介，務實踐，不阿附，不奔競。見義必爲，取友必端。洊任學官，廉勤盡職。引年早退，日以教子若孫爲急。年逾七十，考終歸全。兹卜十有二月壬申安厝于嘉禾山，諸孤無能顯揚，深懼先德泯墜，敢乞銘以示永遠。」

噫！余疇昔一見子敬，固已嘉其敦謹。今聞諸其子，證吾所見，尤信。世胄而學不廢，文儒而行不瑕，其可銘也已。

君娶許，繼方。子男六：希德、希先、希顔、希仁、希曾、希元。父命希先爲季兄後。希曾，泰定丙寅貢士。女適朱，適洪，適李。孫男若干。銘曰：

言行恂恂，質文彬彬。不忝其先，以啓其後人。

廬陵張君材墓志銘

廬陵張君材，名欅。先世唐曲江公之苗裔，宦轍所到，留家吉之吉水。後分置永豐，割其所居之鄉隸焉。大父，宋進士，易名元佐，仕大元至承直郎、婺源縣尹。清謹慈愛，民懷其惠。然己意不愜，官滿而止。世父伯澄，父伯濟，聯中宋進士第，一授分寧尉，一授南康尉。代革，韜晦不仕。南康，年七十二而壽而康，君材，其丕子也。資禀英特，博綜群書；吐辭成章，敏健卓偉；慷慨倜儻，負濟世略。儒業時務外，文字聲音之形、象寄譯鞮之語，亦克旁究。年十六，郡守舉充歲貢。年二十，行省檄充樂安縣蒙古官學教官，皆非所樂。延祐甲寅，科目取士，出其素所長以應試，一不偶，即不肯再。蓋志趣弗與流俗卑卑屑屑者同。治生殖貨等事絲毫不塵襟抱，前後郡邑正貳凡廉能公正之賢，聞名起敬，輒不以民伍視，俯就問政，必剖析曲直可否以對，聽者心服，多所匡救。嘗過余，及見其詩。余謂君材豈但以能詩名，當以用世顯。厄于命，厄于時，尺寸莫展，年五十一而終，憐才者憫之。雖然，藉令得一官，未必可以舒其志，則又孰若全所守之爲愈？終之日，至順庚午九月丙戌。死生之際，凝定從容，有高人達士之風。娶南城尉羅致女。子男四：文豹、文彪、文虎、文篪。文虎，奉尊者命爲同宗後。女四：長適王，前三年卒；次適陳；餘未行。孫男女各一。其年十一月乙巳，葬石井箬塘之原。弟棣狀兄行，畀文豹來徵銘。銘曰：

才氣軼群，既博且文。俾引而伸，不讓辛陳。惜也隱淪，翳天匪人。

黄愚泉墓誌銘

故愚泉逸士黄君，天麟名，厚翁字也。先世自豐城之沆江支分于清江之湛溪。考諱應雷，妣鄧氏。宋咸淳辛未十月四日生，元天歷戊辰六月四日卒。生十有四年，而二親逝，伯兄督家。及既異財，或疑君未更事，外侮潛窺，君應變如常。家浸以饒，田宅悉增其舊。恩浹宗戚，信洽鄉閭。一言曉譬，輒平人忿争。苟可利人，雖勞力捐貲，不吝。里有瘗塘，儲水備旱。甲午、乙未間，巨蟒穴堤，堤壞水泄。訛言見此蟒不死即病，人莫敢前。君率衆窒其穴，蟒亦避去，塘堤得完，而水利復。居當通衢，夏月每虔製暑藥，以飲行者。平日又修它藥，以施病者。濟物爲心，大率類是。該通陰陽歷數、醫藥方技、百家之學，足迹遠涉江淮吴越，而恬無干時意。憲官問俗，嘉君肥遯，爲書「愚泉」二字獎之，蓋以唐柳子厚之知而不用爲比。

配徐氏，前清江縣尹某之女。子男以宏。孫男陽生、陽弟。孫女，長適徐洞，宋兵部侍郎之曾孫也；幼未行。至順庚午十一月八日，葬思賢鄉敏塘之原。其妻黨徐鎰爲之請銘。銘曰：

既灌既濡，潤後有餘，斯泉不愚。

元故榮禄大夫江西等處行中書省平章政事李公墓誌銘

公西夏賀蘭于彌部人也，皇元資善大夫、中書左丞、贈銀青榮禄大夫、平章政事，加贈推忠靖遠功臣、太保、儀同三司、滕國武愍公恒之子，益都淄萊軍民都達魯花赤、贈金吾衛上將軍、僉書樞密院事、滕國忠襄公維忠之孫。初，天兵奄并諸國，守夏邊城，城陷死節者，其先世也。忠襄始仕我朝，家于淄川，從唐所賜夏國姓，武愍遂爲佐命混一功臣。

公諱世安，字彦豪，國言名散术觧。憲宗朝癸丑歲九月五日生于宣德府龍門川，人稱李龍川云。武愍從丞相淮安忠武王平宋，既取襄樊，下荆岳，被命往定江西，諸郡邑相繼降附，無勞攻戰。平反大獄，全活故家百數。征謀治法，公之翊贊居多，江西之民按堵如故。武愍經略廣東，授公金符、朝列大夫、廣州路達魯花赤，辦軍需，與宋師戰于海珠寺下。公總千騎，據岸發矢，俘獲二百餘人，奪取三百餘艘，宋師舍舟陸走。

明年春，克厓山。武愍同張元帥入獻捷，二帥分議水戰陸戰功賞。議未畢，而張帥没，旨令武愍并議之。論定，武愍由都元帥授資善大夫、中書左丞，出行湖廣省事，公留候命。密院所擬中書每抑之，公見執政，言曰：「堅敵在前，非有重賞，何以得人死力？張帥及吾父奉旨專賞罰生殺之柄，今大功既成，豈可失信？不然，此去再有征戰，誰肯捐軀命哉？」執政乃從武愍所定，以金符、銀符畀公給散，進階嘉議大夫、新軍萬户，尋陞同知江西宣慰使。後奉特旨，世襲益都淄萊上萬户。

至元二十一年，武愍薨于交趾，公護喪歸，葬大都路宛平縣永安山之陽。起復正議大夫、僉江西等處行中書省事，兼本軍萬户。

二十四年，尚書省立，公僉行省事如初。有黠僧託采藥爲名至江西，俾人誣告宋相章鑑匿故主國璽及親屬，密旨命公提兵捕取。公止用百卒，猝至其家，搜索無驗。詰問告者，首抉其誣，章相得釋。其僧撰造重大事名，脅取富室貨寶不一，公摭其事以聞，權相右之，事寢不報。

二十五年，巨獠猖獗，數道震撼。重臣出討，中路隕踣。轉以委公，卒底寧敉。信豐有寇，公冒大雨夜行五十里，黎明抵賊所。賊方汲水朝餔，出其不意，殺戮殆盡。軍回，留騎數百，不給以食，約五日而還。騎兵掘食賊所窖粟，餘賊逋逃，爲飢窘，求食而出，悉捕斬之。以殄寇功陞中奉大夫、參知行尚書省政事。

二十七年，寇黨復聚，江西立行樞密院，差官與公合力。行省丞相止給軍三百，大軍遷延不發，而但移文督促。賊衆兵寡，不可前進。公乃聲言修理橋道，儲積糗糧，以待大軍之集。賊憚公威名，比行院軍至，一十七寨俱降。既降復叛者，令偏裨解青統官軍及降賊直擣其巢，芟刈靡有遺類。南豐、廣昌賊繼起，省官職應勦捕，托病而避，復請公往。公命弟萬户世雄等偕，首散民丁歸農，决遣官軍出城屯駐，令居民入城寧家。官吏賤糴民粟圖利，公責之曰：「汝不能弭寇，又復厲民，何以爲民父母？」盡散其粟與復業之民。移檄諭賊以禍福，許其改過自新。三日之間，賊悉輸納其旗鼓兵仗。公乃會聚其徒，誅首惡六人，餘悉貰罪。被掠男女，各付所属完聚。省長率僚佐舉酒賀曰：「真大丈夫也。」蓋以愧前之託疾避事者。

尚書省罷，舊官盡革，獨存公一人，改參行中書省。既而參政徐公、琰公與協心剗除宿弊。前時官差民户典倉庫，往往虧折填償，以至破家。乃咨内省擇府史代充，至今便之。三十年，省院以所獲寇四百餘屬公涖殺，公與都事周元德及行院官一一判别，僅戮其二而已。

將征交趾，公往廣州造戰船五百。元貞、大德間，授正奉大夫，參江浙、河南二省。

秩滿，陞湖廣左丞，供劉平章西征饋餉。溪洞險惡，無木牛流馬可運，率一斗粟數十倍其費始達。人皆鬼蜮獸心，重以饑饉瘴疫。公與役夫均其勞，往復期年之上，遠征士卒得不乏絶。

至大初召入，加榮禄大夫、平章政事、商議樞密院使，提調諸衛屯田。仁皇居春宫，領中書令、樞密使。既幸省府，將幸樞府，知公商議院事，促令就職。宴罷還宫，撫勞公甚勤。

公素閔漢軍戍廣東瘴鄉，十死七八，至是建議擇善地分六戍鎮守，有役然後調遣，無事則安居，戍兵免罹瘴毒，得全其生。皇慶元年，錫内宴，服金繡段、金鞍轡、弓箭、白金等物，日給公母太夫人尚醞一壺。次年冬，除江西等處行中書省平章政事。又次年夏，賜玉帶。自至元之末逮延祐之初，江西二十有餘年無寇禍。

延祐二年，寧都官吏經理田糧，殘虐啓釁，寇大作，殺死州官。軍官圍城至再，省中同列詣公請曰：「非公孰能弭此變。」公以不兼提調兵馬之職，非所當任，懇請不已，公乃移咨密院，然後就道。不兩月，獲其渠魁，禁戢用兵，綏輯脅從，罣誤之衆一如往年之于南豐、廣昌。平寇雋功，此其四矣。恩賚三珠虎符，以賞功也。

三年，公念太夫人王氏壽將九十，乞侍養，得請。七年，丁太夫人憂，扶櫬合葬武愍公之墓。服闋，還江西。

至順元年十二月，詔一品致政舊臣，給全俸。二年三月二十六日，公以微疾薨。天使來徵造朝，而公薨已七日矣。

先是，公參江浙、河南二省時，逮事忠襄公夫人。武愍公夫人有子有孫，一家五世，文人鉅公作詩頌詠。後忠襄夫人終，公上事武愍夫人，下見曾孫，亦五世。及武愍夫人終，公年踰七十。而公之長子，翰林直學士、中議大夫屺歸省，已近六十，鬢鬢皓白，人不辨其爲父子，亦復四世，莫不羨公門積善之慶。

武愍生長邊陲，飲食、祭祀并遵國俗。暨公之長，務學友士，誦習經史，希古聖賢。儀禮一書，儒流鮮讀，縱讀，亦鮮達禮意。公識高質厚，值斬齊、期功之服，靡不暗合禮經。居室之西營家廟，祠武愍公。物未薦新，口不先嚌。四時朔望，率家人行禮。雖晚年小疾，未嘗使人代。嘗至淄川〔二〕，聚族戒曰：「此吾祖初基，今族大蕃衍，以淄川公視之，豈容有親疏之異？」族人無子孫或孤弱客死遠方，爲歸其喪就祖塋，序昭穆以葬。有義田供展省之費，族之婚喪皆取給于斯。

在家燕處，蕭然若韋布。其出也，騶從省約。平生澹無所好，惟延名師訓誨子孫。勸人爲善，見有善，若自己出；聞有過，輒爲覆護。勉仕宦以忠貞，勉子弟以孝友；貧約者勉其治生，富厚者勉其施與。飢寒之人，衣之食之，所識喪葬，必躬往弔祭。野有莩死，捐貲掩骼一胔。龍興郭外買地十餘畝，貧無葬地者藏焉。門生故吏，位省臺、官郡縣，不可勝數，若子若壻俱歷清要。孫曾數十，家僮不啻萬指。

生之時，雖行伍小校賤隸，里巷兒童婦女，咸知公名。薨之日，百司庶府以下，人人驚惋。公之子將祔公于考妣之兆，貽書請銘。澄，江西人也，知公父子之豐功盛德詳矣，曷敢以老病辭！

公之配顏氏，先四十八年卒；張氏，先三十年卒，俱追封滕國夫人。子男五：屺，

〔二〕淄川，原作「淄淄」，據下文「淄川公」改。

中議也；嶼，懷遠大將軍，襲萬户，二十三年而卒；巘，棲霞縣達魯花赤；峙，亦先卒；嶸，奉議大夫、江西行省理問。女一，適典瑞院同僉紐里鬲。孫男十，孫女四。曾孫男六，曾孫女三。公之弟，世雄、世顯。公以本軍萬户讓世雄，授宣武將軍。在職十年，還以讓公之子嶼。嶼臨終，以讓宣武之子繁。繁曰：「父讓而子奪之，可乎？」不就職，乃與公之嫡長孫保，保以讓懷遠之子順。武愍公之蔭讓與世顯，初任湖南宣慰之貳，繼任建康、吉安、瑞州三郡之監，階昭勇大將軍。中議，武愍嫡長孫，公之家嗣也。門蔭當襲，固讓不受。兄弟交相讓，自公倡始，而中議濟其美，故一家雍睦之風，他姓希有。識者知李氏之昌未艾也。銘曰：

於維武愍，活西江鮒。抑有賢子，克相名父。
禮敬遺老，風動一隅。當革而因，如疾其蘇。
䶢鼯群號，公至屏息。男耕女桑，公所衣食。
西江之民，淪浹公恩。逮公之喪，耳不忍聞。
公魄歸只！公魂留只！公兮弗留，民之悲矣。

故承務郎湖南嶺北道肅政廉訪司經歷范亨父墓誌銘

士之汎濫于虚文而忽略于實行也久矣，波流茅靡之中，有特立獨力者焉，余惡乎不以東漢諸君子例之哉？

清江范梈亨父，一字德機，家貧早孤。母熊守義，長而教之。天資穎敏，所讀誦輒記憶，年未三十，予識之于其鄉里富者之門。雖介然清寒，煢然孤獨，而察其微，有樹立志，無苟賤意。越數年，漸漸著聲稱。其處也，苦節困窮，竭力奉母；其出也，假陰陽之伎，以給旅食。其躭嗜于書，鑽研于文，用功數十倍于人，人鮮或知也。年三十六，始客京師，動舊故家延致教其子，藝能操趣綳中彪外，流光浸浸以達中朝。薦舉充翰林編修官，官滿，部注建昌路照磨。憲臺有聞名者，改擢將仕佐郎、海南海北道廉訪司知事。不憚波濤之險、瘴癘之毒，巡歷遐僻，每務興學明教。民之抱寃、官之受誣者，一一存活申雪。政譽上徹，仍其所職遷江西湖東。憲長嚴明，于僚屬中獨異目視。選充翰林應奉，憲臺又改擢福建閩海道知事。閩俗本污，而文繡局取良家子爲閩工，無别莫甚。嫉之閔之，作歌詩一篇，具述其弊。憲長采之以聞于朝，緣是其弊遂革。居十閲月，會江浙行省禮請校進士文卷，行至建寧，移疾竟歸，託于外族，而家在新喻之百丈山。天歷二年，授湖南嶺北道肅政廉訪司經歷，以養親，辭不赴。其秩，自湖廣行省校文而還，逾月有母喪。明年十月，以疾終，年五十九。娶易，先卒。晚有子二人，庶出也。

持身廉正，涖官不可干以私。疏食水飲，泊如也。爲文雄健，追慕先漢。古近體詩尤工，藹然忠臣孝子之情，如杜子美。又善大小篆、漢晉隸書。金谿士危素慕其風，數從遊處。未終前兩月，往哭其母。時疾已劇，尫羸骨立，謂素曰：「世道之卑、士氣之陋甚矣，子其勉諸！吾殆將死。」已而果然，素哀其卓犖大節，浮沉下僚，又不獲中壽。其子長者甫七歲，幼者甫四歲，懼其湮没無傳，乃摭其事行，徵予撰銘。將與龍虎山道士薛玄義買石勒諸其墓。

嗚呼！亨父誠特立獨行人也，而素之高義，亦薄俗所稀。范之詩文有燕然稿、東方稿、海康稿、豫章稿、候官稿、江夏稿、百文稿，總十二卷。銘曰：

介潔之行，瓌瑋之文，而止于斯也。來世倘有聞乎？噫！

卷八十六　墓誌銘

故處士季德吴君墓誌銘

青雲鄉吴季德，少予一歲，同姓也，同縣也，其子任數及吾門。泰定丁卯秋，季德訪予于上方觀。越二年，余八十一，初春以詩來，余和其詩以往，將期永久敘兄弟之好，而是年夏，季德死矣。噫！顧言蕲余志葬。志曰：崇仁之吴甚盛，而不一族。青雲之吴，先世盱人，主崇仁簿，婿于其鄉而家焉。在宋淳熙間，丁酉、庚子、癸卯，如山、如陵、禮翼續續預進士貢，方叔嘉熙戊戌補入太學，淳祐乙巳優等釋褐。由是，其族之文聲大振，彬彬應舉，林林授徒，至今不乏其人。

季德厚倫紀，篤恩義，施于内外族親，足以敦勵薄俗，又非止文辭句讀之長而已。宋祚訖，儒科廢，猶以舊舉業訓子。逮延祐復行取士制，子若孫皆能試藝，若前知然。

曾大考天麒，大考表臣，考子能，俱不仕。嬪樂安熊氏，子任、和、輔。中子以後從弟。孫男六：尚、秀、禄、向、瑜、瑨。女四。〔一〕曾孫男，立。一家四世，藹然詩書禮義之流風。季德名德夫，若陰陽家小伎，若卜日，若卜宅，若推人生休咎，靡不旁究。允爲通儒矣哉！卒以天歷己巳四月辛丑，葬以至順壬申正月丙寅，其兆黄柏坑之原，左距先嬪墓數百步。銘曰：

騄獻璞弗售，儲以須其胄。

從仕郎瑞州路高安縣尹嚴君墓誌銘

嚴自東漢避諱而得姓，蜀之遵、富春之光，肥遯高蹈，名耀百世。託易而諭臣子忠孝之道于衆者，遵也；雖不言易，而明屈伸進退之道于獨者，光也。宋之季有吉太和嚴氏

〔一〕「女」前原衍一「六」字，據意删。

進易解，余及見其書，其辭達。官之以祕書省校勘，而亦不仕。余因嘆當時專門治易義應舉覓官之士，其于易也，深之爲精藴，固鮮究竟；淺之爲文義，亦或迷昧。然亦以之擢高科、登顯位，往往有焉。非藉易以徼利禄，而能沈潛玩繹，爲孤寒之所不能爲，余是以善嚴氏之書，而賢其人。

爰逮國朝，又聞私創義塾，教養宗族鄉黨之子弟。方時務搶攘轇轕之會，人人自救不給，于斯之時，暇豫從容，作此義事，問之知爲祕書之家，益嘆其不墜文獻之流風。越數年，余承乏禁林，或持高安縣尹嚴君行狀示余，讀之，則祕書之子，義塾之主也。予既辭官歸，而高安之孫奉父命，因余之孫當請爲君銘墓，時君已葬矣。余素聞其再世之德美，乃爲追述而銘之。

太和之嚴，蓋自馮翊徙，又自金陵徙，至朝奉郎、潮州通守康元之弟保義郎、淮東制屬光庭生知古，知古生起予，起予生祕書肅，高安祕書仲子也。諱某，後以字行，曰用父。嚴氏資力敵古侯伯，不驕盈，不豪縱，慈良謙約，自奉如貧儒，唯祭祀賓客必致豐盛。容貌光澤，聲音洪暢，志氣清明，靡暫偷惰。自少至老，必昧爽而起，衣冠待旦，端坐終日。傳習家學，手抄父書鋟木，諸家易注，旁通融貫。處常處變，趍避曲當。自著易說發揮三卷，餘力兼覽華嚴經、法華、道德、黄庭等書。

州南門外懷仁渡當大江之衝，渡者日以萬計。嘗覆舟溺人，由是慨然動拯溺之思。龍灣中河二水合流，迅駃舂激，春漲尤暴。舊橋低壓，乃于橋側别築基址，高廣數倍，通三大渠，以殺水勢。橋南築堤百餘丈，以達于渡。雖屢潰决，不憚勞費補塞，迄底于成。渡近荒洲彌望，每風雨，無所于庇，争渡者多溺。鳩工畚土於洲之左右，築爲平坡，建雲江觀，掌以道流；建妙法堂，掌以僧徒，各施田以贍其衣食，種樹成林，環二里許。水漲及大風雨，待渡者皆得往依，有所休息。

宋之将亡，南安陳侍御上封事，觸牾時宰，斥逐去國，客寄嚴氏屢期，一旦委行橐而别，莫知所終。在後其子入南，一一計橐中所直償之。其子力辭，强之使受。有僧兵間失母，求之遍天下，幸知所在。其人官于太和，貪忍特甚，懇求弗獲，君出金爲贖其母，僧大感悦。有奴被悍卒奪取其所擕主家金釵，將欲赴水死。君策馬追及悍卒，得釵還奴，以錢二千與卒，卒亦欣謝。施藥而醫所不能醫，施棺而葬所不能葬，收養貧家遺棄之兒，賑粟平糶以活飢，造舟成梁以利涉，似此輕財重義之事不一。當路薦授從仕郎、瑞州路高安縣尹兼勸農事，不赴。

初，祕書君之喪未葬而代遷，風塵四起，倉卒護柩出殯。時平，安厝如禮。新民不諳新政，舊家束手待盡。獨君才優識敏，應接得宜，黠吏狂胥震服，不敢慢侮。又言之有司，斷絶其根株，俾不肆毒閭里。于是居者如鴻歸蟄啓，始得所安。君時方强壯，閲歷又幾五十載。至治壬戌四月既望，以疾卒，壽八十有五。涉世久，故德之及人也深。遠近聞喪，相遇于道者皆失色，相語于家者皆流涕。望門而嗚咽不勝、及門而號痛欲絶者，日數十百。嗚呼！其何以得此于人哉？卒之年十月九日，葬萬安縣永和鄉龍丘之原。君先後凡五娶，子男三：寅翁、仁翁、辰翁。女二。孫男八，女五。曾孫男女十有五。銘曰：

余觀漢儒之傳經也，或世其業，弗世其德。高安世守易學，無晦吝于時，有慶譽于身。元永貞于其家矣。夫善用易者哉！

故逸士袁君脩德墓誌銘

吾家臨川山之陽、華蓋山之陰，距邑百里、郡二百里，深山之野人也。由吾家而南，逾一嶺又二十里許，山彌稠，地彌僻，袁氏居焉。有竹逸翁者，温然如春，粹然如玉，藹然王謝家氣象，略無質勝之偏。豈其得于天者異與？

蓋翁乃邑中先達嘉定辛未進士、容管安撫陳侯諱元晉之甥，少就舅家習學，故其身容意度隨所居所養而移。其齒吾父行也，余自視若諸子，而翁忘年折行，相與如友。噫！賢矣哉！

逸士，翁弟之子也，諱弘道，字脩德。父諱景鳳，母方氏，夙喪，其父長養而教訓之。辭翰之純雅，儀象之安詳，儼然不失世父之規矱。謀慮謹審，踐履平實，接物和易。值運代革，鄰寇乘時暴擾，逃竄靡寧。奉母經紀資裝，嫁遣姊妹五人。年三十，母又喪。户役繁重，生業幾損其半草，竊猶未靖。至元庚寅，來依外舅陳居士。客寓八年，勤苦節縮，浸浸復其所損。大德丁酉，乃遷故里。己酉新構于舊基，屋東創齋廬如舟，名以「月舫」。程承旨書其顔。自是足迹鮮到城市，幅巾褒衣，危坐終日。或覽經史，或覽詩文。事有嬰觸，善以理遣。喜怒不形，與人語，惟恐激傷，對客無倦惰。天曆己巳四月，會飲酒闌，微疾，翌日辛巳晚，體力漸弱，至夜分而終，年七十一。生平處己謙虚，事世父如事父，恭兄友弟，族無間言。撫孤甥，待外姓幼穉，情誼俱敦篤，鄉閭稱爲長厚。及聞其喪，莫不惋惜。至順辛未七月癸卯晦，葬上坑先塋之右。子：時敏、時敞、時孜，敞先逝。孫男七、女六。昔延祐己未，其配陳氏卒。余爲志其葬。今葬逸士，其孤復徵余銘。逸士猶余異姓弟，故不辭。諱景麟者，竹逸翁也。銘曰：

無怨惡於人，無愧怍于天。宰木欣欣，宿草芊芊，德人藏焉。

有元承事郎吉安路同知太和州事羅朋墓銘

皇元貢舉取士已來，天曆己巳第六科矣。吾鄉羅朋中鄉試第二，次年庚午春會試第四十八，御試第七，以進士出身授承事郎、吉安路同知太和州事。賜第，七品緋服。時年三十四，父母俱未老。若宗族，若親戚，若儕輩，若黨里，咸榮之。其還也，在路已微疾，留洪辰再浹，疾小愈，乃抵家。至順辛未冬，太和迓吏促赴官，疾雖不大作，醫屢更，藥屢試，終不脱體，弗克往。壬申正月望，竟不起。豈但父母哀之哉？宗族哀之，親戚哀之，儕輩哀之，黨里哀之，而余之哀之也有加焉。

蓋余事其祖孟俊父猶吾兄，視其父艮猶吾子，而朋猶吾孫也。朋之既擢科也，是與余孫當同舟而南。當于去年八月五日遭母喪，十有一月十有八日毁瘠卒中，二十有四日死。朋聞之甚戚，甫再逾月，亦相尋而逝。嗚呼！哀矣哉！余之哀所以加于人也！

夫孟俊父諱愷，體貌軒昂，意氣慷慨，剛果而樂爲善，不與碌碌腐儒等。南土新附，徭役不均，中下户有所不堪，而生業墮。艮才勝幹蠱，家復興，得内助力。嚴于教子，子遂成名。前代此鄉之始登科者侍郎李公，後百二十三年，朋爲今代儒科之首，居之相近一二里。羅氏積善三世，而肇慶于今，衆人之所期望果何如？而遽止于斯邪？嗚呼！哀矣哉！朋娶李，男二，曰方、曰立。女一，曰夕。弟端傳兄遺命請志葬。嗚呼！哀矣哉！

庸詎能文之以文乎？友道，朋之字也。子大者，其父之字也。銘曰：

成之孔艱，毁也孔棘。天胡爾慳？疇不哀惜！

有元同知茂州事葉君墓誌銘

延祐戊午進士李君粲，初事丞撫之崇仁，余所善者。今尹南康之星子，狀其鄉人葉君之行，請爲銘其葬。余于葉不相知，而李則相知也，因所知以知其所不知，銘其可。

按狀，葉君饒之樂平人，其先由新安徙。大榮其名，芳榮字也。父處士君，諱以仁，母項氏，繼胡氏。處士三子，仲出後它姓，君其季也。九歲失母，哀慟不食，異于常兒。處士壯歲已謝事，析其産畀二子。值官有賦金之令，期集賦金户于金陵。君適遠遊，處士將自應徵呼，伯子請代，弗許，固請，乃聽其往。未幾，君還家，父語之曰：「汝在，可代吾行，汝兄行矣。」君聞父言，疾馳而赴，至則其兄有病危篤，君抱扶欷歔。兄曰：「弟若來遲，吾其殆哉！」君入奉湯藥，出應公役。兄之病瘳，遄東其舟。君畢事而歸，白其父，復合所析之産，一切代兄任勞，而不私其財。竭力應門，貽父兄以逸。金場日負畚鍤求金，無可得，吏并緣漁獵，民不勝苦。君具陳其害，有司以聞，竟罷其場。先是，驗田租賦金，歲久力疲，賦額如故。州長圖救其敝，以富補貧，富户相率上訴，君獨持不可，曰：「吾非欲多納金，顧征賦自土地出，有田之家不納，令無田者虚納，安乎？」贊成州長所行，貧户德之。富者有怨言，弗恤也。延祐經理官吏務增民糧，以希功賞。君所居寄産户糧多，土著户糧少，外處浮寄之糧，敷派其數于本處實有之田，增加不啻三倍。君百計根索舊籍糧額可憑者，辨明于官，仍自捐重貲賂吏，本土之民免受虚增之糧，君之惠也。初，樂平以縣陞州，君嘆曰：「此小邑，今爲州，用物弘矣，如民困何？」一州佐稍知學，君勸之以學道愛人之意。既而有二州官各挾其能，大妨于政。君又調劑其間，二官遂睦，政適于平，民得以寧。

李君敘君之行云爾。又謂：「君忠直裨于官府，惠愛曁于鄉黨，信以交朋友，安以遺子孫；服父喪無違禮，事後母無間言。天資近道，有得于孝弟。」李君，名進士，其言蓋實也。

特旨授君同知茂州事，以年老不赴。生于宋景定壬戌正月，没于元泰定丙寅正月。某年月日，以其配徐氏合葬于某原。徐之事舅姑得婦道，内事無不理，先一年卒。子男四：長國裕，嘗遊京師，爲中朝一二鉅公所許與；次也先，湖廣行省知印，先三年卒；次真，國學生；幼者爲人後，亦卒。女一，適夏昇。孫男四，女四。銘曰：

善爲子，善爲弟，才足以保其家。惜哉！不得以用于世。

元故都目龔國祥墓誌銘

龔都目國祥，偕其配徐氏，將以至順三年三月壬午，窆于臨川縣臨汝鄉之九里岡。其季子紳承諸兄之命來乞銘，曰：「先父諱天瑞，洪之豐城人。洪，今龍興路；豐城，今富州也。吾祖而上世爲宋吏，吾父際皇元混一之盛，獲登平章李公之門，以有時才，從事二郡，由撫而吉。吏員考滿，陞府史之首領。初治郡之臨川縣，再治贛之寧都州，繼任天臨路茶提舉司都目。適紳之伯兄芇，天歷戊辰八月，歿于瓊，訃至，吾父哀傷得疾，是年十二月甲辰，終于寓舍。明年春，紳侍兄紘奉柩以歸，淺殯未葬。今年正月癸未，吾母亦終，乃合葬焉。昔吾祖諱彬，壽八十歲，予大母朱氏之姪是爲吾父。幼讀書强記，長習律試吏。謹于持身，寬于待人，恪于奉公，所歷靡有瑕玷。衆中簡默，不衒不矜，俾當繁劇，如利斧斷枯朽。其吏于撫，僧寺被劫盜，獄有疑，白于上官，而盗免于麗極刑。其吏于吉也，或誣民爲軍，官府不敢決，聞于行省，而民免于隸軍籍。治臨川時，經理田糧之政，棘分縣之諸鄉爲四，與長貳各專其一。寧受譴責于上，而不忍逼迫于下，事亦終辨。治寧都有僧溺死，辨其無異，故聽衆僧以之歸葬。法吏吹毛疏駁，據理具析，竟莫能屈。治寧都時，閱公帑，得勸分羡餘之幣計緡錢二千七百有奇，請于州長，市白金作公用酒器及丹漆竹木等器、衾褥帷帳等物。自後，凡遇公府宴集、來使宿止，器皿設飭備具，不復如前私假，遍擾于民。豪横聚黨争占官壕，狼鬬傷人，官吏畏避。吾父獨爲受行，明徵其罪。犯者計窮，莫夜致賂，麾之門外。彼遂移賄他官，改委推問。值省臺審録寃滯，從吾父所覈初情。潭之茗局貪縱特甚，吾父諷勸同僚極力匡救。會有詔革其司，而吾父亦捐館矣。仕撫，樂其風土，買前代侍從管氏、張氏之屋而居。庭有五桂，翰林虞學士扁曰『桂堂』而記之。吾父生宋景定壬戌八月戊子，享年七十一。紳之兄弟五：芾，海南海北道元帥府奏差，攝瓊山令；其次端也、冕也、紘也、紳也。吾父有孫七，履爲長。孫女亦七。」余識國祥也舊，世吏而有士行，貌言藹藹如吾徒，氣和意廣，歡如也，豁如也。用未稱其才，惜哉！銘曰：

時之所才，時之所用。用之者輕，才則堪重。

才之以獲，用則肇種。九里有原，永嘅斯壟。噫嘻！

金谿洪君士良故妻張氏墓誌銘

金谿洪君士良，妻張氏，名妙清，賢婦人也。生宋景定辛酉，年十六歸洪。時南土初附，新政如蜩。洪君盛年膺門，晨夕公府，内事得助，家用以興。怡舅姑，友娣姒，夫家兄弟同爨二十年，雍睦如一日。後娣婦喪，撫夫之從子如己子，愛夫之庶子如己出。長育冠昏其諸孫，與諸子同。好善樂施，值大德丙午歲饑，發奩篋所貯，賑飢周急，貸弗克償者弗責。天歷庚午歲復飢，周賑亦如之。戚姻鄰亞，雖童孺嫗嫗，靡不懷惠。心量寬和，身教嚴肅。夫或觸事嬰衷，必曲爲開釋，見其解顔而後止。夫或被子拂意，必詳致戒飭，見其從命而後喜。諸子或督厮役之愆，亦必諄諭恕宥，下而媵媵，待之甚恩。至順辛未十有一月廿有三日，呼諸子諸孫至前，囑以勤學孝敬父母，令左右扶掖，坐而逝。卒之明年九月甲申，葬于里之梅方。洪君命男璋來請志其葬，乃因其所稱敘而銘焉。

男四：璋、同、泰、槐。璋歷袁宜春、江瑞昌二縣學官；同、槐，孽也。女五，適禮原余、新田吴、南城周、柱田吴，季在室。孫男四：鈞、鍾、鎰、鏞。孫女一。

余于延祐丁巳春往拜陸先生墓，託宿洪館。洪方偕一二士構陸祠，余固異其家有禮義遺風，今而知其外内俱賢也。張氏，石門著族，曾祖元用，祖文懋，父德榮，俱不仕。銘曰：

助之賢，慶之延，信其然。

故臨川逸士于君玉汝甫妻張氏墓誌銘

余足迹不至城市十年，至順壬申夏，就子之養而至焉。問士于所知，或言于珪工進士業。既而有一二客來過，叩其業頗習，叩其自，曰自于，乃信言者之言信。其年九月，珪衣大布之衣即余寓，坐定，戚然而請曰：「珪老母不幸于庚午十有一月辛巳終，且三年矣，始得葬地，在臨川縣長樂鄉金山之原，窆有日，幸憐而賜之銘。」

余閲其所録，珪母，張氏女，文安陸子門人宋先生復之外孫也。有婦德，能爲里中女子說禮記內則、曹大家女戒，常以明經勗其子。余願珪深思母訓，行聖賢之道，立身揚名，以顯其親，勿徒以進士之經學爲學也。進士之治經，吾朱子以爲經之賊、文之妖。今之文格雖比宋末微異，然亦卑卑淺陋之甚，曾是之謂明經乎？群試有司，攫取一官，曾是之謂顯親乎？余每慨臨川金谿之士，口有言，輒尊陸子，及訊其底裏，茫然不知陸子之學爲何如。雖當時高弟門人，往往多有實行，蓋未有一人能得陸子心法者。以學之孤絶而無傳，悕矣哉！余之接人非一，而鮮嘗以是告之，何也？度其必不以余言爲然也。苟不以余言爲然而與之言，余失言矣。珪之所自出，固已涉陸門之津涯，而珪之質淳謹篤厚，可與進道，余不與珪焉語，而誰語？

珪母諱壽玉，生宋淳祐丁未六月戊子，享年八十有四。珪父諱成，字玉汝，爲張之贅婿，先廿有二年卒。男一，女一，適吴遠。孫男愍，曾孫男應。銘曰：

母識孔卓，期子宏廓。伊誰云學？鄉有先覺。

撫州路陰陽學正彭從龍故妻徐氏墓誌銘

臨川長安鄉禮林彭從龍之妻徐氏妙英，至順三年五月辛未朏卒，年六十五。其仲子以昭持前南康路儒學教授婁志淳狀，介鄧晉、王遠來見，乞志其母之葬。謹按狀：

徐世居臨川新豐之黄銅，歸彭，事舅姑，相其夫喪祭，克順克敬。聲柔氣和，喜怒不形。與姒氏同處四十餘歲，日相歡聚，奉之若母。待夫之族，一一無間言。或假資服賈，及歸，任其所償，不校本外之子，曰：「朋友且通財，況子姪乎？」于内外使令輩，辭色亦未嘗厲。黨里嘉凶之事，隨力而助。家雖饒，躬執女功不怠。子既冠既娶，猶勗其學。晚節頗信浮屠法徼福利。夫將遊燕，欲以家事分畀諸子，則告其夫曰：「嫡庶均吾子，析生業宜如一。」彭君泰定甲子歲受司天監檄，充撫州路陰陽學正。子男三：長以正，建昌路醫學録；仲以昭，臨汝書院直學；季以成，及女一，庶出也。女適姚。孫男八：洙也、鐵也、泰也、文也、達也、升也、閏也、求也。女七，長適趙，其二許適吳，其三許適楊，餘未字。擬某年月日葬某原。以昭汲汲得銘，孝可尚已，乃爲銘。銘曰：

夫優妻柔，母教子孝，維家之休。

元故金溪劉君國祥甫妻鄧氏墓誌銘

劉君國祥甫名天麒，再娶鄧氏，元贈忠翊校尉、同知建昌州子茂之女，忠顯校尉、同知吉水州希颜之女弟也。名懿惠，宋寶祐丙辰三月生，年三十九歸于劉。劉君初配余，有二男一女，俱幼，撫育教誨若己出。平居無事，足迹不下堂。未嘗疾聲厲色，服勤蠶績，恒達旦不寐。皇慶初，劉君没，委家政于諸子。身無所畜藏，人問之，曰：「凡殖貨者，將以給用。諸子既能養，奚以此爲？老年起處欲自適，私儲徒增累爾。」至順壬申八月壬寅，以疾終，年七十七。男三：長迪禄，仲載陽，叔立大。仲先卒。女二：一適王，一適鄧。孫男八，孫女八。次年癸酉正月壬申，葬里之新庄，距家甚邇。余與忠顯鄧君交誼如兄弟，忠顯之子謙導其姑之子立大來乞銘，是以不得辭焉。銘曰：

少從父稱賢女，長從夫稱賢婦，老從子稱賢母，其可銘已。

卷八十七　墓志銘

有元奉訓大夫南雄路總管府經歷譚君墓志銘 壬申

經歷譚奉訓，吾故人子也。平江路常熟州儒學教授李仲謀以狀敘其世系行事曰：君諱適，字立之，以字行。其先蓋以國氏，其居撫之宜黃，丘隴可考者十一世。曾祖諱伯言，祖諱用川，在宋官皆從事郎。父諱文森，宋貢士，皇元授奉訓大夫、溫州路總管府治中，歷同知武岡路總管府事、廣東道提刑按察副使、福建道儒學提舉、江西等處儒學提舉，官至奉政大夫，君其仲子也。讀書有志趣，侍親宦于閩，學國字，宦學蘇字。擢江南行御史臺譯史，不赴。父喪，服闋，遊京師。至大庚戌，尚書省鑄新錢，以才選授將仕佐郎、江東等處坑治副提舉。君博覽褉志，夙諳鼓鑄之法，召工潰鐵于池即成銅，烹鍊功多利，悉送官。錢監廢，君歸隱。其後再遊京師。至治癸亥，充司徒府掾。天歷戊辰，遷集賢掾史。及代，宜得隨朝正七品職。以去家久丐外，得奉訓大夫、南雄路總管府經歷。至順辛未夏，南還，舟次龍舒。六月驟暑，感疾，越一日癸丑，殁於舟中。

君天資簡重沈默，謹然諾，人莫測其涯涘。旅食十餘年，處之若素，貧賤者賢矣哉！生至元辛巳六月己丑，年五十一。娶徐氏，子男一，京生。女五，適夏，適胡，適蔣，餘在室。殁之明年，京生持狀来請曰：「先君平生艱勤，壽不逮禄。將以某年月日葬某原，不肖孤懼其泯没無聞。倘惠篤世契而畀之銘，以光於幽宫，則先君雖亡如存也。」予於奉政公長一歲，相與猶兄弟。見其子之能卓立，則喜。今見其不得壽，寧不戚然乎？銘惡可辭！銘曰：

粹温如玉，可琰可琡。天奪之速，云何不淑？

故修江鄭君朝舉墓志銘

修江故建昌縣，今隆隸南康路。君鄭氏，翔名，朝舉字也。考諱有慶，妣余氏。生宋寶祐癸丑十月戊午。年踰幼學，端重如成人。習唐歐陽率更楷法、宋高廟行草，俱逼真。登鄉達吕侯正甫之門，從行倅撫郡。吕之父，朱子門人也。君熏染見聞，嗜小學、四書。歲乙亥避地，道遇遊騎，被掠，僅以二親脱走，猶携小學、四書、宋名臣言行録自隨。夫婦躬爨，奉養于艱棘中。

國朝既定南土，歸隱廛閒。值各處盗起，郡貳至邑，俾令長集父老，議選有才望者往撫諭，僉謂君可。君承命挾二力直抵諸山砦，曉譬禍福，悉改悔釋兵。郡貳器之，擬署郡從事，弗就。其後爲養，黽俛食庶人在官之禄，非其好也。居家事親，承思先意無毫髪違咈。事兄如嚴父，靡或相猶。親癠，輒不御酒肉，停公務，拜醫進藥，日夜不離左右。父嘗得瞽疾，又嘗得末疾，沉痼危篤，均爲難療。君竭心籲神，二疾咸愈，人謂孝誠所感。

持喪致哀，服闋猶不忍出，薦奠追慕，終身不少替。邑之令長、鄉之耆艾，數百人詣郡舉其孝行，有江西茶運使素相知，辟充掾史。同儕獻言，税青荈以增課額。君力争，竟沮其計。省檄長府史中使經歷田糧，君多方救護，民免加賦之害。省府括民爲匠累累，上陳其不便，事亦中止。遷茶司幕僚，在職未幾，以老謝去。

君每疏聖賢格言於屏，朝夕目之，以省厥躬。嘗訓諸子曰：「議昏當擇良配，吾幸汝母惠淑，事舅姑尤謹，故不陷於不孝。」二子仕外，有使通問，必緘示誨言，勗以清慎。君與人交，必恭必信，翼善規過，不毁不譽。親黨有喪不舉，己雖屢空，助之不靳。撫孤賑急，汲汲恐後。年躋八袠，聽視聰明，髭髮才斑白。

子時中，憲掾秩滿，授將仕佐郎、江州路總管府屬官。既代，擢江西省掾。方喜近家，遂迎養之樂。至順壬申十有一月戊辰朏，君以微疾終矣。娶余氏，先二十二年卒。子男四，一中，蚤世；時中；道中；德中，亦由廣西憲掾類吏部選。女五，一適丁。孫男十二，女七，一適閔。曾孫男一，女一。將葬州治西北天津山先塋之近，時中以江州路儒學正袁梅瑞之狀來乞銘。

昔宋咸淳辛未，以鄉貢試禮部不中，其冬，客郡倅館下月餘，與君同處呂門，又識君之子，是以不辭而銘君之墓。銘曰：

孝行之卓君所優，污行之惡君所羞。之仁之義鮮與儔，斯銘斯志千古留。

故池州路貴池縣尹致仕徐君墓碣銘

君姓徐氏，其先由豫章徙撫宜黄之浉溪。考諱德秀，避亂居郡城。君少字奇伯，中歲以字行，更字長公。與予同生宋淳祐己酉，月日後於余。

工進士詩賦，其藝可貢，而屢試不偶。宋亡，在家講授。元至元甲午，當路舉充建昌路南城縣教，就陞撫州路臨汝書院長，再調長江州路景星書院。行省工姓名于朝，厠教官選内。大德癸卯春，至京師，曰：「吾獲與天下英俊遊，志願畢矣。」諯歸，以造就後進爲務，從學者彌衆。至大庚戌，部注將仕佐郎、臨江路新淦州儒學教授，留淦五年。延祐戊午，换注撫州路金谿縣主簿，任未滿，引年去位。泰定甲子七月十三日乙酉，以疾終。

明年，授承事郎、池州路貴池縣尹致仕。命下，不及拜矣。

君事母致孝，喪母致哀。叔父鰥貧，迎養于家，奉之猶父。女兄守嫠，弟麟先逝，極力扶持之，撫存孤甥，教育從子，一如己之子。爲文條達平贍，善談論，與人交恭謹端恪，而不矯激。四典教職，振起士學，修完黌宇，有勤無惰，有興無廢。嘗攝新淦州事，決難決之訟，化難化之民，衆庶咸説曰：「教授權州半月，治效若此，倘使專司民社，又當何如？」逮主金谿縣簿，邑宰廉能，忻得儒佐。

初娶符，繼娶晏。男中立，廣東元帥府掾，前六年喪；中益，蔭授征官。女適李。孫男：士原、士清、士淵、士觀。孫女：一適吴，二三俱幼。卒之年八月十九日庚申，葬長安鄉余道之原。越九年，其孫始以南康路儒學教授婁志淳狀來乞銘。吁！銘已後矣。乃爲書此俾碣于墓。銘曰：

予之齊年，如君者稀。後我而來，先我而去。嗚呼噫嘻！

故宋鄉貢士金溪于君墓碣銘

金溪于君，諱應雷，字震卿，暨澄同預宋咸淳庚午秋貢進士。君長七歲，予兄事之。明年，試禮部，俱罷，各退處僻陋，一在郡之東，一在郡之西南。相去遥隔，重會孔艱。迹若疏曠，心常親厚也。君少治舉子詩賦論策，超越輩流。同里曾縣令先達先覺，負重名，爲學者師，奇君之才，女焉。運代既更，學行彌高。稟氣剛直，寡合不阿。雖鄰家，無事未嘗一至。倘至，莫不歡迎。交友尤不苟，安貧固守，薪米屢空，略不屈挫。得一美味，必持奉二親。過從當飯而飯，當宿而宿，蔬食菜羹，對客共食，泰然無愧。誨人家子弟，諄諄善誘，成才者甚衆。所作文章，義正辭嚴，字畫遒勁，類其爲人。儲書數千卷，下逮陰陽伎術等書，亦或手抄。惟不喜二氏，曰：「生民之害大矣，吾忍觀之哉？」隱于五雲山之近，自稱五雲山人云。年躋耋耄，康强不減少壯。生宋淳祐壬寅十月己巳，終大元至順辛未九月辛丑。其年十月庚申，祔葬考府君之兆。配曾氏，諱季藻，淳安長女也，先一年卒。男三：長時保，少廣同，蚤世。惟中子廣在。女三：長適鄭大益，先九年卒；少適余岳，先十四年卒；惟中女適汪士規者在。孫男四：瑱、琥、珪、玘。孫女二：一適曾伯堅，一適余鼎明。壬申夏，澄自家來憇郡城，廣具君之行與事請銘。噫！銘而附於棺乎，弗及已，乃追銘之，以碣于墓。銘曰：

其文金玉，其質石鐵。九十而終，全士之節。

故將仕佐郎贛州路儒學教授陳君墓碣銘

君諱先得，字辰翁，居吉太和之城西，世爲里著姓。蚤歲應進士舉不偶，代革科廢，以其餘力爲詩，冲澹絶去雕飾。陋巷數椽，僅蔽風雨。隙地蒔梅一株，菊數本。家人憂其不事生産作業，無以遺後，則指架上書曰：「此吾子孫無窮受用。」年踰四十，始出遊。歷數縣教官，又以憲司選試中程，遷贛郡學録。年將六十，學官入仕制始定。既而奉江西行省檄，教諭興國及贛二縣，陞長瑞州路西澗書院，任滿，名上中書，部注將仕佐郎、贛州路儒學教授致仕。明年，泰定丁卯二月十八日，終于家，年八十四。

君外無貪求，内無忌克。人之戚蹙然如己戚，人之休愉然如己休。朋游燕坐言談，肅不聞聲。及有是非利害，厲辭面折，見其心服，即懇欵如初。暇輒悠然獨行，行而適然相聚，聚而歡然以飲，飲而恍然以醉，醉而嗒然以睡，睡而忽然以醒，物我兩忘。處家處旅，一若是陶陶焉。莫年，次子更其宅，寬衍十倍。君曰：「汝大吾家，在德器，不在屋室。人若期稱所願，豈有足焉？」曾大父以醫馳名，君亦兼通其術，予藥濟貧不倦。配曾氏。子男二：學詩，韶州路乳原縣儒學教諭；學禮，承事郎、贛州路瑞金縣尹。女一，婿蕭秀實。孫男三：以道，南雄路始興縣儒學教諭；文子，潮州路韓山書院山長；新子其季。曾孫男四：曾、敏、鼎、祖。葬于州之雲停鄉，祔母嚴夫人墓側。學禮命文子自潮來索銘，時君殁已六年矣。閔其請之勤，故追銘之。銘曰：

其進其止，任運適已。子孝孫慈，俱以儒仕。

故臨川處士陳君墓碣銘

臨川東鄉之古原，陳氏居焉。處士君字瑜玉，諱瑜。生宋淳祐己酉九月望，年八十一，元天歷己巳九月望，以微疾終于家。明年，至順庚午十二月庚申，葬東原。其鄉人饒宗魯述其行，導其子來求文文墓石。予按所述。

君之六世祖策，贈朝奉大夫。二子：長子孺，紹興戊辰進士第三人，官至朝奉大夫、直顯謨閣、湖北安撫；幼子邦慶，生公著，君之高祖也。曾祖治原，祖世則，考師文，俱不仕。

君端慤敏惠，少學舉子業，藝成而科廢。所居深邃，四山傍圍，一溪縈帶，欝然桑麻，如古桃源然。濱于越界，南土初附，遐陬未靖，寇震于鄰。賴君有謀，寇不敢犯。其後官軍捕逐，幾受玉石俱焚之禍。君造于師，竭家財迎犒，保任其鄉爲良民。帥義其請，禁毋俘掠。一鄉生聚獲全，君之力也，至今父老猶感恩不忘。遇賢士挈家逃避，爲寇所得，貧無貲奉，將致之死。君捐金贖其孥，而無德色。臨川大邑，每歲輸糧三萬有奇，吏漫其籍，官與民兩病。會郭尹至，君先自首實，又爲畫計考覈。尹行其言，未期籍成。君早年罹世艱棘，處劇而裕，謹慎而不罣於過。無厲聲厲容、偏好偏惡。人有争較，君爲諭釋，辭氣温和，無不感動悦服。撫家庭，人從卑幼，教愛兼備。與人交，傾倒坦易，鄉評所歸。遇事而斷，不苟下於人。歲饑周賑如常，惠利出於無心。體貌嚴重，衣冠肅潔，微髯頮頮，神意灑落，步速如流，炯炯精悍，閒暇自得，有文獻大雅遺風。喜玩佳山水，常意行規樂丘。莫年，與鄉之耆壽宿望尊酒吟詩，昆弟翕具，其樂無涯。既殁，人咸思之哀之，而無怨議。

配楊氏，先十年卒。男五：福、鈃、銘、鑾、釭。其二以後伯兄琇，其三以後季弟璡。女一，婿王昭祖。孫男十人：溢、演、溥、淳、浩、源、澄、潤、深、洪。孫女四。曾孫男六：相、武、周、觀、椿、桂。曾孫女四。

饒宗魯曰：「士之能世其家者鮮矣。昔陳太丘長，其子爲卿，其孫爲公，榮名非不足，而公慙於卿，卿慙於長。吾里衣冠舊族，惟古原之陳，自朝奉公以來七世，皆富壽而文，雍睦如萬石君家。然則無忝於祖若父者，正不待求之躬行之外也。」宗魯信士，予信其言之信，故爲陳君銘。銘曰：

世爵世禄，或祇爲辱。世德如陳，不貴亦足。

卷八十八　行狀

大元故御史中丞贈資善大夫上護軍彭城郡劉忠憲公行狀

公諱宣，字伯宣，其先潞人也。因出戍，留居忻之忻口鎮。金末辟地于陜，歲癸巳七月，生于寓舍。國朝既得河南地，復歸忻，後徙太原。

公沈毅清介，自幼嗜書，長達時宜，志在經濟。居家奉親，恭恪婉愉。事無巨細，必待稟命。意有不可，罔敢直遂。毋嘗嬰疾，不寢踰月，疾愈乃已。兄弟雍睦，禮如賓友；孝弟純篤，名聞遠邇。

宣撫行部，聽公談論，深蒙器重。還朝以公爲薦，擢充中書省掾。在京從許文正公學，每退食，就師講明經理。考滿，除河北河南道巡行勸農副使。至元十二年，除户部郎中，改行省郎中。從丞相伯顏、平章阿珠統軍平江南，自武昌順流抵鎮江，取瓜洲。立行省，供給軍須靡有缺乏。禁止殺掠，撫安新附，所過州郡按堵如故。凡便益之事，多出贊畫。以丞相命赴闕進捷書，世祖皇帝親問南征事勢，應對稱旨，賜器服寵嘉之。

江南既平，作詩百韻，鋪張偉績，宋臣有能死節守義者，必加嘆獎。同陳右丞沙汰江淮冗官，存革悉合公論。知松江府，未幾，同知浙西宣慰司事。居官五年，威惠并著。陞江淮行省參議，改江西湖東道提刑按察使。貪吏豪民聞風屏息，一道肅然。

二十二年，入爲禮部尚書，遷吏部。將征交趾，公上言曰：「連年日本之役，百姓愁戚，官府擾攘。今春停罷，江浙軍民歡聲如雷。夫安南小邦，臣事有年，歲貢未嘗愆期。邊帥生事興兵，因彼避竄海島，使大舉無功，將帥傷殘。今又下令再征，聞者莫不恐懼。自古興兵，必順天時，中原平土，猶避盛夏。交廣炎瘴之地，毒氣害人甚於兵刃。今以七八月會諸道兵于静江，比至安南，病死必衆。緩急遇敵，何以應之？又交趾無糧，水路難通，無車馬牛畜馱載，不免陸運。一夫擔五斗，往還自食外，官得其半。若十萬石，用四十萬人，止可供三月。軍糧搬運，船料軍須，豈止通用五六十萬衆！廣西、湖南調度頻數，民多離散，户户供給役，亦不能辦。况湖廣密邇溪洞，寇盗常多。萬一無人伺隙，大兵一出，乘虚生事，雖有留後，人馬疲弱衰老，卒難應變。何不與彼中軍官深知事體者，論量萬全方略？不然，復蹈前轍。」

又將再征日本，公上言曰：「近議復置征東行省，再興日本之師，此役不息，安危繫焉。至元初年，高麗趙開建言通日本以窺宋，數輩奉使，竟無成約。率只征伐，亦不收功。驅有用兵民，取無用地土，猶珠弾雀，已爲失策。平宋之後，姦回擅權，賣官鬻爵，江南郡縣布滿貪饕，削剥官民。既而要功生事之臣倡言東征，輕用其謀，於江淮、兩浙創造海船，斫伐寺觀墳園樹木殆盡。每株大木不下三二百人拖拽，踰山越嶺，近者百里，方到船塲，民間費用過於木價十倍。夫匠死傷不可殫紀，造作軍器衣甲、百色物料，皆出於民，當役税户多致破産。大兵既達海岸，不交一矢，風浪損舡，委十餘萬於荒山，不爲敵殺，則爲餓莩，可爲哀痛。死事之家殊無優恤，主將僅以身免，朝廷寬宥，使輸錢贖罪。天下知刑賞不行，何以懲勸，使人效死？十九年冬，四處行省督諸路造膠河糧舡一千隻，又相繼於江南、平灤造東征海舡。江南擾動過於向來，其平灤船料油竹棕籐取於南方，綱運絡繹，工匠牛畜，死者相望，幸蒙停息。百姓瘡痍未蘇，軍家老稚哭者未已，又議大舉，恐民不堪。漢軍自圍襄陽，渡江征二王，戍閩廣，攻占城，破交趾，死損甚衆，及有絶丁破産之家。江南諸路守城把渡、巡邏遞送、倉庫占役之外，調用常是不敷。南方新附，舊軍十餘年間，老病逃亡、出征損折向來精鋭，於海東新招軍數皆非習武藝、慣争戰陣之人，用此制敵，必然敗事。經營南方，用兵四十餘年，中國幾致疲乏。歸附以來，民失撫字，實非心服，但畏兵力而已。江淮輕剽陸梁之徒潛伏山海，孰謂無之？伺我兵力虚耗，一旦嘯聚，驅輕生無藉衆民，所在殺掠其鎮守官軍。□□□□□〔二〕議設科取士之法。」

二十三年十二月，中書傳旨，議更鈔鑄錢，公獻議曰：「原交鈔所起，漢、周以來，皆未嘗有。宋紹興初，軍餉不繼，造此以誘商旅。爲公邊糴買之計，比銅錢易於賫擎，民甚便之。稍有滯礙，即用見錢，尚存古人子母相權之意。日增月益，其法浸弊。自一界、二界至十九界關子，計江左立國百五十年，是不及八年一更也。亡金行用會子，亦由此，

〔二〕有闕文，成化本注曰：「舊版模糊脱漏。」

數變名同。如小十貫、大十貫、通天寶會之類，隨行隨壞。大元初年，法度未一，諸路各行交銀，或同見鈔，或同絲絹。中統建元，王以道執政，盡罷諸路交鈔，印造中統元寶，以錢爲準，每鈔貳貫，倒白銀壹两，十五貫倒赤金壹两。稍有壅滯，出銀收鈔，恐民疑惑。隨路椿積元本金銀，分文不動。當時支出無本，寶鈔未多，易爲權治。諸老講究扶持，日夜戰兢，如捧破釜，惟恐失墜。行之十七八年，鈔法無少低昂。後阿合馬專政，不究公私利病，出納多寡，每一支貼至有十餘萬定者。又將隨路平準庫金銀，盡數起來大都，以要功能，是以大失民信，鈔法曰虚。每歲支遣又踰向來民所行，皆無本之鈔，以至物價騰踴，奚止十倍！極治之法，不過住印貫鈔，只印小鈔，發去諸庫，倒换昏爛，以便民間瓜貼，驗元起鈔本金銀，發去以安民心，嚴禁權豪官吏冒名入庫倒買。國用當度其所入，量其所出。如周歲差税課程可得一百萬錠，其歲支只可五、七十萬，多餘舊鈔立便燒燬。如此行之，不出十年，縱不復舊，物價可減今日之半。欲求目前速效，未見良策。新鈔必欲創造，用權舊鈔，只是改换名同，無金銀作本稱提，軍國支用不復抑損，三數年後亦如元寶矣。宋、金之弊，足爲殷鑒。鑄造銅錢，又當詳究。秦、漢、隋、唐、金、宋，歷代利病，在諸史通典，不待縷陳。國朝廢鈔已久，一旦行之，功貲若爲遠計，利民權物，其要自不妄用始，若欲濟溪壑之用，非惟鑄造不敷，抑亦不久自弊。」屬姦邪謀奪中書之務，立尚書省，以專國柄，錢議雖罷。

二十四年，遂行至元新鈔。未及期年，已覺滯澁。權姦以行省奉行不嚴，繩之以刑，遣公及兵部郎中趙孟頫斷江淮行省官吏罪。時有元惡寔長一省，公顧惜大體，略不攟摭而去。

二十五年，公由集賢學士除御史中丞，行御史臺事。其元惡悍戾縱恣，常慮憲官糾其非，若公尤所忌者。猶以前時常獲欵接，因幸公之過揚，冀一相見，敘情好如舊。而公以臺官不當外交，竟絶江赴臺，於是增其猜怨。公領臺事之後，大夫與右中丞出建康城外點視軍船，群御史從。有以軍船載葦者，御史張諒究詰，知行省所使，詣楊州覈實。元惡盛怒，即圖報復。大夫之父，官于屬郡，旋被按劾。遣其惡黨造建康，偵臺中違失，出惡聲相蹸轢。臺中悚懼，陰往懇祈以自解，惟公嶷立不動。元惡怨公愈深，羅織公之子，繫揚州獄。又令建康酒務、淘金等官及遭斷録事司官，誣告行臺沮壞錢糧，以聞于朝，納賂權姦，必欲置公死地。當時專以財利一事爲重，又且素惡臺憲，差官二員至行省鞫問，公及御史六人俱就逮。公將行，書後事緘付從子自誠，令勿啓視。公既登舟，行省差軍船監押，兩岸列兵衛驅迫。鉦鼓旌旗震耀數里，聽者觀者爲之駭怖。比至楊州，南關簇兵圍繞，不得入城，同行御史分異各處，不通往來。

九月朔，公自裁於舟中。啓視公所書絶筆，其辭云：「觸怒大臣，誣構成罪。豈能與經斷小人交口辯訟、屈膝苟容於怨家之前？身爲臺臣，義不受辱，當自引決。但以不獲以身徇國爲恨。嗚呼！蒼天寔鑒此心。」且別有公文，言元惡罪狀。後得其藁，塗注鈎鈐，辭句難辯。前治書霍肅爲序次其文，讀之令人悲惋霍。肅曰：「公既殺身，行省白朝堂曰：『省知罪重，自割身死。』前後構禍主謀者，郎中某也。某爲行省員外郎時，公爲參議，相得甚驩。爲江淮鈔法法，尚書省命公罰某杖罪。公以同僚，爲苟其事。由是公被罰。某素受公恩，但以同惡相濟，深忌正人，鋭意擠傾，曾不顧公議之可畏、宿恩之難負。公忠義節操，世所共知，識與不識，皆爲嗟悼。」肅親見親聞其事，故辭覈而情哀。在先有觀天文者，謂熒惑犯外執法。及是，聞公有變，乃知正人生死，上應天象。公哀問至太原，夫人李氏將一僕一驢，行三千里，奉柩歸葬。其後，同謀害公者不久俱死，若有陰譴云。元惡既斃，越一年，權姦亦誅。改絃更張，霍肅具公死事始末呈之臺省，不報。

公之官初階承直，轉大夫，歷奉訓、奉直、朝列、中順、少中、太中、嘉議、通議，凡九階。延祐四年，從子自持上公行寔，御史臺奏聞，制贈資善大夫、御史中丞、上護軍、追封彭城郡公，謚忠獻。夫人李氏，追封彭城郡夫人。謚議曰：廉方公正曰忠，行善可紀曰憲。公性至孝，鄉閭著聞。見知竇文貞公。門無私謁，政有惠慈。奏牘本乎公正，非拘儒曲士，引據高遠不達權宜者比，其行善可紀，信矣。江淮省臣貪虐不法，公以其罪上，語泄，馳賄中外。柄臣黨惡，誅鋤忠良，傳檄加覈。公慮身辱徒損臺威，中道以殞，時論寃之。其廉方公正，又信矣。

予嘗論公之死曰：「耳目重臣，無辜而被逮問，浮雲蔽日如此，豈善類可望生全之時耶？使公不死，忍耻以對獄吏，奚啻色理辭令之辱！假而得生，亦臧獲婢妾苟免者所爲耳。若公臨絶之音，豈不毅然大丈夫哉！人孰不惡死，不曰所惡有甚於死乎？此公之所以寧死而不辱也。」

公之大父津，不仕，大母苗氏。父訓，金朝河南省椽，博學知名，與太原元好問友。母宋氏。夫人李氏，清苦持家，與公同其志操，後公二十七年卒。子男二：自勉，受蔭同知滁州，繼尹上蔡、臨潁二縣；自得，主杞縣簿。女三，婿張維、梁中立、毋琪。孫男伍，女四。公行完於身，才周於世，剛正公廉，視古之名臣可以無愧，宜有傳在國史。故敘公平生大概，以俟它日采擇。謹狀。

卷八十九　祭文

國子學告揭大成新扁文

維京師立先聖廟，既落成之二年，今天子嗣位，乃加封大成之號。恭惟先聖道德高厚，與天地參，爲萬世帝者師。聖君賢相於位號廟祠務致崇極，以風四方。廟之堂曰大成之殿，廟之門曰大成之門。雖因前代之舊，然「大成」二字，寔今天子所錫。扁以斯名施之，於今尤爲宜稱。吉日辰良，爰揭新扁于殿之前、門之外，俾尊慕先聖，入其門、升其堂者得所瞻仰焉。謹以潔牲醴齊，用伸虔告，王其鑒之。

祭周元公濂溪先生墓文

嗚呼！悟道有初，適道有途。先生之圖，先生之書。昭示厥初，維精匪粗。坦闢厥途，維約匪紆。人生而静，所性天性。物感而動，所用天用。未量布帛，分寸在度。未程重輕，銖兩在衡。風雖過河，水弗興波。形雖對鏡，鏡弗藏影。動而凝然，静而粲然。唯一故直，唯一故專。道響絶絃，千數百年。學要一言，洙泗真傳。有性無欲，有一無二。猗嗟效勗，久莫克至。先生之道，萬世杲杲。展拜墓前，如親見焉。廬山峙南，大江流北。仰之彌高，逝者不息。

慈湖丁蘭廟祝文

歲在丁亥十月丙寅，前鄉貢進士、江西撫州吴澄謹昭告於丁侯大神：澄自少讀書，粗識義理。見有厚於人倫者，雖不同世，心慕其人。惟侯事親不失子道。澄去冬經過，式瞻廟貌。疇昔之夜，夢祗見于侯，執紙幣以贄。歸舟泊祠下，敬惟往夢是踐。澄去家期年，今歸省母。舟泝流而上，祈得順風，而無驚虞，以早達於家，神其保祐之。

祭樂安縣丞黄從事文

嗚呼！公生於梁，長於梁。老於揚，卒於揚。其質厚，其氣剛；其見定，其行方。始也辟地出蜀而遊，終也辟世入山而幽。出蜀伊何？崎嶇萬里，潔身以去，就禄而仕。入山伊何？優游卒歲，儉約以處，得正以斃。辟地以生，陳子之清；辟世以死，張子之寧。清則雖生而不辱，寧則雖死而猶榮。

初，予識公于通守之庭，聞公爲當代鉅人所敬。聽其言論風旨，於是而信公之名。既而從公於貳令之聽，見公爲一邑士民所愛。視其兩事設施，於是而得公之誠。曾幾何時，風震雨淩。公於斯時，蟣蝨小官，蹇蹇于下，事不辭難。又幾何時，地陷天傾。公於斯時，螻蟻微軀，行行于中，義不受污。

嗚呼！平居無事，凡百有位。衒才華，矜科第，挾崇高，夸寵利，憑跋萬民，傲睨舉世。及至一旦茫無寸計，臨難苟免，從風披靡，自詭龍蛇，不愧犬豕，胡爲乎？寒松勁草之心，乃見於下邑庶僚之底。如公之志，有隕無貳；如公之節，霜嚴日厲。人知公禍福不動，爲一時之勇。孰知公完養有素，非一朝之故？

公之劬書嗜學，寒暑不廢，每蹙然於芳草之艾蕭；公之安貧守賤，表裏一致，常怡然於陋巷之簞瓢。公之好賢樂善，心口嘆喟，恨不即上之青霄；公之憤世嫉邪，辭色峻厲，恨不即肆之市朝。逮祈死之不得，慨偷生之不聊；爰投迹於魑魅，任争席於牧樵。憂患之端，殆無時而不有；勁直之氣，不與累而俱消。外無撓而力毅，内有主而神全。惟其所稟之異、所學之正，是以雖老益壯，雖窮益堅。聖人未見，剛者如公，蓋庶幾焉。

嗚呼！知公惟予，知予惟公。今其逝矣，欲見何從？有山崇崇，有水溶溶。今其藏矣，哀慟何窮？冥冥潛德，凛凛高風。一觴永訣，尚鑒予衷。

祭吴叔震文

嗚呼！人莫不有死，兄未可以死也。外無强支，内未有壯子也；一家憂責之所萃，一邑民望之所係也。兄慮事兮素周，胡能一一預擬也？兄養生兮素厚，胡寧忽忽至此也？嗚呼！以兄風流文雅之懿，温公謙遜之美，不惟見稱於平居遠近之交親，抑亦見重於當路貴顯之君子。蓋其久而不渝，行之安而無僞，故兄之感動乎人者有由，而人之愛敬於兄者無異。

吾求一人，彷彿如兄者，焉幾闔郡而莫之可比。知與不知，聞兄之死，疇不嗟悼而失聲，痛惜而隕涕？嗚呼！兄今已矣。吾自丙戌與兄交際，知無不言，言無或避。于今八年，首末無二。今夏吾疾，兄念之至；兄疾數月，吾不謹視。初期兄之有瘳，豈料竟此而長逝？負于幽冥，抱恨積媿。嗚呼！昔兄於吾，孰不籌議？今吾於兄，寧敢遺墜？命之短長，家之隆替，諒天數之有定，匪人力之可計。寤寐以思，永嘆弗置。一觴告靈，尚鑒吾意。無以報兄，空洒哀淚，嗚呼！

祭危先生文

嗚呼！昔予弱歲，初識先生。端方之質，敦篤于行。曰在程門，可幾彥明。事徽庵翁，雖婿猶子。翁既無後，悉意經紀。嫁其孫女，與子一視。翁之同宗，既貴既豈，尊禮先生，靡替有崇。館置于塾，十諮九從。予時往來，每見益親。學不衰倦，知識日新。沉潛邃密，誾誾恂恂。下逮末術，鳥伸熊經，亦所深嗜，以衛其生。

嗚呼！先生宜享遐齡，如何如何，一疾弗救？年踰七十，豈不謂壽？宿學彫落，予心寔疚。聞訃之初，身寄逆旅。絶學如綫，予復誰語？幾更旬朔，始拜柩前。魂兮何之？涕泗漣漣。嗚呼！

祭外舅余東齋先生文

嗚呼！翁年六十有七，未至於耋且耄也；翁之精神志氣，未至於昏且耗也；翁之起居飲食，未減於壯且少也。去夏得疾，其端甚微；人莫之告，澄莫之知。逮乎有聞，凜乎有疑。秋杪澄始往省，專付之醫，而醫曰「可爲也」。去冬力疾，其出豈宜？藥莫或繼，病莫或支。雀鼠攖懷，風雪侵肌。歲杪澄又往省，重責之醫，而醫曰「未危也」。正月于役，數月于違。意翁介疾有喜，可必其期也；孰謂凶訃遠馳，竟至於斯也？

嗚呼！翁之意度，翁之文詞，篤志好學，老而弗衰。炳炳于中，寂寂于施；表表于鄉，昧昧于時。是則大運所同，而非獨翁一身之私也；舉世所慨，而非獨澄一人之所悲也。澄寔無似，翁妻以子。翁今已矣，莫之起矣。疾弗躬侍，喪弗躬事；奄忽再朔，始拜靈几。疾首痛心，有淚如洗。

嗚呼！死者其有覺乎？翁其能如昨乎？死者其可作乎？翁其將焉託乎？嗚呼哀

哉！尚享。

祭張達善文

猗歟朱子，訓釋四書，微辭密意，日星炳如。紛紛末學，經笥文藻，而於本原，或昧探討。卓哉張君，學有正傳。章句義理，究索精專。講説鋪陳，敷暢厥旨。抑揚翕張，聳動群耳。公侯之門，賓師之尊。始終情義，彌久彌敦。晚官魯洙，又客衛服。詵詵游從，濟濟受讀。歸來淮土，妙運誨規。有言于朝，將升胄闈。如何如何，天不壽之？忽此棄遺，曾未耋老。昔遊白下，及上君堂；今滯儀鑾，君喪已祥。遥瞻蜀岡，墓長宿草。進拜遺像，涕隕心慄。學之不墜，允也不忘。愴焉一奠，以寓哀傷。尚享。

祭鄒居士文

嗚呼！予觀聖門之論君子，懷德、懷刑二端而已。其懷德也，於處善循理、秉義守禮，所樂所喜，勉勉操履，如嗜甘美；其懷刑也，於傾險譎、詭放僻邪侈，所畏所恥，惴惴謹避，如蹈火水。維此二端，夫孰能然？求諸今之人，居士公有焉。故公之在世也，七十二年，不尤於人，不愧於天；内有懿行，外無瑕愆。予之迂疏，衆所共愚。締交之初，一見心孚。蓋嘗與予夜半不寐，靡所不談，靡所不議；忘倦忘疲，深悦深契。忽然興喟，曰「惟我與爾」。使居今世人人若是，則官府可廢，法禁可弛。追思是時予年二十四，今又三十四年矣，公乃棄予而死。嗚呼已矣！予復奚言？惟上存淺土之喪，下闕承家之孫。此公之生而不置懷於朝夕，死亦不瞑目於九原也。雖然，天者不可知，人者猶可期。予當告公之子，以卒公志，以滿公意。公亦可以翛然長逝，而無芥蔕於斯。烏乎哀哉！尚享。

祭祝静得提舉文

猗嗟夫君！如瑜如珣，如蘭如芝，如鳳如麟。初賓淮甸，繼宦江濱。所至所歷，與物爲春。吾聞其風，未見其人。拙疏繆悠，垂老乃仕。與君交承，自覺形穢。南還一年，爰始通使。西遊數月，音問莫嗣。道中訃傳，疑駭驚悸。公牘促行，遽信其然。發書旅次，汗淚交漣。惻愴未已，次且不前。緘辭絜酒，亟奠几筵。悁悁目送，秋水長天。尚享。

祭袁主一文

嗚呼！吾兄遽至是邪？與兄同里，情同一家。後締姻親，交誼逾密；合如符契，固若膠漆。予之中子，兄之愛婿。年未三十，不幸夭逝。予罹此凶，兄寔不愉。曾未再期，兄亦棄予。予留京師，聞訃哀怛。望門一慟，情莫能達。數千里外，緘此哀辭。辭促意長，泣涕漣洏。

祭沙卜珠宣慰文

嗚呼！己酉之夏，予如京師，於廣陵之寓府，話六載之別離。公云：「去冬一病，幾不可起，幸今少瘳，得再相見于此。」予覸公體貌雖羸，視聽不衰，意或日就於平復，而年壽未可涯也。予去曾幾何時，公厭世而若遺。二千里外，凶訃莫知。久乃聞之，惻愴不怡。遣使弔問，爰足以罄中懷之悲。日月不淹，忽焉四期，予始南還，而公不復見。感傷嘆惋，蓋有甚於初聞之期。維公超超特異之姿，恢恢大受之器，富而好禮，貴而下士，四海名勝之所願從，而知與不知之所共美。雖以疾廢而歸居，庶乎久生以觀斯世之何如爾。

烏乎！公其已矣，而有賢嗣，則公之死猶不死也。宿草芊綿，晨露晚烟，一觴敬酹。烏乎！安得起公於九原？

祭夏幼安文

嗚呼！以吾友朋明悟之質，和粹之氣，深沉之量，重厚之器，宜其得於天者既豐且備，胡爲嗇於壽而不假之以年歲也？

烏乎吾友！卓爾殊異，齊諸輩儔，寡所匹儷。方其少也，於親孝敬，於長順悌；恪共子職，克承考志。如于越之劍，匣藏未試，炳炳輝輝，微見鋒鋭。及其長也，父喪既畢，家業益熾，田疇廣闢，積貯贏利，如源泉之水，春流方至，汩汩滔滔，莫測涯涘。其壯而學也，脱略凡近，超絶造詣，忘筌蹄於章句，探奥突於理義，未嘗執筆求工於文辭，未嘗挾册求多於誦記，而施於今者粲然可觀，而師於古者吻若冥契。其强而仕也，覩天光於上國，覲日角於潛邸，攀龍附鳳於翕欻，化鯤爲鵬於尺咫，由布衣而七品，出玉音之特旨。時宰下禮於其廬，貴游願交者如市，騰啖啖於北方，冠總總之南士。彼商財而計資，率面頳而額泚。

烏乎！吾友衆美攸萃，言温雅而中倫，容安詳而合軌。聞者稱揚，見者嘆喟。烏乎吾友！而止於是。

予於今春移疾去位，吾友南還，同舟共濟。予於江干數月淹滯，吾友前邁，旋即官次。比予及家，秋聿云季。吾友謁告，自官來憇。微恙遽感，良藥亦嚌。日望其痊，豈意長逝？病弗及問，斂弗及視。去者日遠，來者日駛。衮衮劇痛，洒洒哀淚。烏乎吾友！竟至於此，命也柰何？奚怨奚懟？賢母有命，俾淑而嗣。疇昔交情，罔間生死。有不盡心，幽顯負媿。一酹几筵，尚鑒予意。

祭董平章文

自聞公喪，亦既逾年，始得致清酌庶饈之奠于公之祠前。唯公堅剛之質，勁直之氣，廉正之操，果毅之才，如金百鍊，不可少摧；如矢一發，不可少回；如喬岳之崔嵬，如洪流之硠磕。見義必爲，不顧身之利害而移；見賢必敬，不因人之毁譽而疑。其嫉惡也如仇，其好善也如飴。勳閥巍巍，而恂恂文儒之設施；英邁堂堂，而循循理法之繩規。蓋其禀於天者既異，而其得於學者，又足以栽培滋溉，而有所裨。故能特立獨行，表表於天下，而視世之依阿澳涊、閹然取媚者，亦清泉湜湜之不滓於污泥。某也，山澤之癯，羈孤之迹，分甘肥遯於明時。未識公面，已辱公知。居常惴惴慄慄，惟恐負公之識鑒，庶幾没齒而無忸怩。豈意後公以死，猶及聞公之訃而興悲。烏乎！公之光昭卓偉，不可得而見矣！相望數千里之遠，僅能寄一哀於此辭。尚饗。

華蓋山禱雨文 代申宰作

予之不才，濫叨邑宰。智識蒙陋，牧字乖僻。獲咎于天，天降之罰。連月不雨，早稻已損，晚稻亦傷。遍走群望，未遂感應。竊惟守土之官有罪，神宜譴責於其躬。百里之民何罪焉？而罹此禍。今正艱食，若更不雨，無望秋成，民必莩死。神之仁慈，豈忍使斯民至於此極？油然作雲，沛然下雨，在神瞬息間爾。其注甘霖，以甦苦旱，以活斯民之命，惟神其憐之。謹告。

卷九十　制　誥　表牋　經筵　講義

制

封張蔡國公制

天地間之有正人，國家恃以爲元氣。卿之忠藎，朕所眷知。比因疾以祈閒，爰加恩而優老。榮禄大夫、中書平章政事張珪，彝常世閥，廊廟宗工。早總戎旃，已作禮樂詩書之帥；晚司化軸，遂稱文學正事之臣。左右六朝，出入三府。夷險不易其守，鯁亮一如其初。太清罹薄蝕之昏，前期致沐浴之請。越予新服，嘉乃舊勳。諤諤之節，詎敢詭隨？侃侃而言，類多裨益。黯雖謁告，奭尚勉留。俾辭鞅掌之勞，專罄格心之學。緬維先正，嘗平金壘以立功；宜得後昆，復就蔡封而襲爵。所謂故國，庸建上公。思竭爾忱，廣敷陳於經幄；欽承時命，永翊贊於皇猷。可封蔡國公，提調經筵事。

封天師制

我國朝之崇玄教，古莫與倫；卿世家之受皇恩，今爲特盛。宜隆稱號，爰示寵嘉。正一教主、嗣漢三十九代天師、太玄輔化體仁應道大真人、主領三山符籙、掌江南道教事張嗣成，冰雪神人，風雲聖代。繼乃祖乃父累功積行於前，而聞子聞孫繼序增光於後。及此初元之覲，助予敬德之祈。翼翼小心，允謂恪恭而有禮；巍巍大道，共祈清净以無爲。可特授翊元崇德職事同前知集賢院道教事。

封仙姑制

朕惟下之事上也以禮，上之答下也以恩。朝宗于國者禮之恭，慶賞其家者恩之厚。嗣漢三十九代仙姑胡静正，出自右族，克相中闈，宜錫佳稱，用嘉媲美。可授明惠慈順仙姑。

封孫真人制

大道先天地而混成，至德正性命而順受。其能凝神守一，則可保身全生。我家啓運之初，異人乘時而出。素行上孚於睿鑑，玄功下濟於寰區。繼繼逮今，繩繩嗣教。以爾泰定虚白文逸真人孫履道，恬淡抱樸，謙冲葆光。方外從游，早逍遥於冀北；環中善應，晚楷式於豫南。屬長春之席虚虚，幸太古之傳未泯。遠尋支派，丕闡宗風。可特授神仙玄門演道大宗師、泰定虚白文逸明德真人，掌管諸路道教所，知集賢院道教事。於戲！心齋而有吉祥，爾懋明於寧極；年熟而無疵厲，朕永賴於蕃釐。宜令孫履道准此。

誥

追封秦國公

巨姦蒙蔽，誣陷忠良。大號涣頒，昭蘇寃枉。允諧公議，宜錫殊恩。故開府儀同三司、上柱國、上都留守兼本路都總管、開平府尹、虎賁親軍都指揮使賀勝，光輔五朝，榮躋一品。讒論屢陳於中禁，重權久畀于上京。疾惡如仇，遑恤後来之身禍；觸邪獨早，孰知先見之神機。敬輿本欲摧延齡之鋒，彦範不幸死三思之手。粤予嗣服，閔爾罹殃，誕播告于寰區，用慰安於泉壤。褒崇有典，開釋無辜。進稱社稷之功臣，疏封井鬼之分土。服此爵命，施于子孫。可贈推忠宣力保德功臣、太傅、開府儀同三司、上柱國，追封秦國公，謚惠愍。主者施行。

追封張氏奉國夫人

夫妻牉合也，禍福同之爾。夫勝累朝舊臣，忠勤備著。不幸忤雄姦，受誣構，以至於死，朕甚閔焉。亦既昭雪，優加褒贈，爾尚與享其榮哉！故某官某妻張氏，可贈秦國夫人。主者施行。

追封捏古真秦國夫人

朕有忠臣，罹此誣構。爾爲良配，失所依歸。死者既用褒嘉，生者亦宜矜恤。貴崇天爵，榮受國封。施及未亡人，以風天下之俗；享明乃服命，是曰邦君之妻。尚克有終，欽承無斁。故某官某妻捏古真，可封秦國夫人。宜令准此，主者施行。

謝賜禮幣表

伏以接地風雲際會，親逢於明主；麗天日月照臨，遠及於老臣。賜之以府庫之財，衣之以筐篚之幣。承恩過厚，揣分何堪？俯瀝愚衷，仰塵睿聽。臣誠惶誠恐，頓首頓首。伏念臣荆揚賤士，樵牧孤蹤。幼誦孔氏之遺書，無繇見道；長直朝家之興運，有幸爲民。愧碌碌之謭才，乏卓卓之奇節。以言其文章，則體格卑陋；以言其學行，則器識凡庸。自甘晦迹於深山，豈覬發身於昭代？大鈞靡不覆燾，小物亦預陶鎔。惟成宗法至元，首賁丘園之隱；歷武宗逮延祐，薦升舘閣之華。先帝擢之禁林，今皇處之經幄。講讀古訓，對揚耿光。誤蒙上聖之簡知，得厠群賢而布列。然犬馬餘齒，已非少壯之年；而螻蟻微誠，莫展驅馳之志。外之弗能效勤勞於郡縣，内之弗能裨謀議於廟堂。糜廩粟，費俸錢，素飡甚矣；辱高位，速官謗，清論凛然。因負采薪之憂，遂辭視草之職。雖心同葵藿，常戀闕庭；柰景迫桑榆，宜歸田里。未嘗毫釐有補於國，况又耋耄無用於時。淵度涵容，寵錫優渥。茲蓋伏遇皇帝陛下，乾坤博施，海宇皆春。忍令散材汨没於泥塗，欲俾寸草沾濡於雨露。閔憐周恤，固君父惻隱之仁；悃欵控陳，乃臣子辭讓之禮。倘冒昧而拜貺，實踧踖以懷慙。敢致懇祈，乞垂矜允。收此九重之大惠，全其一介之小廉。一是歡榮，等如秖受。臣栖遲畎畝，固難强筋力以輸忠；教誨子孫，誓當竭精神而報上。所賜鈔錠段疋，除已嚮闕謝恩外，未敢欽受，謹奉表辭謝以聞。臣無任瞻天仰聖激切屏營之至。臣澄誠惶誠恐，頓首頓首。謹言。泰定三年某月某日，具官臣吴澄上表。

擬賀正表

祥開鳳歷，三年書正月之春；喜溢龍墀，萬國慶九天之拜。朝廷有道，臣庶齊心。中賀孝友慈仁，聰明睿智，敬上帝而尊祖考，怡太后以及族親。正始厚倫，式昭風教之本；更化善治，茂迎福禄之来。際熙洽之昌辰，舉會同之盛典。某致身胄舘，稽首宸居。日月照臨，祝聖人之悠久；乾坤交泰，值君子之吉亨。

賀正牋

黄道天開，曉麗彤墀之日；青宮地近，春隨紫禁之煙。禮盛三朝，歡騰八表。中賀因心則友，令德維恭。建宗社之殊勳，不矜不伐；膺軍國之重寄，克讓克仁。隆孝養於慈親，廣緝熙於聖學。前星明潤，正月會同。某教掌貴游，光依儲極。始和布六典，聿新象魏之觀；元良貞萬邦，尚念虎闈之齒。

擬賀登極表

聖人冠世，久屬天地臣民之心；歷數在躬，宜爲宗廟社稷之主。六龍御極，萬象回春。中賀睿智挺生，武文兼備。維太祖肇洪業，而世祖一寰區。其雄略宏規，倖曾孫之克肖；矧英姿粹學，與先哲以同符。爰自邇年，首平內難。試斧鉞於盤根錯節，措邦家於磐石太山。翕然人望所瞻依，迺以天倫而推讓。濳毓震宮之耀，順承坤母之慈。上帝公而無私，太寶畀于有德。不崇朝而致泰，姦慝悉除；如皎日之方升，幽微畢照。聿新善政，深愜輿情。僉云遭逢堯舜之君，何止超越漢唐之治。某等濫班端尹，幸際昌辰。附翼攀鱗，豈敢作榮身之計；責難陳善，尚期攄報國之忠。

賀皇后表

天德出寧，覩乾龍之有造；地儀克配，同坤象之無强。海宇咸歡，宮闈溢慶。中賀柔嘉體順，恭儉性成。伉儷前星，久仰星軒之協比；光榮今日，欣逢日馭之昭升。用宏關雎正始之風，共佐鳧鷖太平之治。某等叨陪清列，獲覩皇明。利見大人，爲祭主而守宗廟；樂得淑女，嗣徽音以御家邦。

擬皇慶賀正表牋 二道

元年正月，鼎新歷數之初；麗日中天，咸集衣冠之拜。照臨所暨，悦豫惟均。陛下明睿冠倫，緝熙典學。持守臻太平之盛，怡愉盡致養之歡。衆賢聚於朝廷，政修事舉；利澤周乎宇宙，吏稱民安。庶績彙升，三陽道泰。某職司虎胄，光近龍墀。皇極敷言，喜一人之有慶；臣工稽首，祝萬壽之無疆。

體元資始，先天茂對於乾時；積慶有餘，厚德實基於坤母。和開正旦，喜溢重闈。皇太后雝肅在宫，慈儉爲寶。上致隆於孝養，内昭嗣於徽音。維長發之降祥，篤生濬哲；以思齊而興聖，駿惠家邦。春暉融撫育之仁，國典備尊榮之禮。某濫司六舘，幸際三朝。儼千官朝會之班，肇端此日；享四海怡愉之奉，萬億斯年。

經筵講議

帝範君德

夫民乃國之本，國乃君之體。人主之體如山嶽焉，高峻而不動；如日月焉，圓明而普照。兆庶之所瞻望，天下之所歸仰。寬大其志，足以兼包；平正其心，足以斷制。非威德無以致遠，非慈厚無以懷人。撫九族以仁，接大臣以禮。奉先思孝，處位思恭。傾己勤勞，以行德義，此乃君之體也。

唐太宗是唐家很好底皇帝，爲教太子底上頭，自己撰造這一件文書，説着做皇帝底體面，爲頭兒説做皇帝法度，這是爱惜百姓最緊要勾當，國土是皇帝底根本，皇帝主着天下，要似山嶽高大，要似日月光明，遮莫那裏都照見。有做着皇帝，天下百姓看着，都隨順着。行的好勾當呵，天下百姓心裏很快樂；有行的勾當不停當呵，天下百姓失望一般。志量要寬大着，寬大呵，便容得人心；要平正着，平正呵，處得事務停當。非威武仁德，這田地國土怎生肯来歸附？非慈愛忠厚的心，百姓怎生感戴？皇帝的宗族好生親愛和睦者，休教疏遠者；朝廷大官人每好生祇待，休輕慢者；奉祀祖宗的上頭，好生盡孝心者；坐著大位次裏，好生謙恭近理，休怠慢者。揀好底勾當盡力行者，這是做皇帝的體面麽道。

通鑑

漢高祖至咸陽，悉召諸縣父老豪傑，謂曰：「父老苦秦苛法久矣，吾當王關中，與父老約法三章：殺人者死，傷人及盗抵罪。餘悉除秦苛法，吏民按堵如故。凡吾所以来者，非有所侵暴，毋恐。」

漢高祖姓劉名邦，爲秦始皇二世皇帝的時分，好生没體例的勾當做來，苦虐百姓来。漢高祖與一般諸侯只爲救百姓，起兵收服了秦家。漢高祖的心只爲救百姓，非爲貪富貴來。漢高祖初到關中，喚集老的每諸頭目每來說：「你受秦家苦虐多時也。我先前與一般的諸侯説，先到關中者王之，我先來了也。與父老約法三章：殺人者死，傷人及盜者，隨他所犯輕重，要罪過者。其餘秦家的刑法，都除了者。」當時做官的、做百姓的心裏很快活有。大概天地的心只要生物。古來聖人爲歹人曾用刑罰来，不是心裏歡喜做来。孟子道不愛殺人的心，厮似前賢曾説這道理來。只有漢高祖省得這道理來，漢家子孫四百年做皇帝。我世祖皇帝不愛殺人的心，與天地一般廣大比似，漢高祖不曾收服的國土，今都混一了。皇帝依著世祖皇帝行呵，萬萬年太平也者。

卷九十一　韻語 五言四句

感興詩 二十五首

至元丁亥自京師回，舟中寄子昂及在朝諸公。

圓氣直似專，方形翕還闢。眇眇血肉身，中立名三極。

又

天運比日舒，月行比日徐。舒縮生歲差，徐疾成閏餘。

又

岱霍嵩華恒，濟淮江河海。昆侖歸虚谷，萬山萬水會。

又

氣火血脉水，骨金毛髮木。五行皆有土，四物載於肉。

又

馬圖龜文書，麟獲鳳不至。萬世炳文明，四靈兆開閉。

又

洪流啓三聖，烈炤顯六籍。世間土水偶，不度水火厄。

又

先天竟岐周，古文起東晉。四家一孤行，五傳三難信。

又

冀北盛堯禹，雍西大文武。洙泗東極天，春陵南教祖。

又

臨川捷徑途[一]，新安循堂序。本堂近定慧，末失墮訓詁。

又

新安窮格功，臨川脩省處。三人有我師，况此衆父父。

〔一〕途，原作「不」，據成化本改。

又

老聃南國學，西出流沙外。釋迦西方来，南入閻浮界。

又

老氏巧處事，任術以爲理。釋氏嚴治心，絶物以勝己。

又

墨翟名宗禹，楊朱實師老。本主雖不同，一是畔吾道。

又

韓〔二〕氏原道篇，董生正誼語。唐宋千年間，微子吾誰與。

〔二〕韓，原作「長」，據成化本改。

又

周詩三百餘，楚騷二十五。自從蘇李来，萬變莫能古。

又

周召分方伯，酇留著世家。西山二子薇，東陵故侯瓜。

又

子房爲韓心，孔明興漢事。三代以後人，卓偉表萬世。

又

楊雄莽大夫，陶潛晉處士。男兒百歲中，蓋棺事乃已。

又

批導郤窾際，出入齊泊中。解牛與蹈水，萬理一道同。

又

千金屠龍技，百金不龜藥。一壺濟中流，五石嘆濩落。

又

漢皇棄梁傳，鄭公負唐帝。君臣際會難，禮樂竟淪廢。

又

箕疇八政目，末師首食貨。井田封建後，此事如何可。

又

踰濟巢鴝鵒，入洛啼杜鵑。大事可知已，禽鳥得氣先。

又

元后宅土中，神皇主天下。書傳三千年，未有如此者。

又

風前白浪惡，雨後黄流渾。公無渡河去，天未喪斯文。

題諸葛武侯畫像

含嘯沔陽春，孫曹不敢臣。若無三顧主，何地着斯人。

題陶淵明畫像

凄凉義熙後，沈痛永初元。天闊目無力，相隨酒一尊。

跋畫歸去来辭

當時歸去意，難與世人知。未信千年後，能知有畫師。

題伏生授書圖有跋

先漢今文古，後晉古文今。若論伏氏功，遺像當鑄金。

嗚呼！天未泯絶帝王之制，故憖遺此老以至此時也。女子亦有功焉。書二十八後析爲三[一]十三，奇倔難讀。或謂女子口授時濟南、潁川語異，錯以己意屬讀而失其真。嗚呼！奇倔古書體也，錯何尤？晉、隋間，古文二十五篇出，從順如今人語，非若伏生書奇倔矣。識者議其功罪，於錯爲何如哉？烏乎！是固未易爲淺見寡聞道也，安得起吴材老、朱仲晦于九原！

題馬義望雲閣

望雲空想憶，愛日莫蹉跎。游子歸與未，吾親念若何。

〔一〕 三十三，原作「一十三」，據成化本改。

題高節婦詩卷

桃李盛芳年，貞心不二天。如何丈夫輩，大節少能全。

徐節婦秘氏詩二首

婦德貞從一，鄘風首柏舟。卓哉徐氏母，磐石屹中流。

又

家無丹穴利，誰與築懷清。一二文儒士，依稀説姓名。

題漁舟風雨圖

簑笠寒颼颼，一篙背拳曲。有人方醉眠，酒醒失茅屋。

題張鶴溪萬里風行卷

忽逢萬里風，吹上一隻鶴。臨川故鄉溪，悠悠水如昨。

題琴士戴天聲贈言

耳未聞其琴，而已知其音。目未見其人，蓋已知其心。

題王明遠筆

齊鋭久如新，文場策上勳。誰言斗邑小，有此管城君。

題雙頭菊

天下無雙士，風流靖節翁。如何名利域，有此兩心同。

清隱軒 爲梅泉毛使君題

冰雪净無塵，風波澹不起。眼中世緣斷，疏影在淺水。

題雙鵲圖

寒夜鬼車飛，雙栖寄一枝。不逢晴曉語，誰信解先知。

蘆雁

飛嗷逐西東，亂投蘆葦叢。若無稻粱意，雲外附冥鴻。

題姚竹居畫卷

竹居昔過此，荏苒三十春。此畫今到眼，見竹不見人。

題陳舜卿龍頭

龍有真有畫，畫無真無假。畫好即爲真，題字從渠寫。

月鏡相面兼揣骨

見面未見骨，逢人工揣摩。會須能照膽，此鏡不須磨。

贈野碧葉相士

野客雙瞳碧，一如秋月明。九淵深莫測，容或有潛形。

蘭意爲艾生賦 甲子三日

古来十二操，魯叟意誰傳。不采又何怨，幽芳秖自妍。

畫猨

前者據石安，後者攀枝危。安危两不知，抱子相與嬉。

題楊妃病齒圖

齒痛自顰眉，君王亦不怡。此癡如早割，何待馬嵬時。

玉田詩爲詹道士作

一寸虚閑地，中含渾沌天。誰能剪荆棘，日暖自生煙。

送洪士芳遊廬山

匡廬萬仞立，今古幾人遊。更豁空中眼，須登最上頭。

題金牛供佛圖

憐汝山中苦，殷勤飯一盂。阿誰知飯味，汝意亦憐渠。

卷九十二　韻語 七言四句

題太祖太宗蹴踘圖有陳希夷趙韓王及二待詔

混元共戲一丸圓，年在庚申啓運前。賢聖仙凡俱泯泯，於今七度見流年。

驛舟過慈湖瞻禮丁侯廟

往年曾此拜祠前，歸侍慈親十二年。今日重来哀罔極，西風老淚濕征船。

題山水手卷

家在江南山水村，黄塵陌上兩眸昏。偶然此景夢中見，歸路迢迢欲斷魂。

題黄冠師出示手卷

江山煙樹渺幽居，玄妙真師出此圖。師亦有居何處覓，可憑畫手寫来無。

題聚星亭畫屏贊二首

真人此日暫東行，争奈黄星漸次明。二姓聞孫竟如許，一天瑞氣落西營。

又

魏公勳業照乾坤，太史曾占五色雲。三拉敖家詩裏淚，始知亭贊意殷勤。

題梅埜圖

姑射仙人識面来，偶然有見却驚猜。誰家埜月糢糊影，絶憶前時雪裏開。

題墨蘭圖

赤節紅芳楚澤春，心期千載一靈均。不知何代爲茅去，誰認高枝細細紉。

稽本草圖經、楚辭辨證、通志昆虫草木略故云。

題畫山水扇面

一搦山川掌握中，人間何處不清風。水邊林下千年意，萬里扁舟五畝宫。

題徐滁州種德堂并序

其父光山令及侯，俱嘗於師旅之間、饑饉之年有所全活。

徐侯世德活萬命，光山新播侯耘治。種之成實實更種，穰穰今兹復来兹。

題桃源春曉圖

曚曨曉色破初春，一洞桃花樹樹新。此景世間真個有，只今去作捕魚人。

贈壺中仙談命

春花洞樹各媸妍，墮溷飄茵亦偶然。何事壺中太多管，謫来塵世勘流年。

贈樂天術士談星命 二首

大冶鎔金鑄萬形，洪纖好醜各圓成。不然順處渾無事，底用逢人説悴榮。

又

用之爲緯體爲經，七緯分靈作萬靈。禍福冥冥休苦問，且從羲氏較中星。

有示余六一公故履者爲題一絶

醉翁足迹已青原，驚見如今雙履傳。古物只須存集録，遺蹤一字可千年。

文信公崖山贈歐陽伯雲詩

主亡國滅此何時，贈别從容尚有詩。心畫心聲俱軟美，心如鐵石只心知。

奉題樵雲吟藁以畀其子

讀盡樵雲野叟詩，樵歌猶似入雲時。歌聲未共樵柯爛，底處樵家有此兒。

贈況鈞赴澧州天門教諭

一塵不染天門竹，百世猶芳澧浦蘭。子去三年容易過，好留二物久相看。

題呂公干謁不遇手卷

持鉢空歸雪滿天，地爐幾日斷炊煙。妻兒不作啼號態，剛信爐灰冷復然。

題伯時馬

驍壯雲連力氣麄，慣看馳突暗中都。如何得此真龍種，消得千金買畫圖。

寄譚提舉 三首

幾年客裏負黄花，此節歸来始念家。遥把黄花爲公壽，秋香耐久晚尤嘉。

又

人間福德似公稀，底用紅塵着脚爲。歲歲長如今日好，湖邊風月足娱嬉。

又

一中春意造元和，常樂常安孰敢魔。個是法門真不二，本來無病惱維摩。

次韻張廣微贈金谿祝自牧過撫遊洪二首

偶逢此客憶文安，繞櫝重重襲莫干。儘是深藏藏不得，斗間紫氣有人看。

又

龍虎山頭香滿衣，紫玄洞口故飛飛。仙家有藥度一世，更向何方採取歸。

贈黄相士

華山一覺睡初回，雜遝門前貴客來。亦有麻衣道人至，地爐欲罷却無灰。

贈曾耕野談星命二首

黄犢青簑隴上春，低頭自樂可終身。觀星只用占風雨，底用窮通管别人。

又

巧將握筭换犁鋤，不履郊原履要途。西舍東鄰秋熟好，歸尋耕地恐荒蕪。

跋牧樵子蒲萄

芸香樓上汗成珠，起趁清風爲掃除。見此西凉甘露乳，冷然齒頰出寒酥。

題洞賓像

大地虛空共一鐺，煎烹元不費煎烹。安爐立竈燒凡火，狡獪聊愚老樹精。

贈地理者

天下名山多被僧占，靖上人今以正法眼償行脚債，將又搜抉無遺。臨川山主爲賦二十八字，還省海印，出參雪庭，共發一笑。

真龍正穴何人識，走遍閻浮無處覓。現前只在眼睛中，笑倒如今容易得。

赠相士张月蓬仍其父號二首

好醜榮枯一照中，有人曾識月蓬翁。翁騎蟾去兒来也，又載前時月一蓬。

又

江海餘輝月一舠，水天無滓見秋毫。九淵深處明如晝，誰信波流巧遁逃。

玉謙道惠茶惠墨不受次韻酬之二首

不受東風不惹塵，清都瑶草一庭春。睚情牢落無魔到，閑却扣門傳信人。

又

曾被烟煤點染来，幾年洗滌净塵埃。玉環自惜天然白，肯要玄玄處士媒。

移疾寓富州清都觀次韻朱元明送蕨

倦思渾如焦穀芽，病餘無力到君家。分來紫蕨長如許，欲向故山看麥麻。

送星學張雲臺

曾到清臺問五雲，授時歷法更精新。江南今有張太史，定許他年繼鄧陳。

贈全陽道人

濁陰有礙總銷鎔，地水俱無只火風。全得獨陽猶是有，一無所有是真空。

題十八學士登瀛洲圖

秦府開基萃勝流，一時傾慕比瀛洲。瀛洲渺渺在何許，我欲乘桴海上浮。

題雪洲圖

向來洲上雪漫漫，僵倒詩人一屋寒。洲在雪消人亦徙，畫圖猶作雪中看。

題程鶴心風枝晴梢雨葉露幹四竹

日曬風揺雨露竿，一般清意在毫端。當時老鶴歸何處，留取清陰百世看。

寄題無波亭

長江遠壑幾飊迴，雪屋銀山巨浪摧。最喜此中澄一鏡，微風不動月常来。

題巫峽圖

生平想像高唐賦，不識巫山十二峰。忽有奇觀來眼底，一時疑是夢魂中。

題秋山晚眺圖

西風醉帽倚斜暉，詩思山情萃一時。一轉頭間無覓處，却尋舊畫要新詩。

送國子生與貢充學正謁告歸省親

虀鹽朝暮八年中，歸袂飈飈受朔風。已是春官新貢士，宦成更自有新功。

題許氏樂善樓

百尺高樓俯瞰時，眼前群動總卑卑。自家胸次有如此，直恐世間渾未知。

題遺山鹿泉新居詩後 二首

宋氏南還金土中，一時文物盛華風。煌煌帝室龍興後，流落遺山老秃翁。

又

新居當日占新泉，不見新居見舊篇。一代風流今已矣，空餘心畫尚依然。

題半月芝蟾畫卷

紫芝偃蹇抱蟾蜍，天上求之此景無。看取初弦半規月，阿誰曉會寫成圖。

題曹農卿雙頭蓮圖二首

天光水鏡净泓然，燦爛心花發瑞蓮。認得一茄雙菡萏，千枝萬蕊一根連。

又

花中君子濂溪獨，分作河南二鄂華。天爲有兒雙秀發，送将此瑞到公家。

題九鷺圖

自飛自息自升沉，各飽魚鰕各稱心。世外冷冷風露潔，還知别有九臯禽。

題漁舟圖

岸柳青青岸蓼紅，兩兒兩嫗兩漁翁。當年應笑扁舟客，月夜西施一席風。

題雙雉圖

一昂一俛意閒閒，未覺幽棲飲啄慳。竹實儻能来彩鳳，也應寫入畫圖間。

題山寺圖

青山緑樹色明鮮，橋有行人渡有船。諸有悉歸無色界，試投山寺叩金仙。

題郭學士衛州墜馬贈醫人序後 三首

世人應無折臂公，豈無奇術啻奇逢。頗鄰衛子憂傷絶，密禱區區諉祝宗。

又

一蹶非人馬則然，扶傷效速賴醫仙。從今閒却醫仙術，只向危途緩着鞭。

又

不要黄金實藥囊，酬功合得漢文章。他年詔問持將去，可附蒼公傳左方。

題錦屏史仙繡牛圖 三首

平原君像何人繡，費幾千絲似髮綢。可是史仙能狡獪，聚毛繡出下邳侯。

又

有毛無革毛安傅，傅上田單形彩繒。陸放水浮俱幻影，底須拽鼻着長繩。

又

爲汝前身膽氣麁，却將假合化真如。雖然毛色皆如舊，悦草觸人心已無。

題皮如心行囊中畫竹圖

疇昔江鄉識此君，清風凛凛動霜筠。被誰點染移將去，也受京華半面塵。

題愛蓮亭 二首

小亭倒影蘸清漣，萬斛香風一沼蓮。千載有人同此愛，試於花外契真傳。

又

看花妙悟出天然，有藕有荷方有蓮。認出個中端的意，生生不盡億千年。

題嘉瑞亭 二首

傳載三株紫荆合，詩吟五鬣老松連。更將韓子同心頌，題作李亭嘉瑞篇。

又

植楊雙本却駢柯，瑞氣熏蒸萃一和。誰着玉川奇怪筆，爲歌同異異同歌。

題武宗元洗耳圖

一般垢浄總成虚，有耳無聞垢自無。誰道清流堪潔耳，水中更是納群污。

題董元山水圖

帝里春風二月天，黄塵十丈暗鞍韉。蒼蒼萬木煙雲裏，何處山川到眼前。

贈術士盧易仙二首

上古神皇已泄天，後来文更畫成圈。無端拈出參同説，從此人人會得仙。

又

今代盧敖有後身，多多狡獪妙通神。何時何處杏林驛，一笑相逢契悟真。

題相師周可山 三首

聲撼江湖四十春，相逢盡道眼如神。天機難可分明泄，密付華山高卧人。

又

相術通靈詩亦靈，攝將詩卷上天庭。豈伊暴客能持去，定是天官遣六丁。

又

月眼窺人大賽明，妖蟇蝕月是何形。世間醜好各中半，只合教君一眼青。

贈心天教授 三首

撰得藍袍自誤身，想緣多口泄天真。如何不閣差除筆，又把虚名誤别人。

又

問君方寸大如何，椰〔一〕子中間着大羅。却笑詩人心似錦，秋旻耿耿衆星多。

又

八月西風净路塵，乘槎更可問天津。歸来幾得天孫石，正好回頭訪隱淪。

〔一〕椰，原作「柳」，據成化本改。

贈碧潭相士

偶前出去偶来歸，今昨何分是與非。可笑當時錢學士，誤將天壤示麻衣。

題金石編

萬里歸来始見梅，忽逢奇士笑顔開。折梅付與君簪去，何日簪梅君再来。

送蕭一真

不到韶溪十八年，春園桑苧暗春煙。蕭翁孫子來相過，忽憶而翁一愴然。

追和李侍郎〔二〕絶句二首

當時得得造梅邊，七十年餘又八年。墨蹟流傳存石刻，子孫省力護陳編。

又

弟兄八世敘同宗，逾遠逾疏隔幾重。世世自便絣綂賤，安知此去不分封。

贈花秀才談命數二首

幾度花開幾度春，忽然爛熳忽埃塵。眼明識得花生死，遍洛城中只十人。

〔二〕四庫本衍一「工」字，據成化本删。

又

數皆前定定無差，一様春風萬様花。不要開時分品第，好從根上識萌芽。

贈曹山人

曹家師範两劉家，一會傳神一撥沙。筭法精工如筆法，點睛點穴两無差。

題蹴踘圖 并序

錢舜舉云：青巾白衣，趙太祖；對蹴踘者，趙普[二]也；衣淺褐者，太宗；衣黄，

〔二〕趙普，四庫本作「趙光普」，成化本作「趙光」。考本卷題太祖太宗蹴踘圖有陳希夷趙韓王及二待詔詩，趙韓王即趙普（922—992，字則平，封韓王），可知四庫本、成化本傳寫之誤。

乃石守信；衣白而烏巾垂於項，乃黨進；高帽年少者，芝昭輔也。此本舊藏御府，兵火流落人間，白摹倣以遺好事之君子。

聚戲人間混等倫，豈殊凡翼與常鱗。一朝龍鳳飛天去，總是攀鱗附翼人。

題逃禪翁梅畫梅詞後二首

小圃梅開能幾時，只餘豆粒綴青枝。禅翁壽得花如許，二百年來雪月姿。

又

天與才情個樣清，前身端是老梅精。妙詞難作人間唱，夢裏羅浮翠羽聲。

題溪南煙雨圖

小小溪南五畝宫，等閒袖子睇遥空。春風楊柳梧桐月，絶似垂竿煙雨中。

道君十八鶴

得伴天仙上碧空，世間凡羽詎堪同。如何也解亡人國，漫想遺民哭懿公。

錢舜舉弁山雪霽圖

錢子心清似太湖，筆移西蜀入東吴。使君得此成三絶，好共梅泉作一圖。

和逯公謹

蕭然非俗亦非僧，尚被紅塵涴姓名。辜負東籬今歲菊，客窗曉枕聽鷄鳴。

題僧圓澤託生圖

浮泡散作大海水，皎月長留萬古秋。幻滅如何重起幻，不騎獅象却騎牛。

題王氏留春亭 二首

生香不斷氣和柔，不在千紅百紫稠。只恁園林光景好，一春萬古鎮長留。

又

先番物舊後番新，來往無停似轉輪。年去年來年自去，此中日日一般春。

題韻答破衣和尚

選官選物一般般，會做官時佛喜歡。端坐府中無少怠，等閒統攝百司官。

贈星學鄧雲樓

尚憶前時太史家，至今名姓滿天涯。雲樓也是雲臺族，秘斷真傳定不差。

題寒雀圖

更無樹葉可因依，有啄能鳴愬與誰。閉口雙棲聊自暖，怎知宿處是寒枝。

題馬圖

豈是雄心要疾奔，不悲健足作閒身。勸君底用牢牽挽，付與沙場騎射人。

四偈奉寬齋居士

個裏無邊無量在，寬齋寬處天來大。縱饒芥子細如毛，也着恒河沙世界。

又

居士勤勤勤禮拜，拜来拜去招雲怪。忽然一日發顛狂，丈六金身都打碎。

寄題棲碧山

棲碧山前有逸民，愛山終日與山親。幾番晴雨青如故，人不傲山山傲人。

題山水圖

遠樹疏林暎晚霞，江心雁影度平沙。誰人寫我郊居樂，付與岩泉處士家。

自然道人賣藥都市因賦小詩

透得玄元最上關，掃除凡疢又何難。族毉用藥不相契，一笑携書歸故山。

題雅集圖

官清無事足優游，下馬長楸作勝遊。濟濟衣冠唐盛世，諸賢不減晉風流。

題郝陵川雁足繫詩後

忠貞信使早許國，羈旅微臣晚見詩。追憶當時如一夢，濡毫欲寫淚交頤。

題忻州嘉禾圖 并序

燕人湯侯班爲忻州守，廉勤明恕，民氣大和。天地之氣感而降祥焉，一年之間，遠近屬民，以禾、黍、麥麻之瑞獻者十八，以木、草、果、蓏之瑞獻者凡九，害物之狼、食苗之蝗皆去其境。異哉！或以畫史所圖嘉禾等瑞二十七事示予，爲賦七言詩二章。

嘉禾異卉瑞重重，狼走蝗飛出境中。可是賢侯多美政，民和潛與地天通。

又

天賞循良有異能，故将諸物表休徵。作圖合叩天閽進，閽吏佯聾唤不譍。

題湖[一]山卷

彭蠡匡廬甲天下，更從何處覓湖山。澄然不動屹如止，一勺一卷中自全。

題和靖觀梅圖

一枝春信到孤山，冰雪肌膚不覺寒。月下水邊看未足，折来更向手中看。

〔一〕湖，原作「胡」，據成化本改。

永豐毛月厓及其子拱辰俱善談星數往往能奇中索詩爲賦二十八字

而翁到老談星數，有子談星絶似翁。我已厭人期禍福，只將凡事付鴻濛。

獨醒吟四首爲友人張太亨作

未必靈均酒量慳，獨留醒眼看駝顔。幾多酒不濡唇者，長在昏昏醉夢間。

又

五柳應殊五斗伶，精神千古印湘靈。當年飲酒終身醉，直到于今心獨醒。

又

高門有酒滿如池，沉浸朝晡恍不知。怪得此中容此客，坐觀人醉獨支頤。

又

若人才調世之珍，謡詠雖多意轉親。群飲儘堪同一醉，如何要作獨醒人。

次韻奉答元鎮内翰省郎 三首

駟騎飛来造敝廬，手持一扎十行書。驚殘蕙帳蘧蘧夢，又報仙人得冀除。

又

畎畝躬耕一幸人，如天洪覆沐皇仁。陽和不擇肥饒處，粧點閒庭碧草春。

又

豈有才猷可濟時，衡門只合老棲遲。一朝騎馬聽鷄去，先達曾聞識者嗤。

題金魚塘阡表後

孝子工爲不朽謀，百年阡表至今留。聞孫更勉光榮業，要作名兒第一流。

延祐三年丙辰十有一月甲子詩贈武當山月梅道士二首

顯德年間舊丙辰，武當舊隱有高人。高人一去睡來覺，丁巳重來第七春。

又

武當道士能風鑑，定是希夷身後身。閲遍王門厮役了，塵中還見出塵人。

方壺圖 二首并序

蒼厓周氏，爲其徒羅季安畫方壺圖，且畀故相信公遺墨。二紙連作一軸，臨川吴某賦詩曰：

信是蒼厓畫作仙，等閑幻出小羅天。太師鐵畫家藏舊，雲黯煙昏四十年。

又

忠臣死去去成仙，住在方壺大洞天。此境移来落塵世，也留遺迹伴千年。

寄題洪氏碧潭

泓然一勺謾窺臨，陡覺沉沉萬丈深。個裏有天如許大，碧天盡處是潭心。

戲筆依韻奉答武當皮道士 二首

十分光滿十分神，一度花開一度新。黑暗裏頭明不滅，沍寒時節暖先春。

又

光清花白雖然好，非月非梅更可人。處子嫦娥冰雪質，武當山外貌姑神。

贈月矑相師

蚌胎入月幻玄珠，羡子雙矑黑漆如。純墨中間明似月，應無白眼向凡夫。

贈碧溪相師

溪水無心管是非，臨溪照影笑山鷄。滿身文彩翻成誤，虚影何堪炫碧溪。

彭澤遇成之之京都 有序

予有集賢之命，與修撰虞伯生俱乘驛而北。於彭澤解后曹成之訓導，將觀光上國，爲賦此。

人海茫茫名利場，盛年快意一觀光。顧予白髮歸来晚，羞過淵明五柳庄。

贈周楊遺墨

周楊諸老流風遠，生死交情一永年。家有聞孫善持守，十三幅紙至今傳。

題湯氏賑飢手卷有序

當饑歲，賑饑民，此仁心義事也。盱江湯氏，其蓄財下下，其好施上上。自比閭黨遂以至千里之外、萬里之内詩而美之者，什什百百而猶未也。

世間陰德少人知，顯在他年報應時。好是湯家行一善，喧傳萬口有聲詩。

瓶梅圖

姑射仙人冰雪姿，壺中表裏瑩無疵。合供天上瓊樓供，不要人間俗子詩。

劉商觀棋圖

局局更新局局奇，誰將摹刻到今時。坡仙可是世緣熟，劉李茆生一樣癡。

太乙真人蓮葉圖

裸裸赤身無寸絲，浮浮一葉作兒嬉。貪嗔應是全無了，尚有人間半點癡。

又

龜巢蓮葉曾千歲，仙卧蓮舟今幾年。融得幻身無一有，凌風飛去更超然。

寄題佑聖觀山水勝處

競説鄧林山水好，獨予未到不能知。何時了此遊觀債，當爲仙人補一詩。

題寒江獨釣圖 二首

柳子當年絶妙詩，現前眼界是真知。如何想像今人賦，得似當年眼見時。

又

阿誰畫此已成癡，更有癡人爲賦詩。省得南華真玩世，無何有處覓緇帷。

贈黄太初畫魚

南華老仙真畫史，有魚横廣三千里。一點化之上青冥，借問何時海風起。

晴窗梅影裏聽陳吾道弹琴

慣聽泉聾與松風，才出山来耳欲溜。一曲千年流水意，只愁無夢到空同。

建康西江避暑用滕玉宵韻贈章如山

偶然出郭暫偷閒，政爲炎歊倦往還。滿目真山相客主，忽添一客號如山。

又

石頭城下看淮山，羡殺白雲終日閒。寄語醉中彭澤令，如何飛倦始知還。

贈李放慵

天慵吾友豫章熊，今見宜春李繼宗。彼自天然君自放，兩般頭腦一般慵。

贈穿天星翁

向來有術妙通玄，談已非宜況敢穿。侮慢上靈罪應死，詎能無識爲加箋。

題内丹顯秘 有序

内丹顯秘者，武夷陳虚白以授參學弟子楊清遠也，爲賦絶句三首。

死户生門出入機，中間消息有誰知。希夷隱去泥丸顯，何代無人續正支。

又

鬼委白人易阜翁，瘦辭擬易作參同。廣成輕把天機泄，直爲膝行趍下風。

又

聰惠如頑不浪傳，執文泥象豈根原。真師密示玄玄處，良賈深藏是至言。

題蜂猴圖

列户分房作麼生，彌高彌險恣超騰。有冠頭上誰爲貴，竊食林間謾取憎。

又

分封小小幾塵浮，忽見衰周十二猴。小大看来俱是幻，岩花山木自春秋。

題趙氏先德碑 并序

趙氏，魏人也。今御史中丞簡之曾大父諱藻，金末爲元城令，有惠政，卒於官。吏民懷思，爲營冢墓，至今號縣家冢云。大父諱琛，潛德弗耀，以孫貴，爲贈資善大夫、司農卿、上護軍，追封魏郡公，謚安僖。初娶李，生一子。再娶袁，亦生一子。不偏所愛，視李之子猶己。外值有寇驚，以二子寄逃鄰之窟室，鄰恐兒啼，拒不納，棄己之子于草間，携李之子以匿。寇退，草間兒幸無恙。衆義而賢之，追封魏郡夫人。父諱楫，魏郡夫人所生也。仕至承事郎、織染司提舉，以子貴，贈榮禄大夫、司徒、上柱國，追封魏國公，謚敏惠。娶李，追封魏國夫人。中丞，魏國長子也。既封贈其祖與父，明年有旨立碑，命翰林承旨程鉅夫爲文，翰林學士承旨趙孟頫書丹，集賢大學士郭貫篆額，臨川吴某讀碑文，爲作詩六章。

曾聞循吏葬桐鄉，過者如瞻召伯棠。百里元城遺惠在，縣家墳樹鬱蒼蒼。

又

元城茂德世其昌，嗣哲韜珍閟弗章。况有閨中賢冢婦，善源深積慶彌長。

又

愛兒誰不羨親生，奇也履霜祥卧冰。倉卒逃生捐所愛，割恩取義有誰能。

又

背抛己子抱前兒，此事今難古亦稀。天鑒昭昭兩全活，故應門户日光輝。

又

幼脱難危長必通，平林棄子有郤封。莫嗟承事官檔少，身後餘榮爵上公。

又

執法明星玉粹温，宦途清譽治乾坤。皇仁天廣崇先德，世世公侯魏國公。

題朱簿淵采菊圖 二首

絶憐枳棘林端客，把玩滎陽菊裏圖。儘有南山堪注目，屋低還得舉頭無。

又

江南江北兩專城，瀠晥齊山古有名。想得此中賢郡佐，庭無人力有詩成。

送汪復心致仕得封贈之典歸隱 二首

只爲浮榮賣了身，天涯多少未歸人。欽承恩命歸休致，獨占紫陽千畝春。

又

八十衰翁作計疏，羡君六十早懸車。山中無限幽居樂，老眼猶明好看書。

送高郵彭壽伯訓導歸宜春省親 二首

朝莫魚鹽斥海濱，三千里外仰山雲。歸逢里丈驚相問，學比孫秦進幾分。

又

樹未經霜葉未丹，不愁遊子客衣单。三年宦學今朝至，得進高堂百倍顔。

贈傅省巖道士

有誰夢裏彷彿見，識得巖前相是真。良相遠孫傳此眼，却將遍閲世間人。

題伯時馬

四足追風捷羽翰，有誰伯樂是奚官。如今萬里青雲步，謾作人間畫卷看。

題舜舉馬

近年錢趙二翁死，直恐人間無駃騠。駑駘群裏忽得此，萬里歸來日未西。

贈陳曉山相士二首

陳家風鑑第一人，華山閒處了閒身。嘅余無分拜庭下，喜有山人亦姓陳。

又

六十九歲老相師，八十四翁老見之。從今見後幾度見，度度拈来前度詩。

壽全平章

春秋一萬八千指，道德二卷五千言。祝公壽數亦如此，孔老遺芳永永存。

答疏山長老茶藶之貺二首

静口一啜萬緣空，不數盧仝两腋風。戰退睡魔成佛道，常惺惺有主人公。

又

熱惱紅塵一甑烘，半間雲影送清風。吾州若比襄州勝，城府堪栖老德公。

贈玄鶴師

俜停十五未婚前，耿耿春宵獨自眠。多謝有心傳密約，兩情從此得團圓。

爲游竹州題墨竹

婀娜新梢欲拂雲，糢糊沙觜舊時痕。水平水落渾無定，歲歲龍兒長稚孫。

贈相士李樵野

曾看仙棋爛斧柯，歸来雙眼閲人多。賣薪亦有窮經者，富貴將来定若何。

卷九十三　五言律詩

贈羅叔厚 并跋

宗塾分重席，而翁共一燈。人琴兩寂寞，裘葛十交承。
令子能無恙，遺經尚有仍。談天況精妙，門户速宜興。

予昔時嘗同潛心羅貢士於宜川吴氏家塾講授，其子淳老亦從予游。潛心死且十年矣，而淳老過予，能不重予之悲涕乎？五言八句寫懷，時壬寅三月既望。

贈黃醫 并跋

善藥已三世，奇功可十全。爾能誠浩博，此業更精專。
落落猶洴絖，紛紛競蠟鞭。因之增慨嘆，民命付蒼天。
月林黃季卿，三世治方藥，又能推占、尅擇、埋葬，亦多技矣。吾與之談，蓋良醫也。然質而無華，誠而不僞，不衒鬻以求知，而知之者鮮。有能而人不知，人之懵也已何尤！

別閣承旨

贈篇題欲舊，飛剡墨方新。邂逅百五節，睽違十六春。
朝廷須老子，舘閣著閒身。歲歲山中望，文星麗紫宸。

次韻吴玄玄道判

半生任耳目，景響轉希夷。奄忽流年運，噫嗟悟道遲。
宗家塵外客，餘事世間詩。共泛玄玄海，何分海與蠡。

送黄學志往京兆迎親

墮地已無父，籲天帝有哀。聞聲急走去，見面早歸來。
夜寐不交睫，晝行休問梅。詩囊輕更好，萬里渴心埃。

題伏生授書圖

後死寧非數，能言豈必男。如何掌故耳，未了異方談。
篇簡僅四七，語音圓二三。可嗤千載下，孔傳苦研覃。

次韻程簿

鼉石真堪礪，牛刀小試初。已聞三月政，更看一年餘。
時雨秧千井，清風壁四隅。絶知公事少，有句下離居。

次韻栽禾飯吟二首

農智專於此，雖愚可與能。我倉謾充積，爾力實依憑。野[一]畝棋盤布，高田梯架[二]登。苦中真樂在，鷃適自如鵬。

又

每負素飡愧，飡粗不敢餘。惕然存止足，庶以老迂疏。飲露藐姑射，避煬陽子居。炎涼知迥絶，日夜勉芸鋤。

〔一〕「野」原缺，據乾隆本補。
〔二〕「架」原缺，據乾隆本補。

市山曾貢士挽詩

桂樹秋香老，蘆花夜識神。百千億身佛，六十九年人。
刀犢風猷遠，堂鱣雨迹陳。平生康濟手，宰木市山春。

吉州司法董迪功哀詩 三首

曾忝榜下士，已踰三十年。嗟嗟行迹遠，忽忽訃音傳。
哀緒馳天外，閒軀滯日邊。歸来成宿草，南望涕潸然。

又

尚憶甲申歲，慇懃荷欵留。得追李氏武，遍踏古仙丘。

去日言重會，来期不自由。如今千載别，此意悵難酬。

又

氣岸魁天下，詞源湧海濤。恢恢容量闊，卓卓立心高。友悌古三代，朋遊今四豪。空餘影堂影，白首一青袍。

贈星禽陳小洲

每見星禽客，談形更論情。誰云衆飛走，得似最靈明。蛇虎類多有，鳳麟天靳生。超然離六道，問子可能名。

次韻段録事審因勸分 二首

兩間冬蟄久，忽忽聽春雷。泉脉通枯澤，蠹心焚大槐。
一番原上雨，洗净燒餘灰。收拾神功去，東蒙石磊嵬。

又

久囚形類鬼，衆餓腹鳴雷。皎月懸清鏡，薰風到緑槐。
瘦蘇垂死命，炊熱已寒灰。但喜多全活，何辭馬陟嵬。

再韻酬蘭谷贈行之章

立身後孔孟，交友尚陳雷。生意同春草，清陰借夏槐。

兩間雙電目，萬劫一風灰。珍重兼金贈，來詩更險嵬。

又

天闕生初月，江濤吼怒雷。日邊雨復霽，水裏火焚槐。
去去行舟柁，温温煬竈灰。面南瞻斗柄，仙嶠峻崔嵬。

鄧恕軒哀詩

溪似武陵源，吾嘗宿恕軒。身無今服飾，家有古田園。
亹亹陪賓客，恂恂率子孫。脱驂猶未遂，揮涕望嚴門。

送南雄總管之子皮昭德赴京當㒒使

豁豁凌公牧，天然重厚人。公侯宜有子，才藝覺無倫。
異識超紈綺，英猷撼縉紳。試能真可續，佇俟立通津。

鷹峰范處士挽歌

隨會家聲遠，陶朱世德蕃。一身全盛美，百代懿聞孫。
暇日詩書府，春風花柳園。斯人不可見，突兀鷹峰存。

次韻鄭潛庵

故園花自好，官舍草方生。聯事期同協，来朋喜合并。
未應公勇退，且聽客留行。一木千間厦，支撑逮未傾。

贈管葬師

滿腹天星妙，經年地理師。頗聞仙術閟，未許世人知。
犢鼻山頭叅，鰕鬚水面絲。客中談不了，重會在何時。

送王仲温郎中之湖廣省

冰水清無滓，丘山重不移。保釐分相業，贊畫得賓師。
官柳争迎舞，甘棠柰去思。書生方卧疾，遥寄數行詩。

送富州尹劉秉彝之京

六載心如一，今朝船欲東。我来期數數，公去忽匆匆。
别意萬里外，交情片語中。自憐栖病鶴，不得逐長風。

送唐教導先生往見鄉先達

謂予將有適，暫此輟絃歌。城市囂塵遠，山林遺逸多。
樹膏蘇隰稻，凉意到庭柯。爲問躬耕稷，憂飢思若何。

金陵友竹吴君挽辭

二難争競爽，一出望齊飛。接武年猶壯，回頭事已非。
墓前題處士，泉下得安歸。死去偕而季，應如造老徽。

題學詩堂

十知商賜可，三百亦爲多。而彼解頤者，其如墻面何。
性情存諷詠，倫紀寓絃歌。最下能專對，猶堪言語科。

翁制屬挽詩

大隱居城市，今之韓伯休。活人深有德，利已略無求。
經絡傳新考，衣冠儼舊遊。如何未七十，吾涕爲翁流。

送鄰人元德之武昌

讀律已三世，能詩新有聲。忽辭親舍去，遠作武昌行。江漢秋風起，孫曹故月明。舊遊曾感慨，送子倍關情。

送國子學吴生歸爲世大父大父壽

兄弟各耄耋，子孫仍衆多。善崇三世積，祥兆一家和。華髮躋朋壽，歡聲入咏歌。生歸從爾父，綵服共婆娑。

送李景仙歸湖南

外省天官屬，前朝閣學孫。甘心辭顯要，雅志便晨昏。
卓卓廉能吏，堂堂忠孝門。此歸得模楷，菊里有鄉尊。

題大都姚氏爲祈助教辦葬費詩卷

姚氏施雖溥，祈生感最深。此恩天罔極，吾報力難任。
惠利周千室，歌謡抵萬金。曾令采詩者，得被管絃音。

送大明路儒學正赴任

今日崇文教，儒風愧異時。朝廷誠有道，庠序久無師。
嗟矣能言鵡，傷哉執飽貍。似聞趨古魏，倘可愜深期。

送梁必大知事之婺州

一見何倉卒，相聞已歲年。東州文獻後，南國俊髦先。
士詫蘇湖教，郡須岑范賢。贊謀倘餘暇，爲訪牧羊仙。

題洪母熊氏墓銘後

堂封已十年，孺慕尚纍然。執技走天下，求詩來日邊。顯揚光淑德，題贈富新篇。有子能如此，應知故母賢。

贈楊教授

敕授武昌路醫學教授楊用安存心，吾邑左港大姓也。行醫出外，已歷三世矣。存心用藥治病之外，善診太素脉，預定前程休咎、耆數〔一〕修短，其術尤異。因其過我，詩以贈焉。

醫業已三世，藥功能十全。脉精平旦診，事測數年前。奇中嗟上巧，預知疑佛仙。期君還舊里，共啓内經玄。

〔一〕「耆數」二字，原作「壽」，據成化本改。

贈杏隱車省醫

螢囊前哲行，虎穀後身仙。善藥名三世，良醫功十全。
達官崇禮敬，芳問遠流傳。陰德須冥報，兒孫食萬錢。

和劉尚友

挺挺詞林秀，栖栖越嶠東。幾年淹此鳳，何日見猶龍。
郊時文中子，談遷太史公。萬金家寶在，昭代定遭逢。

贈熊景山造崇仁蓮漏成歸金谿

消長一壺水，昇沉百刻籌。範圍天用巧，舟載地儀浮。
邑長政如此，國工神與謀。四時常不忒，春意滿皇州。

孤舟李君哀詩 二首

兵後去邑里，城中長子孫。師模儀郡序，客席齒侯門。
年壽昔尼父，風流今仲元。有人紹家學，身没道猶存。

又

衮衮詞章偉，融融笑語春。合并雖不數，夢想每相親。

别去京華久，歸來墓草新。遺孤尚衰絰，忽見倍傷神。

天師留國公哀詩

物外煙霞趣，人間雪月身。丰姿渾不俗，詞翰兩如神。
一旦天華隕，千年洞草春。皇恩在留國，愈久愈光新。

贈廣昌黃慶甫談葬術

似爾天年未，而於地理精。雖云師法好，亦是性資明。
前聖六經在，餘功一藝成。及時培遠業，風翮九霄程。

豫章貢院即事奉和雲林提舉晚春閒居舊韻二首

客裏秋光好，歸心不厭遲。墻低孤塔見，院静一簾垂。
隔紙聞風怒，臨階看日移。宛然似三逕，未負菊花期。

又

晝日閒庭步，秋雲萬里天。眼前俱實際，身外一虚船。
得意渾忘老，論交豈問年。此中真樂在，不要華山眠。

又和張仲美韻二首

病減飡加進，神清睡聵遲。避風違北牖，待月立東垂。

人定籟聲寂，天旋斗柄移。有誰知此意，謾説鑄鍾期。

又

逍遥知勝地，縹緲到鈞天。動境風中葉，浮生水上船。
有形俱待盡，無住自忘年。萬古中秋月，嫦娥夜不眠。

與張仲美别仍用前韻二首

鄉鄰應怪我，何以獨歸遲。木末芙蓉發，簾前果贏垂。
夜寒知露重，秋老驗星移。南浦今番别，重來倘可期。

又

已了公家事，歸尋小洞天。交吟留别句，官辦送歸船。

夜月各千里，秋風又一年。但當頻寄字，悃悃問安眠。

美王彦飛父母受贈官 并序

江西省都事太原王彦飛，欽承朝命，父贈承直郎，母贈恭人。此詩書教子之效也，臨川吴某詩以美之。

教子勤學禮，逢時列縉紳。清華躋六品，榮寵被雙親。
遺像朱衣艷，高墳緑樹春。報恩嗟罔極，聖代勸忠臣。

爲舒景春賦東皋

東皋種杏者，今住杏花村。收穀虎衛道，銜珠蛇報恩。
窗紅開曉沴，草碧驗春温。豈待開舒嘯，柏湖真有孫。

奉贈林間上人

方外可誰語，林間得此人。弗從其師問，乃與吾徒親。
燦燦心華現，英英辭藻新。試抛有爲法，共了無生因。

送國子伴讀李亨受儒學教授南還

夙昔懷知己，堂山德義敦。恍然驚再世，及此見諸孫。
胄舘五年客，公朝一命恩。今辰奉檄去，光彩照閭門。

題唐西平王李氏族譜後

勳業隆先代，流波衍後昆。西平十五子[一]，南土百年孫。節度開今派，將軍著古源。縉紳從此盛，不是出寒門。

贈廊庵隱士吳君瑞

瑞也吳同出，前無邂逅緣。圓機活潑潑，方匕妙玄玄。囊底儲良相，塵中渾隱仙。怕人問丹訣，只道鍊凡鉛。

〔一〕子，原作「字」，據成化本改。

傅居士挽歌

雲霄成鹿夢，湖海老鴟夷。樂境游魚在，歸舟化鶴隨。
月魂迷郢樹，風淚濕襄碑。多少江南客，助歌哀些辭。

壬子自壽

昨日辭京國，通州岸下船。年年此初度，度度似今年。
快活神仙地，懽愉父子天。小成重八數，圓滿大三千。

追補故山長竹坡婁君挽歌 三首

濟濟簪纓冑，温温瑚璉姿。洛園故衣履，商嶺皓鬚眉。
友悌天然行，温莊學者師。斯人無復見，追憶可勝悲。

又

疇昔聯名貢，滔滔四十秋。傷哉永離別，值我遠遨遊。
自嘆歸來晚，猶爲送往謀。葬期聞已後，揮淚洒林丘。

又

丹旐荷塘去，盈盈挽者歌。不聞薤晞露，空想竹緣坡。
積累餘家慶，承傳定世科。耆年凋落盡，衰暮意如何。

追補張萬户挽詩

饗帥開邊釁，犇師失國楨。英雄同一死，天地鑑孤貞。
裹革骨無朽，留皮身有名。威靈存廟食，過者爲呑聲。

元榮禄大夫司徒饒國公吴公挽詩 二首

賢父生賢子，吾宗有此翁。官階躋一品，封爵視三公。
鄉里名稱異，乾坤寵渥隆。忽聞哀訃至，老淚灑西風。

又

公年八十五，今去昔何來。少賤老能貴，生榮死亦哀。

有兒依日近，爲父戴星回。天上神仙侶，人間經杖衰。

玄教宗師張上卿挽詩

化鶴神仙骨，游龍道德章。風雲千載會，日月五朝光。
身讓天師號，心存宰相方。山川效靈異，冠劍得深藏。

贈裴子晉相士

怪子抛家去，歸来非故吾。閲人如水鏡，知己慎江湖。
宿雨添新漲，春風滿舊廬。匆匆又言别，聊爲賦驪駒。

贈陳可復寫真其人事佛

早辦曹劉伎，視之如父兄。青年雖晚出，玄思殆天成。
離相非求色，棲神不待精。誠能參佛解，筆下妙花生。

卷九十四　七言律詩

勉學吟 四首

三十年前好用工，男兒何者謂英雄。世間有事皆當做，天下無堅不可攻。
萬里行方由足下，一毫非莫入胸中。拳拳相勉無他意，三十年前好用工。

又

三十年前好用工，日間莫只恁從容。養成驕習皆因富，蹉過流光只爲慵。
人不修爲何異獸，蛇能變化即成龍。拳拳相勉無他意，三十年前好用工。

又

三十年前好用工，爲師不過發其蒙。十分底蘊從人説，百倍工夫自己充。
舊學要加新學養，今朝不與昨朝同。拳拳相勉無他意，三十年前好用工。

又

三十年前好用工，過時學力强求通。從頭莫枉青春日，丱角俄成白髮翁。
既冠當除嬰孺態，居今貴有古人風。拳拳相勉無他意，三十年前好用工。

歌風臺

黄屋巍巍萬乘尊，千秋游子故鄉魂。韓彭自取夷三族，平勃那堪託後昆。
湛露迄今王迹熄，大風終古霸心存。當時儘自規模遠，誰起河汾與細論。

過種湖觀訪雷空山不遇因見其所注莊子留注贈之

鈎探十翼象外意，羅絡三倉篇内文。道德五千聯貫密，逍遥第一寸錙分。
此邦前有王元澤，後世詎無揚子雲。吾取二書還注我，何當商略重云云。

贈月鑑相士劉德輝

眼前見物定媸妍，皎月當空一鏡懸。大地山河三萬里，先天氣數幾千年。
固知神識無塵滓，猶恐仙機有度權。上等相人非色相，内觀玄覽更超然。

燕城

燕絡中原東北去，吴通上國古今奇。五千里外只如此，數百年来幸見之。
弔望諸墳吾有淚，擊漸離筑世無知。西山綿亘三關險，日日氊車鐵馬馳。

呈留丞相三首

峻望晴簪插碧空，幾年四海想流風。雪霜薺麥冬春一，日月蓬蒿晝夜同。
天欲托箕傳九法，人能知惠略三公。吾儒實用存經濟，事事論量及物功。

又

春風座上誨渠渠，萍水相逢納拜初。生復得知前日事，聞多端勝十年書。

正人以道自出處，直道於人何毁譽。或是堯夫奇叔弼，敢云太史證無且。

又

與世相違分陸沉，半生藏息寄書林。只今沂水春風樂，千古寒江秋月心。
芥紫外遺尋尺利，草玄賓送寸分陰。此行大有遭逢處，岱岳高高河瀆深。

用贈李燦然韻述懷

故里香秔滑欲流，歸田計晚愧遲留。懸知海上三山客，塵視人間萬户侯。
南去擬尋吴市卒，北來喜共李仙舟。玄翁一室渾無白，誰識王龔貢鮑優。

墨詩壽趙中丞

老松换骨德玄玄，來壽人間柏府仙。描寫精神長照世，發揮光彩上通天。
一真不受丹青變，百物難磨鐵石堅。耐久結交濃淡等，清名留取共千年。

題林西隱居

黄岩郭外道林西，隱者居之人不知。遠去世氛春日永，遞来鐘韻晚風遲。
從渠燕雀賀千廈，得似鷦鷯安一枝。想見吴興子昂字，京華萬里寄新詩。

和相山提點黄平仲

雲表飛来語詰盤，新詩轉㸌破春寒。英英霞影籠扶若，耿耿星文認莫干。
萬象滿前供物料，雙峰高處築吟壇。山靈更要衰翁記，軒豁乾坤露兩端。

送征東儒學提舉敖止善榮還高安

男兒弧矢四方身，直欲飛騰作貴人。膝下數千餘里遠，客中十又一年春。
乘桴豈愛九夷俗，奉檄聊娱八袠親。此去東風歸袂軟，故園花鳥亦欣欣。

依韻奉答明極講主禅師

吾鄉平地絶梁關，頗異危途費仰攀。每想尋常超物表，劇慙一再到山間。有茶共啜促膝話，無物可持空手還。彼此相期崇令德，不然重見有何顔。

立春日寓北方賦雪詩

臘轉洪鈞歲已殘，東風剪水下天壇。賸添吴楚千江水，壓到秦淮萬里山。風竹婆娑銀鳳舞，雲松偃蹇玉龍寒。不知天上誰横笛，吹落瓊花滿世間。

寄贈盱江名醫湯又新

一泓碧玉活人泉，三世修治功行圓。普爲貧民甦死命，更令孝子壽親年。
麻姑昔日栽桑地，董奉今時種杏天。不借虛言作輕重，實能世世大名傳。

次别易耕雪

别去家山經幾年，乍歸又着嶺南鞭。雙眸眩眊番船載，滿口腥醎海物鮮。
胸次冰霜寧受滓，世間粉黛自争妍。早來共此青春樂，日暖風和無際邊。

書别李燦然

番陽李燦然，延祐戊午進士。丞崇仁六年，乃得代。赴部謁選，改通山縣尹。在京共處月餘，會予移疾還家，又同舟而南。將及廣陵，爲賦七言四韻，以敍别情。泰定乙丑九月晦日也。

盛世興賢得勝流，六年貳令小淹留。日邊普受九天渥，江上升遷百里侯。
史舘西偏屢共話，家山南望喜同舟。疲民延頸需恭茂，撫字催科定兩優。

送幾泉石上人南歸

春風吹醒泉石夢，一錫飛來到日邊。世界空花俱幻爾，家山老木故依然。
飄飄去住雲歸岫，處處圓明月在天。亦欲從師了耕種，縣南郭外有良田。

九皋亭

九皋界分與天寬，小小園亭暫憩安。門外圖書聊作府，庭前花卉頗宜闌。
清懷不遺塵埃到，好句留将久遠看。放鶴從教雲裏去，也應回顧此江干。

疊葉梅

羅浮夢斷杳無蹤，冰雪仙姿两两逢。縞袂怯单寒後襲，粉粧嫌薄曉來濃。
迎風一笑知顔厚，臨水相看見影重。道眼只將平等視，玉環飛燕總天容。

洪賓客席上次韻張希

遼海烟霞縹緲間，千年老鶴未飛還。聲名籍甚東園皓，氣象蕭然陋巷顔。
韜卷風雲隱城市，依乘日月照區寰。不應便作歸来賦，政要六鰲擎五山。

贈劉浦雲相士

波流萎靡半詼諧，道骨仙風孰鑒裁。天壤已無機發踵，地爐謾有火留灰。
偶然鄭浦神巫見，疑是華山高士來。石鼎煮茶清話久，夜闌一枕鼻如雷。

題橘隱棋師

一片機心要勝伊，两家敵手肯饒誰。塵間戲事何爲者，物外高人亦有之。
四老果如神變化，二龍應笑俗獃痴。空花過眼俱成幻，無色界中觀此棋。

道山詩

回環湖水帶溪灣，彷彿瀛洲海島間。地上雲烟接天界，壺中日月照人寰。
百年竹木青春在，一院香花白晝閒。只怕名韁牽引出，雙成悵望幾時還。

送國子伴讀倪行簡赴京

瀲灩浮杯泛九霞，還家未久便辭家。出門惻惻重闈遠，前路漫漫萬里賒。
不怕狂風妨去鷁，偏愁寒月照栖鴉。諸生凝望須君至，共賦新詩賞雪花。

送盱江朱仁卿省親

貪天外慕一浮鍼，愛月中誠百稱金。萬里春暉燕雪勝，六年宵夢楚雲深。
何煩陽子爲忠訓，忽動何蕃純孝心。歸去斑衣無限樂，冬初吾舸亦南尋。

和齊年徐宰韻贈傳神黄義卿

地闊天高物物容，未容汾曲老王通。低頭自覺衰頹久，對面誰加點染工。俗狀塵深羞鏡裏，藥爐灰冷在山中。幾時割取好東絹，寫我齊年作兩翁。

孫提點舒嘯出示前姚司業南榿寫詠軒詩悵斯人之不復見次韻以寓感慨云

鸞仙縹緲度西山，軒外千年水一灣。孤鳥長空雲淡淡，二蟲小知日閒閒。黄塵滿路遊雙鬢，丹鼎何人鍊九還。惆悵詩翁留綺句，依稀真界鎖玄關。

寄題節孝先生祠

箒掃莓苔出斷碑，輦将松柏構新祠。幾年節孝先生行，一旦淮南録事知。
信是清門守家學，能於濁俗拯民彝。何當俛伏陳嘉菜，喜爲陽侯遠寄詩。

答揚州盛子淵

多情示我四感興，久别喜君參悟真。視聽两忘尤貴默，貪痴凈掃莫留嗔。
已知身外總長物，且得家中有至珍。處處揚州好風景，瓊花常占十分春。

送龔舜咨南歸 有序

舜咨一出游觀京國，略不動世俗利名之想，浩然而歸，其志趣之超邁，可尚已，詩以餞行。

男子初生射矢蓬，已包六合在胸中。往年南北一江限，今日車書四海同。快甚雙眸窺宇宙，鄙哉百計入樊籠。浩歌歸去渾無事，栖碧山前月上東。

詩贊榮侯父子讓官之美

曾聞榮子猶然笑，爵禄真同毳羽輕。總總中人慳遠識，區區物外起紛争。君恩及嗣寧私我，父命〔二〕如天合讓兄。太伯伯夷俱第一，世間列傳與齊名。

〔二〕命，原作「母」，據成化本改。

題陳西樓記詠集末 有序

樂安縣之水西流三十里爲界川，陳氏世居其地。前有魯卿以「西」號其園，有國明以「西」號其樓。魯卿之孫、國明之子定甫，預冑監所貢士。宋嘉定以後，元大德以前，題詠西樓者殆且百家，俱當代顯達名勝之筆。天時人事凡幾變更，而定甫有子有孫。保守斯樓，百餘年猶一日，襲藏昔人詩文，至今罔敢失墜。噫！西園、西樓二公之所積，以施于久遠者，其何如哉！同郡吴某，識于西樓記詠之卷末。

東川混混邑西流，前有西園後有樓。五世兒孫兩朝事，百年風雨幾番秋。

山間故物天心月，卷裏詩人海面漚。誰似君家奇寶在，金膏水碧古今留。

和竇神清惠教韻

觀海難爲湖與江，兩間闊視更誰雙。達人慣見鯤擊水，癡士可憐蠅撲窗。并轡何時追日馭，戴盆終日望天杠。嗟予耄耋君亦老，敢比當年葛拜龎。

宣尼吟

勸王一語嘗非孟，孰識宣尼更遠謀。才説在邦兼四代，有能用我即東周。楚惟令尹終難及，衞有封人見最優。适賜與由俱解此，惜哉吾道竟悠悠。

贈朱法師 有序

中和守素真一法師、洞真觀提點朱善正心淵，能秉誠心、運真氣，以感天地，召陰陽，祈雨輒雨，余在金陵知之稔矣。從天師北覲，天師奉旨祈雨，遄獲應驗，法師與有力焉。歸有日，詩以贈之。

往年曾客鳳凰臺，稔聽吾師救旱災。舒掌掌中雷走去，擧頭頭上雨飛來。
每嗟魃鬼火六合，誰借神龍水一杯。袖有甘霖岩下隱，如何閒却濟時才。

又

泰定再春花趁開，顒顒膏澤潤枯荄。吾皇閔雨雨隨應，仙伯籲天天未回。
後載進瞻新日月，先鞭驅起舊風雷。歸尋洞府還真隱，翠柏丹桃次第栽。

玄鑑言命詩以謝之

玄空一鑑衆星羅，奈此塵寰休咎何。未信唐賢厄南斗，又從宋代惱東坡。
萬生胎息蠙衣衣，千古盤旋蟻磨磨。化化中間藏不化，憑君細説總由他。

題大乾廟壁 有跋

大業龍舟竟遠巡，義寧狐媚忍欺人。北方各署新年號，南嶠猶遺舊守臣。
身合沉江甘殉楚，心知蹈海勝歸秦。塵間俛仰幾楊李，樵水東流萬古春。

隋大業十四年戊寅，泉守歐陽公官滿歸，至此，夫婦俱溺水死。時楚林士弘、長樂竇建德、魏李密、定陽劉武周、梁梁師周、秦薛舉、凉李軌、梁蕭銑，各已僭號割據，而唐李淵迎代王侑帝于長安。是年二月，江都有變，宇文化及立秦王浩。五月，李淵王侑而自帝，以隋爲唐。王世充以越王于東都。公，洛人也，將安歸乎？生蓋不如死矣。噫！公之心誰其知之？後六百七十七年春二月朔，過廟題壁。

卷九十五　韵語 七言律

次韻息窩道人

三年隻影落天涯，望極南雲眼欲花。道上已驚仙枕夢，河邊誤泛客星槎。
棗梨秋熟供新飯，桃李春榮滿舊家。喜得息窩消息好，黄金粲粲待披沙。

次韵彭澤和縣尉讀書岩亭

怪石崚嶒自可尋，劃開巖洞更幽深。隱仙書響烟雲散，太史字痕風雨侵。
舊迹一朝成偉觀，新亭六角面穹林。孝廉作此千年計，净洗世間塵土心。

次韵酬彭澤和縣尉

石仙種橘舊成林，孝子和侯重按臨。自是儒流爲政别，超然德度感人深。
底僚此日塵中跡，卓行他年史外心。客有奇逢癡不去，天風浩蕩更秋霖。

徐道川次文生韻仍韻奉呈

北行往往值齊年，先後冥符豈偶然。却幸筋骸尚康健，又將步武接英賢。
行藏非我由天意，久速何師賴聖傳。况有蘭金同志在，芳香彌烈守彌堅。

歸舟次韵徐道川

齊來齊去好齊年，只覺吾廬愧此川。西日不淄持釣手，南風初試阜財天。
一舟汎汎身無繫，十畝間閒里有田。尚欲超然遊八極，可能共我話良緣。

寄濟州張脱脱和孫

聖朝厚德遍穹垠，驛置舟車待小臣。弊倖宜防須特職，選掄不苟得儒紳。
家聲藹藹千人傑，客席温温四海春。郵吏向予談盛美，短詩聊此寄情親。

長蘆岸阻雪次韻張仲默二首

忽地瑶華數尺深，天工妙手敏如針。無聊客子興長嘆，有思詩翁動短吟。
誰與推篷問僵卧，自驚潑水透重衾。轉旋真藉毫端力，早起暾陽破冱陰。

又

不管嚴風滯去舟，且欣初雪兆豐收。茫茫一白迷荒岸，炯炯雙清盼勝流。
似此人間豈塵鏡，恍如天上有瓊樓。雲間日出情尤快，千里金臺瑞彩浮。

又次韵張仲默

官卑禄隱儘年深，古意常存不薄今。本本原原知問學，篇篇什什亦歌吟。

後生習氣多紈袴，先正流風一布衾。志合豈辭千里遠，相期晚歲共分陰。

壽董中丞

直氣貞心命自天，風霜老柏正蒼然。將千萬世壽吾國，先五十年生此賢。甲子肇新初日度，丑辰依舊斗星纏。邦基身世同悠久，敢賦崧高第二篇。

疏齋盧學士和郝奉使立秋感懷余亦次韻 二首

斧威直指可能禁，鼓吹從容翰墨林。公舘月簾秋澹澹，誰家霧閣夜沉沉。喚回千古南樓興，付與兩翁東楚吟。休道鐵心猶解賦，要人識取愛梅心。

又

政爾煩歊不可禁，秋聲忽忽動鴞林。好懷恰與清風值，浮翳俱隨驟雨沉。
江上清楓頻入夢，淮南幽桂又聽吟。閑雲淡漠元無繫，來去常如見在心。

又次韵謝疏齋和章

昏倦群魔政叵禁，忽然驚起立如林。初聞仙樂空中下，細認香材水底沉。
有句可陪薇閣老，何人敢效玉川吟。兔絲謾附千尋上，喬木樛垂見古心。

夜坐四次韵

物情自適更誰禁，草際螢飛鳥宿林。魯叟爾來無夢寐，蜀莊此去只冥沉。

客中又見秋風起，夜半初聞木葉吟。涼意逼人眠不得，坐看孤月到天心。

晝坐五次韵

静中不覺暑難禁，况復身居七寶林。槐國避焚封蟻出，石盆趨冷戲魚沉。蚊將伺暮深深匿，蟬未知秋懇懇吟。只有道人方燕坐，清香一縷起鑪心。

石泉法師來自天京朝士有詩道其雨晴感應之速玄玄道判率予繼作遂亦不辭

廣陵倦客困炎埃，聽得仙官天上來。歙歘陰霾見星月，尋常掌握挾風雷。居然三日祈禳事，可是明時燮理才。朝士有歌吾亦喜，豈無餘福及埏垓。

有畫影談命人於真州厚獲而去其門弟子繼來

獨巧真堪駭衆愚，有言有象立成圖。天機往往多奇中，人事來來亦偶符。每見瞖乩叢鬧市，又聞梱載去通都。老蒼已辦田巴計，却喜升堂得是夫。

客中即事次韵元復初郊行 二首

急雨連宵井也渾，城居寥落似山村。停披儘看書堆案，絶飲空餘酒滿樽。日有虚皇相伴侣，時逢嘉客細評論。青燈一室長如晝，未覺門人四野昏。

又

客中又過二分春，聞道千紅百紫新。雨到庭隅長芳草，日窺窗隙弄游塵。

懸知萬里只如此，孤坐一堂還可人。不信却須凌倒影，九天樓閣倚長身。

次韵元復初飲歸

茫茫大地一漚浮，底是劉家百尺樓。紅綠春來春去樹，清渾雨後雨前流。
所逢偶爾難追覓，此處欣然即勝遊。最喜江南山色好，晴雲無意自蒙頭。

次韵劉縣丞漕運述懷之作

漕向西來數百艘，塵囂煩委雜朋曹。量收庾積方嬴取，水惡風狂儘獨勞。
自顧壺中一粟小，回思庭下二松高。北山詩作東山廢，好句聊堪畀海濤。

次韻博士牛吉卿

隴西公所楫升階，頗意前時與子偕。知有啼號惱韓愈，喜無竇徑誤高柴。
宦優難曠存深慮，病起能詩見好懷。此去天君常泰定，客邪誰敢寇形骸。

次韻送袁惟一遊盱自鄭舘

已知柔日卜辛丁，將破盱雲訪老程。人事古來難甚快，天容今夏更慳晴。
倘經華子宜留句，偶會麻姑亦寄聲。未許先生終嫁衛，早還鄭圃共尋盟。

次韵谢友和 二首

不作常途計有無，信知律令要詩書。堂堂手捧諸侯檄，欵欵躬尋處士廬。
偉器期君天下用，名談慰我客中居。文章時出聊游戲，更待他年報政餘。

又

公館逢迎眼倍明，相山堂上曉風清。飽聽江練新詩好，轉覺濠梁逸興生。
柱後法冠他日服，案前書策舊時檠。三千牘裏有此客，未要津頭便送行。

次韻餞胡器之挾詩府驪珠遊江左浙右 二首

疊疊青山曲曲溪，客來恰值主人歸。推吾謬作劉公是，知子可如陳去非。

悟處蛇蜩遺脱殻，看時翡翠好毛衣。清朝若定詩流品，指日雲霄向上飛。

又

滿篋驪珠未是窮，照人海蜃眩青紅。慎投休惹群盲怪，妙貫終須一線通。
至寶千年存異玩，圓機觸處得玄同。雪天送子江湖去，春水生時吾亦東。

贈謝兄遊齊安

謝氏蘭階有此奇，鄭公樗散是吾師。不甘鄉里浮沉老，忽作江山汗漫思。
赤壁千年遺舊迹，黄岡一日遇新知。爲余唤起蘇仙夢，明月清風無盡時。

用魯山段録事和李簽士丁麻姑韻時段奉憲檄賑濟

咿軋籃輿從事衫，泥途滑滑石巉巉。急援野莩填溝壑，敢避行難似隴函。
春氣頓回萎草木，長林驚見古松杉。一夫弗獲真吾愧，誰道魯山非傳巖。

秋孟讀書林中觀梅追和主人十疊之歌 二首

讀書林裏樹林林，獨向梅邊着意深。人愛説香兼説影，我看成實又成陰。
境清遠却炎炎氣，仁熟中全白白心。他日風霜冰雪後，約來花下重追尋。

又

黄金脱帶緑成林，春在梅根深更深。已悟坎宫藏一白，從教否月長三陰。

殺機密密含生意，實腹存存得本心。無日無時不陽復，識花試向未開尋。

潛庵蘭思有倡和以示天慵而不以示余次韻索之二首

南榮瀝瀝簷牙雨，北牖颼颼紙背風。坐久從教更漏速，灰深宿得夜爐紅。
生來意氣都虛喝，老去情懷似小童。頗怪詩筒俱走遍，隔墻有耳却成聾。

又

冷窗兀兀坐無悰，聞有王風續鄭風。老我自知才思薄，羞人斗覺面顔紅。
不嫌官舍嗤寒客，只怕詩家斥狡童。唱和喁泠俱變滅，到頭萬事付真聾。

仍韻奉答潛庵官長

自笑此生如斷篷，飄飄偶爾逐長風。鑿通鄰壁一鏬白，分得書燈半穗紅。韓輩詎堪儕陸老，蘇門可是進黄童。公曾四問伊人否，愧我形骸尚瞽聾。

送敦教授之英德

庾嶺梅花歲晚幽，送君遠客嶺南州。單車發軔雲霄路，好句留題烟雨樓。消解炎風成冷澹，磨礲怪石作琳球。聖恩敦遣光文化，倘比唐蘇是勝游。

送空山雷講師門人丹陵胡道士游京師 二首

玄經一足獨侯芭，寂歷空山宰樹華。大半門人立霄漢，尚餘吾子卧烟霞。
小心慣煉補天石，大膽能刳蝕月蟇。去去奉書三詣闕，却尋句漏問丹砂。

又

遠遊誰爲賦新篇，來自丹陵小洞天。拂日一鞭聊復爾，御風雙袂已飄然。
快看鵬海三千里，早證龍沙八百仙。莫戀射熊春夢樂，贈詩人在斗牛邊。

次韻胡器之問病

鶯聲睍睆燕差池，春到閑中日更遲。偶躡清都陪凈侶，誰知勝境即良醫。

屋山月上元無夜，樹杪風來似有期。坐客屢談渾忘答，問余還職在何時。

題倒騎驢觀梅圖

玉妃一笑本無猜，拗性驢兒去不回。見面可憐交臂失，留情聊復轉身來。
月凝絶艷鬖鬖遠，風送清香欵欵陪。雪裏吟翁吟弗就，過時却與惱癡獃。

次韻袁惟一寄贈

薄伎聊堪比旅陶，分甘負儋誤乘軺。每慚樗櫟妨賢路，不廢蒭蕘荷聖朝。
雨露恩濃難報補，烟霞疾痼匪虚驕。多兄舊逕猶存菊，紫蓋雲深望眼遥。

次韻浩齋喜雨

巫鬟何許會争憐，甘澍真堪當醴泉。才士幾分消渴病，衆生一霎喜懽緣。
已聞龍德撫八極，佇見鴻恩漲九川。好借餘波供涸硯，鋪張雅頌萬斯年。

題西峰隱居

悠悠好景寄桑榆，老向西峰自校書。争席樵夫便狎坐，摳衣稺子任懽趨。
花香静晝微風裏，草色深春一雨餘。城市通儒日沉醉，還知醒眼看吾廬。

寄題桂溪陳氏山居

斗邑西來谷可盤，天教隱者宅其間。縈紆幾曲桃源水，突兀一拳蓬島山。
竹樹百年清蔭在，圖書四壁白雲閒。日長自對聖賢語，雞犬不驚人往還。

偶次韻何太虚九日寄皮昭德時太虚將往觀山因阻雨留清江鎮余寓芸香樓

故故誰將泠雨催，雲峰雲女是良媒。不教每日乘樏去，應爲今朝泛菊來。
遠岫沭餘增點染，枯池滿後足渦洄。樓中有景無人寫，留取新詩待子回。

白雲亭詩 并跋

衆山嵒崒一峰尊，峰頂新亭扁白雲。百世清風松獨嘯，千春化日草長醺。

底須天上别境界，未覺寰中多垢氛。北望悠然識親舍，神仙元不離人群。

樂安天授群山之間，一峰巍然，名靈寶山。有四仙祠，託焉山之北阯。富者代興，昔陳今遊，寔主兹山。游氏弘道既新仙舘道寮，又構一亭，以望親舍，扁曰「白雲」，將求四方之能詩者賦之。弘道年少才優，事父兄不違禮，無世俗子弟之好，而翛然有塵外雲山之趣。清致如此，是可尚已。

禱雨次韵酬袁惟一

晝日如焚夜薄寒，早苗已穗欲枯乾。荐饑忍見艱庶食，獨飽何能樂一簞。

自顧人微耕草野，聊同巫舞禱雩壇。老鱗挾得千年雨，投鐵靈湫亟起蟠。

盱江童氏重修喜清堂

緑樹紅芳映酒卮，朱甍屋瓦照清池。百年老監善占地，三世聞孫肯棄基。
浩浩乾坤千劫裏，巍巍棟宇一新時。相銜扁字俱塵土，消得江山入好詩。

次韻王學士七夕新秋 二首

煌煌桴鼓引雙旌，道是天孫大禮成。金鏡南飛光欲半，銀潢西去寂無聲。
佳期一夕誰人見，淫思千年事未平。最怪河東五星麗，却嫌抱拙要中更。

又

夜來天闕透清香，桂露蘭飀冷逼床。肅肅刑官傳令到，炎炎酷吏去人忙。
鷹鸇横擊老逾徤，狐兔深潛類自傷。聞説南樓新月色，江湖萬里動寒光。

王承旨壽日

雲漢分章作世禎，此時此日鉅儒生。千年嶽瀆靈光合，萬里乾坤秋氣清。
滿月有輝仍似昨，緐星無數敢争明。皇猷帝制閒中事，論道經邦要老成。

寄題醫士陳氏意齋

百千萬變十三科，泥古方書柰病何。看取慈親求赤子，有如姹女籍黄婆。

重輕按舉精思巧，加減稱停活法多。此妙不傳君獨得，可能紙外覓機佗。

次韻吴真人題侯講師損齋

已知無患在無身，諸妄俱無只一真。净盡千林揺落後，長流萬古發生春。目官窅窅成朝徹，鼻觀深深養谷神。我亦易中研九卦，喜從方外見畸人。

題許氏時思堂

庶人於寢士於廟，事死如生遠可追。三世孝心傳百世，四時享禮帥初時。記文炳炳眉山筆，家範優優曲沃規。我欲因之敦薄俗，不能自已更裁詩。

賈參政壽日 二首

相業傳家幾百年，天心爲國産英賢。岱嵩嵂崒青千古，溟渤渟涵會萬川。
垣北紫微瞻正色，斗南黄道次新躔。訏謨辰告從容了，誰信金門有隱仙。

又

比山比阜比岡陵，仁静如之壽作朋。恒月半規圓有漸，臨陽二畫進方升。
回頭舊臘家家餞，轉眼新春歲歲增。妙運所期裨造化，八荒一域慶同登。

次韵楊司業

東風絃管沸樓臺，處處游觀閙往來。散地一般春意到，後園幾樹好花開。

發舒情思將詩句，領略芳香付酒盃。擬辨賞心酬美景，呼童先與掃莓苔。

次韻楊司業喜雨

好雨冥冥濕軟塵，雪花艷艷更同雲。蘇醒地肺萎枯脉，點綴天涯浩蕩春。
九奏召和符氣數，六龍在御慶華勳。帝功不有歸玄造，玄造無言迹已陳。

寄題許氏文會堂

四海交游萃一堂，講論不在泥篇章。知爲糟粕書奚貴，悟得筌蹄易可忘。
染就恐緇羔域素，亂真休眩臘鞭黄。紛紛只詑三槐記，指擬功名付二郎。

次韻楊司業芍藥

寒沍深冬宿異根，發榮今日謝春恩。淺潮半醉流霞暈，清印初昏淡月痕。花下蜂狂成勝集，草間狼藉倒芳樽。紫芝興味亦如此，誰信京華有綺園。

次韵楊司業牡丹二首

誰是舊時姚魏家，喜從官舍得奇葩。風前月下妖嬈態，天上人間富貴花。化魄他年鎖子骨，點唇何處箭頭砂。後庭玉樹聞〔一〕歌曲，羞殺陳宫説麗華。

〔一〕聞，原作「閑」，據成化本改。

又

公詩態度藹祥雲，綺語天香一樣新。楮葉雕鎪空費力，楊花輕薄不勝春。老成此日名園主，俊乂同時上國賓。樂事賞心涵造化，撥根未遜洛中人。

題某翁慶壽詩卷

平生真樂在田園，貌古心淳内外全。有子有孫天上福，無榮無辱地行仙。義方何意禄三釜，仁静收功壽百年。多少歌詩談盛德，翁應一笑寘牀前。

次韻寄揭浩齋

遽使倉忙辦去船，目隨賓雁到南天。懸懸兩地懷冰鑑，袞袞諸公事貨泉。

宇宙無涯悲往日，田園有興待來年。浩齋風月今何似，萬一分留肯獨賢。

送王國卿博士提舉陝西儒學

文公東北曾分陝，宣父西轅未到秦。百二山河應似舊，一千年事幾更新。
雍田上上古無敵，髦士峩峩今有人。國子先生時雨遍，萬家烟柳露桃春。

題送耿子明還家養母序後

三十嫠居九十康，斑衣兒子鬢毛蒼。桃分仙實來西極，萱老春花瑞北堂。
萬里遠遊雙足倦，百年終養寸心忙。蹇予風樹嗟何及，爲爾重歌不匱章。

題曹氏褒德集

蓬鬢蒼蒼適子孤，追揚父美孝如初。廉平一世文無害，醫治千家惠有餘。陰德將期駟馬蓋，多方已富五車書。阿誰能爲作佳傳，笑指空瓶問粟儲。

曹彦禮易齋

先天河瀆龍馬出，中古岐山鳳鳥鳴。往聖一心開秘賾，來令萬世覩文明。能知身内有周孔，豈謂人間無邵程。三復曹君易齋説，名齋難處是難名。

題徐妻趙氏貞節傳後

爲夫終養志難酬，代戍無丁重有憂。家地雖寒兒可待，所天或二妾誠羞。
堂堂烈婦道應爾，袞袞文儒説未收。誰輯世間貞節傳，品量特筆擬春秋。

題徐威卿學士贈吕子敬總管三詩後

薦賢學士久黄壤，投老使君猶緑眉。處處甘棠思美政，言言華袞見三詩。
他年循吏誰能傳，當日行人口有碑。厚施在民應厚報，天教上壽過期頤。

壽詩

貳公弘化得真賢，妙斡陰陽爕理權。千載台星應申嶽，一時臘雪瑞堯天。
豐登氣象人皆睹，參贊工夫世莫傳。又起初元壬子歷，年年皇慶太平年。

途中代柬監學僚友

疇昔何曾三宿戀，如今已是四年淹。朝廷禮意不相薄，朋友歡情殊未厭。
日月無私光普照，烟霞有約分應潛。歸衫鳥哢花香裏，處處春風動酒帘。

朝回再次韻

風吹僊樂下瑶臺，閶闔中間翠輦來。雲擁紅光千丈遠，日行黄道九天開。
百官星拱環金闕，萬壽雷聲進玉盃。已覩太平新氣象，四方犴獄長春苔。

題簡齋陳參政奏藁後 有跋

君臣密勿紹興中，文物依稀貞觀風。三幅奏篇存雅製，諸家題字總名公。
已聞玉匣人間見，空想銀鈎天上工。百八十年如一夢，摩挲遺墨視夢夢。

紹興參政簡齋陳公奏藁三幅，其一謝御賜臨王羲之玉潤帖，其二爲奉旨辨歐陽詢書真僞。淳熙、紹熙，葛、周、洪、尤、謝、楊、章、樓，以至慶元、嘉泰、開禧諸名公題跋者，凡十八人，蓋百八十年於兹矣。澄得肅讀，感慨繫之。臨川吴澄謹書。

次韵酬劉監簿

本來麋鹿樂丘山，何事鶩駘絆杙桓。眗矣西疇趨東作，偶然北海便南摶。道邊老木留遺廕，江上清風動去瀾。君向洞庭我彭蠡，水天萬頃共清寒。

題御史謙齋瑞竹卷

相君遺下公安種，御史重開私第祥。幻作靈根長枝葉，顯教清節傲冰霜。貞心匹配朱家柏，餘廕依稀召國棠。如是四時如一日，共看耐久保青蒼。

次韻息窩道人遠寄 二首

飲罷金盤玉露杯，和陽消息到寒梅。月華夜照崑崙頂，雪浪春融灩澦堆。
此事一行嗟便廢，迷途未遠幸歸來。高齋久久高人迹，砌面重重封緑苔。

又

參同遍萬復同千，早見師兄發秘傳。小智詎覘海鵬化，大方應笑野狐禪。
息窩對榻知何日，衲被蒙頭記昔年。只作平常不奇怪，金光明藏聖功員。

卷九十六　韵語 七言律

送人遊武昌

丈夫落落志四海，俗士拘拘守一途。羡子春秋當壯日，結交豪俊必通都。孤舟驚浪千堆雪，片紙長江萬里圖。歷覽山川俱遍了，歸來我欲問今吾。

送談星命者往武昌〔二〕

而父當年挾策遊，高談雄辯藐王侯。世傳法筏得三昧，妙悟圓機説九流。
七緯合離天漠漠，百生禍福水浮浮。唯應黄鶴樓前月，照古今人春復秋。

贈僧遊廬山

安安穩穩萬年枝，更覓禪林何處栖。夜雨葛籐新長蔓，春風柳絮未沾泥。
擬將江水一吸盡，要與廬山千仞齊。若問西來祖師意，家園枕上曉鶯啼。

〔二〕昌，原作「曲」，據成化本改。

贈羅心遠

拋却儒書出四馳，談星説數舌如箕。言言微中人争慕，落落多奇子自知。
海内清平應大遇，溪邊邂逅適今時。轉鈞造命非吾事，欲贈無財且贈詩。

贈杏林吴提領

董仙採石頻收穀，石子成名亦悟真。重見杏林林下客，贉分梅嶺嶺頭春。
一心惻惻生慈憫，萬命懸懸正苦辛。我欲乘風問良相，急投刀匕活疲民。

寄題饒氏西園

近拜陸祠過東舘，遥聞饒氏有西園。參〔二〕天喬木千年代，遍地名花遺子孫。雪檜霜松期歲晚，露桃雲杏趁春暄。我生亦坐林泉僻，何日飛來共一樽。

贈談命人熊景仁

畏日蒸蒸汗沃漿，忽移熱惱作清凉。定非戰國談天衍，疑是仙家縮地房。小住百年聊戲劇，大超萬劫有真常。眼前富貴飄風耳，此命堅牢最久長。

〔二〕參，原作「象」，據成化本改。

追補楊唐州挽歌

清風奕葉盛簪纓，共嘆君侯好弟兄。家難未平千載恨，州麾豈羨一時榮。
樹風夜撼凝香寢，薤露朝騰載路聲。報施如今天已定，鳳毛進進九霄程。

與郭友仁

賣得詩珠擬療貧，傾家豈意爲陪鄰。逃亡已不升新穀，貪取猶將過百囷。
門下有誰能市義，里中無處可依仁。争如跳出樊籠外，粒粟應藏自在身。

贈地理鄒晞陽

單衣隻影苦羈棲，至寶携持欲向誰。剛有天資剛有志，善談地理善談詩。
王門海闊裾徒曳，寒谷春遲律試吹。認得田園真樂處，歸來堯舜是吾師。

和元夕觀燈

霞珮翩翩禮太清，星毬燦燦簇華燈。恍如天上通明殿，豈是人間傀儡棚。
仙樂風飄浪韻遠，御爐烟裊異香騰。新年共慶春和早，屋瓦無霜水不冰。

和陸景薦二首

自有人心百世公，義門舊地築新宮。寒霄宇内千蹊黑，宿火爐中一燼紅。我信先生猶不死，誰知衆異總相同。悠悠此道今如線，無質空存斲鼻工。

又

陸家賢胤世情疏，頗或憐才命載車。皜皜曾聞濯江漢，亭亭詎肯染泥淤。静觀天下輪雲事，珍貯胸中祖父書。一任歸車徒四壁，知君斷不效相如。

次韻别文穆

曾憶真賢也屢空，身貧心泰未爲窮。山中得得逢初雪，筆下超超擬變風。

更有來今千載事，可無往古十分功。相期不盡輪囷意，行色催人子又東。

和答枝江令何朝奉 有序

枝江知縣何朝奉在桃源別墅有詩貽贈，時予服道士服讀書巴山之陰，何詩末句云：「泗上韠冠終不作，子房久矣赤松遊。」用韻奉答四首。

弱柳疏桐不柰秋，蒼蒼松柏自難儔。向來花縣留遺蔭，今去桃源卜一丘。
無計參承空有慕，有言貽贈敢無讐。詩才雖短猶能賦，何日山林得共遊。

又

生平闒老凛如秋，一旦番成老氏儔。晉士無心入蓮社，楚纍有興托丹邱。
遁身詭姓聊依附，詖行淫辭甚寇讐。土木形骸雖混俗，高人靈府與天遊。

又

戰國于今幾百秋，韓臣有子莫能儔。傷心牛後資談柄，抆淚虎許成故丘。
幾鐵沙中非失計，授書圯上遽忘讎。鞾冠縱有興王分，良豈甘從赤帝遊。

又

世無孔子作春秋，良遂儕諸平勃儔。天授雖然遇龍德，棧燒終是首狐邱。
非爲漢用爲韓用，既報秦讎報項讎。不是功成身始退，早年黄石已從遊。

送李春谷往受道籙 二首

龍虎山中紫翠烟，青精顔色四時妍。桃枝慣見枝成實，蓬海空聞海變田。
五斗米仙真有道，一神樓藥豈無緣。秋風吹緑茂陵草，的的黄金飛上天。

又

翩翩佳客破炎蒸，陡覺清風四坐生。敗道未平仙鶴卵，前知應笑野狐精。
最多能候成諸幻，不二門中只一誠。此去遍參方外了，歸來孔壁日星明。

貢院中和張仲美

墻外浮屠壓古城，案頭文字浩縱横。不辭霜鬢年華老，又辨天朝歲貢英。
秋隴故園迷蝶夢，曉窗客枕厭雞聲。何當孺子亭前去，省想高風浣俗情。

九日登樓

黄葉黄花競獻新，德星來聚此相親。雲烟暮色樓頭眼，風雨秋聲客裏人。

詩興悠悠千載事，酒盃盎盎一時春。共期白首各自愛，莫負乾坤八尺身。

貢院校文用張韻 四首

棘圍校藝日如年，生怕談經説用燕。執筆敢矜修月手，稱心得似順風船。
鑒衡遇物元無意，竹帛書名固有天。裁决至公還似樂，賡詩何惜費長箋。

又

文弊東都六百年，初唐猶似説張燕。障川亦有回瀾手，航海應無到岸船。
韓祖蘇孫星北斗，周情孔思日中天。與君共此談生活，弊帚千金一幅箋。

又

水驛相逢記昔年，長蘆飛雪暗全燕。棲遲闕下長聯步，顧望山中各問船。

一去幾經槐國夢，再來共對菊花天。此行又别何時會，倘有賓鴻數寄箋。

又

與君相聚各耆年，世路從渠自越燕。元不東陵千户食，底須西子五湖船。
牛刀綽綽存餘地，雞甕區區看隙天。似此唱酬亦云樂，贉磨濃墨寫吴箋。

和韻雙頭白蓮

花中君子志同芳，簪合蘄流百世芳。允智雙清耻周粟，皇英競巧繡虞裳。
房蜂共蒂各生子，囊麝連臍不斷香。絜白二難相伯仲，難分誰苦又誰良。

又

花神亦有弟兄行，幻出亭亭并帶芳。二佛同敷獅子座，三閭贉集大夫裳。

金莖單捧雙盤露，玉笋分勻兩臉香。肥白陳平羞獨美，齊名要共一心良。

彭澤水驛和虞脩撰

此非元亮幽居處，而喜亦無車馬喧。澍雨一時蘇欝熱，流風千載挾清寒。秫田舊治民猶昨，柳岸新亭客避煩。江面波神應冷笑，曾聞容膝可偷安。

登孤山 有序

延祐五年秋，與伯生脩撰憇彭澤水驛。值江州推官畢侯來審囚〔一〕，棹舟登孤山，有彭簿、劉尉同遊，因賦五十六字。

〔一〕 因，原作「因」，據成化本改。

三十年前東下時，開篷曾賦小孤詩。風濤如許相衝激，天柱迄今無改移。
長願江流平似鏡，坐看舟客去如馳。悠悠此日登臨意，付與潯陽循吏知。

題彭浪廟

絶岸孤峰已是奇，彭浪對立儼相持。海門第一關如此，山崦幾多人未知。
險勢踰來似平地，安心贏得賦新詩。長江渺渺東流去，會障狂瀾更有誰。

重題峨眉亭

一亭突兀枕嵳峩，此地曾聽月下歌。天上謫仙歸去了，人間行客重來過。
荒荒宿草横丘隴，浩浩遊魂幾浪波。二百餘年招不得，溯流赤壁問東坡。

次韻答謝玉溪求墨

點染曾霑帝闕香，歸來誰復寫凡將。已慚友我無餘潤，那得分人有寸長。
天與玄玄傳道妙，時看皴皴發文光。相期共印千年事，遲鈍研磨不要忙。

用韻酬梅月翁 二首

梅如冰玉月如杯，月十分清更着梅。湖海舊盟鷗鷺社，田園晚趣鶺鴒堆。
誓將結屋鄰翁住，喜見携詩爲我來。何日得同花下飲，不妨醉倒卧莓苔。

又

踏遍東南路幾千，詩名少日已喧傳。老成更誦河亭句，脱透真如曹洞禪。

尋究宗親知共本，挨排行輩肯忘年。尚期分我梅花月，生怕羅浮夢未圓。

癸丑生日次韻酬黄山長

擬進華筵酒一鍾，將行復止謾匆匆。先天愧我十年長，初度偶然正月同。政爲蓼莪懸講榻，又傳梅使寄東風。有懷不寐夜參半，熠燿文星麗碧穹。

寄題胡氏園趣圃

地偏車馬少行蹤，天濶雲烟萬里通。本本芥菘饜宿雨，年年桃李媚春風。孰賓孰主園如昨，人去人來趣不同。我亦謀歸理荒徑，寄詩先到峴臺東。

次韻魯司業 二首

麗日中天下照臨，太平有象適當今。睿容穆穆崑崙厚，聖度淵淵渤海深。忠藎世臣弘相業，敷陳治道格君心。小儒忝綴班行末，咫尺龍顏奉玉音。

又

天聽雖高肯俯臨，上稽往古證來今。覆盆局促難瞻遠，短綆尋常詎汲深。野老無知進芹味，朝賢有喜見葵心。優優教胄歌詩暇，遺我簫韶不盡音。

澧陽通濟橋

涔溪南北往來衝，纍石成梁濟不通。兩岸步行三十丈，二年力役百千工。

蒼茫喚渡閑飛鷁，夭矯横空覩卧虹。朝錫佳名史官記，人人傳誦謝家功。

題敗荷 并序

聞中丞相公有敗荷，甚工緻。不見初詩，見諸人和篇一二，依韻謾成一首，録去請教。

嬌紅久失六郎張，黛緑殘粧更遇霜。照影有慙同敗卒，返魂無計覓巫陽。
三生傾蓋成憔悴，一半披衣墮混茫。畢竟明年青不改，依然十里遠聞香。

贈游遜仲 有序

曼湖游遜仲，有恒産，有恒心，又兼道伎術，能相地之形勢，察人之脉病，贈之以詩。

兒孫大旺皆因地，性命常存亦在人。一様機關一同巧，兩般伎藝兩通神。
虚虚實實穴易悮，隱隱隆隆脉要真。家富千金又能此，此金無價永隨身。

方塘詩爲匡廬山陰學道之士朱清逸作

億劫廬山有活泉，幽人鑿地敢偷天。縱横四直可半畆，上下一清藏大圓。
真景渟涵雙日月，幻形變滅萬雲烟。塵飛風起渾不管，此處無波只湛然。

贈陽醫士

飽聽人稱李與張，名聲新起趙州楊。已諳本草攻奇疾，更遇長桑得禁方。
一刺能逃癡豎子，十全當貳大醫王。汗顔寸技無知者，日月看題檢藥囊。

贈洪均

洪門自昔推三秀，族子於今守一經。拂日能來瞻北極，乘風送去到南溟。發身散地頭方黑，當路群公眼爲青。我在燕雲指吴會，書燈光射斗牛星。

題豫章紫極宫太古樓寄余傅二道士

經今億萬大千劫，猶似天開地闢前。一物亦無惟混沌，幾時方有此山川。乾坤謾自羲皇始，宗祖應推象帝先。八達四通昭曠眼，昏昏杳杳入玄玄。

雪巖詩

木長柔枯草長籐，鳳凰岡下老雲仍。清名寂寂無名叟，白髮蕭蕭有髮僧。
晴霰撒珠泉噴薄，暮烟凝翠石崚嶒。寒山生怕人饒舌，喚作雪巖渠不譍。

贈相地者

葬術相傳自晚唐，曾仙名姓至今香。已看後輩成前輩，誰把青囊換黑囊。
群護降龍來宛轉，四横朱雀去悠揚。此言易簡人人曉，妙在旁搜得秘方。

贈術者

來過有客急延茶，道是江湖伎術家。身瘦恍疑華表鶴，眼明會捉草中蛇。
巧思十畝淇園竹，麗句三春閬苑花。似此多能應不困，佇看天上泛仙槎。

壽周栖筠

家傳茂叔易通書，年與羲皇卦畫符。貞下起元相續續，一中生萬又初初。
儼然大帶深衣客，伴此先天太極圖。又喜歸來鄰叟健，手持壽酒慶新居。

贈金精丁葬師見丁氏家藏使重書墨蹟

蕭田勝事億冰崖，丁族聯姻亦盛哉。疇昔笙臺鳳飛去，只今華表鶴歸來。

雲霄萬里心仍在，城郭千年塚可哀。玩世玄機饒戲劇，混凡仙眼爲誰開。

又

金精排卦伏羲重，傳到丁家易遂東。俯察根原該地理，遠延支派擅天功。

節停去水便卑澤，蠱壞來山忌内風。二五正當生氣聚，錦囊有法葬其中。

又

古哲安墳遺舊蹤，後人得術紹真宗。毒眸遠賽天邊鶻，健足生拏地上龍。

何處無神司采擇，誰家有福定遭逢。結廬亦欲娱吾老，試爲雲間覓一峰。

金精丁氏昆仲甚盛，皆以相地之術及吾門，先祖嘗贈之以詩。蓋其術得之家學，非若他人之獵取遺書、妄自矜大以售其欺者，故贈詩致託之之意焉。仲偉重來，先祖棄諸孤已三年矣。當以未終襄事日夕爲憂，伏讀前詩，益重哀痛，故書。諸孫當謹識。

卷九十七　韻語 五言古詩

次韻湖北程廉訪使[一]歲寒亭亭在黄鶴山下有柏一株竹數莖

黄鶴飛不回，蒼柏乃小住。千年歲寒姿，深藏翳榛蕪。偶然剔荒穢，幽意畢呈露。生來本[三]孤特，强使此君附。作亭以面之，相對澹無語。雖蒙新知厚，頗若違余素。人間無霜雪，天上有雲霧。政恐挾風雷，一夕化雷去。

〔一〕廉訪使，原作「廉使訪」，據成化本改正。
〔三〕來本，原作「本來」，據成化本改正。

次韻南阜避暑

淋淫兩月雨，閟悶鬱奇思。翕赫數日晴，熇熇焮厚地。炎涼與燥濕，今昨頓殊異。紅塵况囂雜，清抱虞點穢。可人忽來期，出郭聊巧避。翛然遺俗氛，劇談到名理。頗訝猶龍翁，以身爲大累。要知悟道人，隨處得佳致。有人傾家釀，不飲心亦醉。西日翳翳沉，南風飄飄至。之子玉雪標，世德罔失墜。能效工部吟，肯遜柳州記。斯文千載事，曠代一角瑞。莫逆只自知，旁觀等容易。孰識斵輪工，妙在不傳意。風雩詠歸辭，聖者興嘆喟。從來山水樂，獨許仁且智。高視曠然寬，幽尋奥然邃。會心各欣欣，如口有同嗜。嗣當賦兹遊，附入羅阜志。

次韻靈興避暑

書窗候曙色，紙白朝復朝。自聞雨聲斷，不厭日氣歊。一襟夏籟爽，萬慮春冰消。空中九畹香，飄下襲桂椒。夜堂月影清，劇談神境超。曉蠻露蹄濕，前瞻天宇昭。靈峰存舊迹，方士構新寮。共尋幽棲勝，未計歸程遥。忽悟種植理，嘉禾生柔苗。回眸睇仙娥，示以髧髧髫。叩頭禮阿母，賜以婉婉嬌。黍炊邯鄲枕，樹響箕山瓢。食已問前路，征人趁良宵。此時別緒惡，風櫜寸心摇。明晨喜機動，霞暈雙臉潮。夢云蘭茁芽，驚見梓附喬。先期命桐君，爲子歌椒聊。登閣望芙蓉，麻煙起蒸窯。懸如父問子，笑語谷口囂。親歡怡怡奉，客話欵欵邀。廣厦足清美，高田尚枯焦。萃翁納溝愧，長願陰陽調。彼哉隔胸膜，豢養秖自驕。誰憐作苦者，塵甑午腹枵。道眼洞一視，仁聲徹層霄。脱除小窠臼，蜕殼非蟬蜩。

贈清江楊信可

往年疏齊老，同看廣陵春。起予五君詠，字字春條新。歸來西江上，始識詩中人。騷人已千載，此土遺蘭孫。吾里吴仲谷，詩格逼盛唐。視子倡酬篇，與子鴻雁行。有文更奇古，腹笥儲三倉。清時需髦士，佇子天際翔。

餞王講師分韻得波字

夫君鸞鵠姿，早蔭青青柯。天風忽摇落，匿影逃虞羅。堂堂少微翁，闊視海一蠡。閩山初識君，有如歐得坡。違離十年餘，契義矢靡他。竭來漳江濆，千里重經過。青眼兩熠燿，白髮各挪挱。朝飲共談諧，夜燈對吟哦。交情政爾歡，别意今如何。謂有神官招，道妙相縷覼。去去不可留，船頭漾春波。寅軒窗外月，清夜照薜蘿。頹然一翁老，顧影獨婆娑。我欲丐賸馥，亦復成蹉跎。目極象山雲，仙巖太崖峩。幸君勿我遺，頻寄别後歌。

題詹澗草蟲

夏躍難語冰，秋吟豈知春。生不一年計，百年影如新。澗翁今何之，見此不見人。諸孫視予笑，伸紙一拂塵。

題熊生篆卷

隸輩趍捷巧，人文浸湮沈。條綱竟昧昧，刀筆漫刻深。自熊氏之孫，夢寐史頡心。姓名儻可托，一字當千金。

送謙山大師歸吴興

得此方外友，知是吴中奇。圓機坂流丸，盎盎春浮眉。偶坐竟日談，聽之每忘疲。倏來謂予去，倚閭有親思。如何初相滅，不滅初初彝。信矣佛性大，欲離不可離。歸語趙學士，一笑問何其。

題孔知府致仕

賢哉孔大夫，年老勇歸去。喬木嘯清風，寒花醉香露。東門瓜蔓長，南國棠陰故。循吏好兒孫，餘輝滿庭户。

談經次韻夏編修

六經在天下，浩瀚若河漢。東流竟日夜，萬世資溉灌。遼哉去聖久，原遠末益散。競持郢書説，孰别魯鼎贋。鷄鶡物之微，猶自了晨旦。云胡有目人，莫覩星宿爛。新安巨子出，豪縷密分辨。嗟予童而習，弱質少勇悍。續綆鈎其深，事倍功未半。吾鄉有奇彦，京國逞縱觀。顧予蘁夢中，快甚湯液汗。妙句發心聲，嚴嚴氣魁岸。相期五色瓜，剖實得犀瓣。

寄董平章

偃蹇百圍柏，受命雄以剛。常時飽雨露，晚節輕風霜。昂昂參天質，鉅任堪棟梁。工師不敢材，千歲保青蒼。太行千里青，突兀天下望。偶然興雲雨，變態未易狀。神功寂如無，日月共澄朗。相期天久長，爲世作保障。天空澹無雲，熒煌泰階平。太微有垣衛，今近少微庭。俯臨自炯炯，仰瞻漫營營。中宵狼北望，南極一星明。

送楊志行赴閩海照磨效其體

負疴出京華，息擔甜江介。邂逅玉雪姿，乘埃塵囂外。嘉名昔屢聞，良覿今一快。談諧每欣豫，晨夕數期會。藉此慰羈孤，明將倏離北。天書下司臬，海嶠備寮宷。陽烏方赫曦，驛騎促俱邁。去矣君勿留，懷哉我奚賴。

題四皓圖

皓首出山來，從容定儲宮。儲皇已御極，論賞將誰同。飄然拂衣去，詎敢貪天功。飽茹石上芝，坐蔭巖下松。商顔鬱嵯峨，千載餘清風。

贈無名名理太古

饒陽太古父，事事追太古。宋相文正公，世近未足數。堯時大理官，庭堅乃吾祖。弦操羲皇琴，筆繪虞帝黼。詩和衢童謡，字通頡史詁。落落眼中人，此事今莫伍。雖然君四伎，猶墮諸有罟。厥初無名名，聽視兩聾瞽。誰哉鑿七竅，而以閲衆甫。復還太古天，予欲混沌汝。

送涂君歸淛

昨歲抱琴來，今兹抱琴去。委質隨長風，斷蓬與飛絮。一家蠡湖南，一住西湖東。兩地各繾綣，寸心漫怔忡。浮雲豈無依，倦鳥亦有棲。迎門稺婦笑，索果嬌兒啼。歸裝春幾簿，荒徑春華落。理曲到求凰，何人悲别鶴。

代東曾小軒謝馮筆蠟紙之貺

束縛中山豪，寸管入時操。幾微見鋒鋭，可敵古鉛刀。江人有妙悟，匪直取價高。坡公詫葛吴，蔡藻朱所褒。邇來浙西馮，聲實相朋曹。小技足名世，屠龍空自勞。

又

變化惡木膚，用舍堪卷舒。蜜脾百花精，漸漬鍊治餘。外理透中黄，骨澤玉不如。甚慚負此寶，誰解鍾王書。心藴托手畫，聊以傳吾徒。雖然是糟魄，糟魄未容無。

又

玉堂揮翰手，歸賦田園居。窗凡净無塵，四友日與俱。分界墮深谷，光輝潤蓬廬。森森春筍齊，澹澹秋雲鋪。方今圖治棘，任使正爾須。顧我焉所用，卑身注蟲魚。

贈趙法師

公明師閩徐，禁架妙一世。夫君得奇術，豈其遠苗裔。符呪撝呵間，立已衆疾癘。金針刺畫影，火炷灸衣袂。凡目向故常，詎測此神異。小儒亦驚駭，泚筆不敢議。喚起范蔚宗，亟與續方技。盛年倘遭逢，榮顯軋五利。

贈人求賻

德甫死數月，家貧不能葬。其子泣告予，聽之爲惆悵。予謂其子曰：今日汝宜往。汝父在世時，滿眼知識廣。高閎慣奔走，所事盡豪爽。資財既饒裕，意氣亦倜儻。故人之子至，寧不動念想。生死見情誼，直實非勉强。應有郭元振，錢送幾萬鏹。應有柳仲塗，金泉壤。汝其試扣門，佇看賻盈帑。予助嗟薄少，忝作汝父黨。蘇詩贈季明，鄙語謾相倣。

餽幾千兩。堯夫清廉吏，麥且五百盎。子瞻〔二〕酸寒儒，絹且四十丈。彼但抽氈毛，此已歸

題唐隱士盧鴻十志圖

嵩高地中區，下有隱者廬。兩徵堅不起，一至終不渝。好爵等浮雲，還歸對生徒。官爲營草堂，殊恩耀山隅。爾來數百年，十境入畫圖。之子服儒服，浸淫老莊書。翛然有仙意，生白一室虚。三宿戒凝戀，十境亦可無。

題周御史所作梁氏貞節詩後

婉娩梁氏子，蚤歸趙州王。芳年未三十，所天遽云亡。甇甇無一息，自誓如共姜。斬

〔二〕子瞻，原作「阮瞻」，據成化本改。

苴三年終，死穴期同藏。姑存養必孝，姑没哀逾荒。服不施鉛〔一〕華，步不出閨房。當路上其事，煒煜門閭光。客聞視父譽，一字三惋傷。知子莫若父，事覈言有章。貞詩御史筆，凛凛風四方。

贈純真張道人

深深息納踵，綿綿神在谷。小心龍護珠，大用龜藏六。闔户坤吝嗇，殺機天反覆。解牛中恢恢，頤虎外逐逐。尺莖可萬世，衆輻唯一轂。於粲通行仙，不緇澆僞俗。朝乘丹霞飛，暮傍青雲宿。厭食羊千蹄，縱談鷄三足。長身白瓠美，短髪黑漆沐。取數已多多，成事非碌碌。風馭先赤松，雪歌後黄竹。來階石曼卿，往候張平叔。

〔一〕鉛，原作「途」，據成化本改。

題畫蘭

孤芳愜遐趍，婉娩媚幽人。清露浥脩竹，柔風弄繽紛。嘉名誰肇錫，副墨傳千春。欲起黄大史，問之楚靈均。國香人服媚，可佩亦可紉。猗猗空自香，元聖爲悲辛。騷人久不作，舉世鮮識真。哀哉化爲茅，誰與招湘魂。

江西秋闈分韻 有序

延祐四年，江西府中書省欽奉天詔第二舉進士。典校文者七人，或居千里外，或居千里内。一時麇至，來集于兹。晨夕相親，亦云樂矣。其將别也，能無情乎？乃九月九日，開尊暢飲。登樓遠眺，秋意滿目，悠然興懷。酒闌，以「日月依辰至，舉俗愛其名」爲韻，各賦古詩一首，爰記良辰會聚之樂，且抒異日離索之思焉。

一天秋意滿，淡泊散微靄。羈棲滯公館，朓朒忽已再。佳辰遘九日，節物兩冥昧。東籬黃花吐，應笑我安在。天網罩群髦，驅使及我輩。白袍蟻蜂聚，黑字蛇蚓態。居然三千牘，負以幾牛背。妍媸屬鏡鑑，踳駁混鉛黛。披條索其華，掇頡紛瑣碎。臨文費三思，撫几一時嘅。皇心天廣遠，鴻澤海汪濊。猗歟際休明，光垢勇礪淬。誰能日鉏耨，沃衍有荒穢。繼今獲小成，力學期大耐。異時國君臣，彪炳麗昭代。此中斷金侶，清氣浮沆瀣。繾綣膠漆情，頡頏璚瑶珮。忽謂歲〔二〕華徂，共希賢哲配。道崇極所躋，厚〔三〕德重彌載。臨別無媚言，努力各自愛。

登撫州新譙樓

至順壬申十有一月下弦之後，登新譙樓，緬懷王丞相、陸先生之流風，成古詩一章，

〔二〕歲，原作「水」，據成化本改。
〔三〕厚，原作「原」，據成化本改。

奉呈同志諸友。

吾邦山水秀，雄麗冠江右。巍樓横中天，闊視納宇宙。懷哉二前聞，吸料得醇酎。身操冬雪明，心田秋月彀。運轉八紘鈞，繼纘百聖胄。純氣古難齊，卓卓尚微疚。嗟予二三友，高舉第一手。杵糜無色石，密補九天漏。

至順壬申十一月，郡新作譙樓，部使者、郡監若守，請先生觀焉。先是，先生以第三子京教授郡學，來就養焉。登樓後賦此，遂出城，竟歸其鄉。嗚呼！先生此詩之作，至於此，有不得而自已者矣。昔者曾子著大學之書，言修己治人之道，而中庸之書，則子思子憂道學之失其傳而作者也。後千有餘年，程子曰：「周公殁，聖人之道不行；孟子死，聖人之學不傳。道不行，百世無善治；學不傳，千載無真儒。」嗚呼！此豈可有幾微倍繆疑惑於其間者乎？陸先生，王丞相，寥乎天地之間氣，卓乎千載之豪傑，殆非臨川山水所得而私者也。然而臨川有如是之父兄君子也，豈他郡之所可望哉！吴先生「微疚」之言，蓋有慨於先哲之所深憂者矣。明年六月，先生卒。嗚呼！此集之所謂至於此而不得自已於言者乎？先生之門人袁明善求集書此，因識其後云。至元己卯七月既望，雍虞集書。

卷九十八　韻語 七言古風

雪谷早行爲張允中作

路絶人蹤失關隘，槎枒老樹森矛介。兩間寥廓浄無塵，誰剪天花遍飛灑。風絮當頭零亂舞，玆遊浪説平生快。蹇駑瘦骨真耐寒，踏破鴻蒙新色界。應不是奇謨〔一〕李常侍，夜發文城薄淮蔡。又不是直諫韓侍郎，遠謫潮陽出秦塞。面梨凍帖髭〔二〕綴銀，何事催君早行邁。君不見，古昔閉門僵卧人，高似灞橋驢背償詩債。

〔一〕謨，原作「模」，據【清】顧嗣立：元詩選改。奇謨，即奇謀。後漢書荀彧傳：「況君奇謨拔出，興亡所系，可專有之邪？」南史宋紀上：「爰初發跡，則奇謨冠古。」

〔二〕髭，原作「鬏」，據成化本、元詩選改。

贈道士劉季榮 并序

白鶴觀道士劉季榮，號清真師。生平以能棋遊四方，諸名公莫不敬禮。攜其所得贈言示予，就徼予作。師既老且貧，又無法嗣，若有不釋然者。爲賦長句，以開解之。時予移疾客劍江，寓清都觀。

清真劉師八十一，行脚一萬四千日。鶴身七尺臞而長，鶻眼雙明黑如漆。盛年狡獪稱善奕，覆下百子無一失。貴人達官争出迎，鉅軸褒辭總名筆。老來歸卧吴皋濆，蜜房春富飄餘芬。吾師掩鼻自顧影，齒牙半落舌空存。師曾一局春幾度，底用厭厭怨遲暮。筭盡輸贏秪自誤，阿誰悟得棋中趣。一枰白黑都收去，試問虧成在何處。此棋不分三伯六，十路只是中間路，當其無處詳識取。

極高明亭

空中玲瓏八面窗，虚境純白開天光。山河幻影障不得，秋毫歷歷洞八荒。大鵬凌摩九萬里，九萬里下俱莽蒼。彼哉坐井窺管者，鵶鶹夜撮搶揄枋。向來東極産素王，嘗登泰嶽俯下方。雙輪日月萬古照，盲者不識庸何傷。人人具此上下四方眼，請爲拂拭聖孫心鏡三十有三章。

郭司令歸壽母

及親三釜亦云樂，違親千里寧不惡。養志雖分孺慕癡，愛日宜逮春暉時。郭家弟兄好男兒，辭官歸來壽庭闈。慈顔歡笑引滿飲，幾年兒去今朝歸。

題東坡古木圖

當年眉山孕三蘇，曾聞眉山草木枯。長公拈筆作仙戲，老木槎枒動春意。信知造化在公手，一轉豪端活枯朽。此木一春一秋一千年，與公雄文峭字永久同流傳。

次韻楊司業

春夏華榮變衰歇，穨飈刮肌山露骨。騷人望秋悲泬寥，忽見小春梅蕊發。頓然喜氣排寒冬，不管天令嚴鈇鉞。古來蹈道如蹈水，與汨與齊偕出没。坐中白晝對羲皇，門外黄埃自城闕。只憐郭璞注蟲魚，或誤蔡謨啖蟚蠘。争似冥冥雲翼遠，静看滑滑霜蹄蹶。公桑十畝邇洙泗，我菊一區連楚越。懸知真樂在曲肱，到處扁舟堪散髪。我能振袂從公遊，分我南溪半風月。

題劉秘書贈劉德明字説後

劉仙校書天禄閣，宦情一似晴雲薄。三載歸來鬢漆黑，高談空中響雷雹。楊子江邊槐柳濃，散髮薰風小盤礴。笑傲月林清絶處，窗户重重啓關鑰。吾家先生此行窩，歸夢未須繞衡霍。枕中鴻寶我秘書，驚倒伊人得家學。贈言勗汝明德明，三百明珠光錯落。夜深持向月下讀，林外夔䝔千里却。不要青藜太乙燈，自有萬丈流輝照寥廓。

題羅漢過海圖

阿誰解衣盤礴贏，作此中乘第一果。等閑地獄駭屠沽，如許風波無不可。巨境彌天靈怪百，現前幻境元非我。騰踏逍遥容易去，只有虛空無障裹。般若岸，金剛山，超登只在霎時間。爲吾説與諸尊者，更有海門關外關。

奉還師授小藁

張家弟兄真真難，天才患多不患慳。好詩一百三十首，高人擬删不可删。聯篇累句採摘出，奚止窺豹見一斑。丹霞皓月浸秋水，青烟緑樹明春山。神情飄飄已天外，蹤跡落落猶人間。如何塵中著此客，問駒吾欲叩九關。

雪峰歌爲傅繼先作

廬山幾千仞嶙峨，上有五老仙人餐玉屑。玉屑多多餐不盡，抛撒漫空舞霏雪。幻成瀛海五神山，不假白銀作宫闕。玉清真境無色界，俯視人間俱蠓蠛。三冬玄玄獨皓皓，掩蓋群污同一潔。從渠下土訝高寒，美酒小兒夸煖熱。頗聞廬峰景萬變，麗日融春秋霽月。亦有烟霞雲雨風，唯有雪天最奇絶。君不見，西蜀雪山半年凝不化，豈識敏手神機弄詼譎。

又不見，東維箕尾百世留餘光，來此偷取五老仙人餐玉訣。雪中峰頂揖老仙，呵手一笑何年别。

壽劉承旨 并序

唯齋先生年登八袠，舊友[一]江西吴澄寄詩爲壽。

去歲公年七十九，我共群賢祝公壽。今年公壽八十齊，我已還家在江右。江右望公五千里，坐憩音容如尺咫。我公歷遍翰苑官，八袠堂堂老承旨。公家壽域極天峻，彌仰彌高世增累。公前我後許躋攀，梯級已成因舊壘。公今具足五福疇，我更期公百不憂。蟠桃豈待三千歲，夜夢僊娥薦石榴。

〔一〕友，原作「有」，據成化本改。

湖口阻風登江磯山觀濤

狂風吹人[一]渾欲倒，瑟瑟寒聲動秋草。捫蘿徑上磯頭山，萬頃江湖波浩渺。怒鱗雲鬣奔騰來，眩目快心千樣好。向曾觀海難爲觀，回首匡廬青未了。玄雲作帽深蒙頭，五老藏昂元不老。何時月夜水鏡净，漭蕩登虚納蒼昊。著我峰尖伴老人，生看海東紅日杲。

輔夫人慶八十詩

任南夫人八十歲，視明聽聰德温惠。子佐大梁丞相府，孫分千里諸侯寄。聯翩采服梅風暄，阿孫拜後子拜前。一時慶事實希有，此慶流衍端有先。任南公如朱絲絃，平反十九人不寃。高門車馬固餘事，福報泉湧來源源。宰屬瑚璉白玉堂，州君蘭茁初春芳。天然德

〔一〕人，原作「入」，據成化本改。

器家之寶，未論品秩袍笏光。太常序筆焕瓊玖，翰林李家詩老手。盛事喧喧閭里傳，傳之他日鄉青編。我曾有堂號三樂，人羡人誇難强學，如今回顧只潸然，畢竟蹄豚盃酒祝穰田多。公一門，母賢子賢孫又賢，賢德所萃天所憐。天所憐，慶綿綿，年年此日開壽筵，從今八十可至八百更八千。

題劍池驛樓詩舊日寶氣亭今撤而爲樓

雙龍飛去已千年，斗間紫氣夜黯然。却今往往來來客，坐閲朝朝暮暮船。天地與亭俱傳舍，舊毁新成更代謝。舊亭不見見新樓，新樓誰作今州侯。州侯温温廊廟姿，三年涖政民不威。政成遺惠及賓旅，又與江山發新趣。昔舊今新新復舊，劉郎去後何人冑。樓新樓舊謾勞心，江光山色只如今。著我憑闌觀水逝，遊目兩間尋寶氣。猗嗟世上無張雷，有鋏莫彈歸去來。

題女真調馬圖

此是女真調馬圖，百年盛氣豪中區。後來更有精强者，覽圖撫事增嘻吁。上古神龍負圖出，豈必驅除須此物。誰其却之服糞車，欲畫此時無此筆。

次韻蘭谷東寄

子行過此不少屬，翩然一葉東下舟。聞之追及鄧林觀，望極黄洲洲外洲。觀邊得憩皮氏館，出子詩句談因由。五峰新月曲如鈎，同觀有客可人不。早還赴我避暑約，約到仰山山頂頭。

次韻玉清避暑二首

壥西水北有佳處，五月六月泠泠風。移将上界清浄下，豈爲塵世熱惱同。若人睡厭黄琉璃，曉夢驚走紅守宫。起來忽忽動逸興，倒指疇昔閑過從。相邀采真無何境，嗒然熟視誰長雄。談邊了悟蟬脱殼，區中局促鳥在籠。盃行笑語各忘倦，西景徐射寶藏東。歸來賸帶煙霞馥，一眉初月浮高空。新詩追紀昨遊勝，泉思湧出清無窮。善觀慙我非季〔二〕子，世業早已荒壽夢。况加白雪不易和，欲待他日不匆匆。坐間政爾揮白羽，門外又報來青童。和篇兩地一時至，燦燦星斗羅璇穹。旋温鑊湯抽繭緒，陡覺平陸生奇峰。擬代移文謝幕府，且卷片玉還冰翁。

〔二〕季，四庫本、成化本皆作「李」，據元詩選改。

又

至人逍遥隘八極，九萬里外凌剛風。山林果佳亦可愛，隅于互答萬不同。
塵囂近市那得此，清泠幸有仙聖宫。炎天赤日汗如瀉，美人邀我閑遊從。
凉風颯颯披襟受，誰與宋玉論雌雄。飲酣頰厭斜照入，上訴〔一〕欲借輕雲籠。
晡時主客各散去，水南水北分西東。繞纏竟墮綺語業，轉頭未遣諸有空。
碧梧公子逞秀媚，紅蓮幕賓欺寒窮。小心肯甘示晉弱，大膽一噱吞楚夢。
綉段贈酬一至再，錦囊馳遞遽更匆。我才拆襪線苦短，如彼采木山已童。
倦鶴低摧合鳴喙，有時嘹亮聲振空。詩成滿意手自舞，漸覺黄點森眉峰。
數莖髭白撚未斷，覽鏡依舊皤然翁。

〔一〕訴，原作「訢」，據成化本改。

張道人開華蓋山路

我家紫玄洞天前，仰視天與山相連。羊腸詰曲石犖确，每欲飛上愁攀緣。道人可是堅願力，開闢大道坦坦然。一躋從此出世外，著我直透崑崙巔。浮游握手莞爾笑，與子別去何千年。

和王講師食官長吉州俸米飯長句

公不見，鄭老襟期人未知。杜陵野客道是真。吾師豈嫌官冷飯不足，令人傳播坎軻詩。又不見，王子求僊未當癡，餐松啖柏自可永不饑。得浮丘公接引去，吹笙大醉真絶奇。如何白須黧頰黄塵裏，閩山千里趨江湄。怪事怪事一怪之，有鉢誰爲先生持。先生莞爾笑余陋，天涯海角只此藤一枝。片雲孤鶴任飛去，雙轂雙履不要推挽不要提。逢人得醉且共醉，烏論行藏久速宜不宜。主人肯與飯一匙，可三千載不語離。吉州米價何足問，東廣等處皆當爲。吾發運，充度支，我笑先生太貪饞，何異啼叫索飯兒。假饒便便經笥作飯袋，舍衛大城千百十衆一食無猜疑。瀾翻三十二句偈，不肯割捨一飯恩愛將報誰，先生微笑面壁西。答云未可三十二相觀如來，吾言元非真語實語者，觀吾要在大寐不食無言時。

題柴氏悦親堂圖

柴宗貴戚昔嬋嫣，有后有帝已越三百年。柴氏孝行今延緣，有圖有詩又越三十年。貴戚幾時降爲庶，孝行百世芳猶傳。畫圖歌詩悉與草木腐〔二〕，惟有彝性不泯長終天。晚周何啻一千五百載，至今人慕參與騫。後來史書亦立孝行傳，柴家子孫孫子尚勉旃。

〔二〕畫，原作「與」；與，原作「畫」。據成化本改。

詩十二韻留别治書相公干轉呈中丞相公

昔年曾在京華見，此日江干重會面。天然粹美金玉相，學力逾深筆逾健。帝分清廟瑚璉器，往正南疆十司憲。敬從厥長猶父兄，協比乃僚等朋援。務存大體已嚴重，肯作小才須燿炫。沉思聖代設官意，普愛遐陬若畿甸。爲恐螟蝨害嘉穀，年年遣使巡行遍。龔黄卓魯不多得，期扇廉風滿州縣。云胡百川漲渾流，宋子齊姜亦倡賤。閭閻耳目駭視聞，何道能令習丕變。一時柏府俱正人，潛運化鈞速郵傳。外垣執法終夜明，北望紫微遥睠睠。

曾君希轍以道法遊諸方徵予賦詩

神僊方伎曾聞語，道術根源誰作古。静守元神非寂照，動驅祖氣因想取。認将平地是煙霞，變幻晴天忽雷雨。有符坐制物魅伏，勿藥立看民病愈。嗟我倜顓殊未解，多君狡獪能如許。侍宸靈素今遠矣，好往諸方鳴法鼓。

玉宵詩贈玉成教諭

玉宵山人通身酒，淋漓醉墨龍蛇走。偶然山邊行一匝，攬取雲煙十之九。如何止分山半截，不謂此山可全有。歸來小立象山巔，俯視群山俱培塿。

八駿圖

陰山鐵騎千千匹，雨鬣霜蹄神鬼出。風馳雲合暗中州，蹂盡東賓西餞日。豈皆騕褭與蜚黄，拓土開基功第一。忽於紙上見八駿，穆滿所乘最超逸。如今已死骨亦朽，漫向毫端想毛質。當時造御天上藝，僅到瑶池王母室。暮雪霏霏黄竹歌，日行三萬竟如何？逢時莫問才高下，只與論功孰少多。

題玉霄贈西山胡氏筆工

醉滕用筆晞顛張，醉餘得意非風狂。固知筆貴鋒中藏，胡家洪筆耐似杭。工書者聞吾未試，因是是之誰敢訾。一望茶坊酒肆中，壁上家家玉霄字。

贈寫真劉壽翁

黄洲橋邊倜儻人，號曰相山劉寫真。眼前名士描貌遍，亦及中林麋鹿身。生來自揆形相惡，赤準高顴面如削。武夷擢舟歌九曲，洛社深衣園獨樂。人言相似我言非，只合幼輿置巖壑。可憐筆墨誤點染，强使垂紳望臺閣。聖恩天廣覆群臣，百年勳閥長如新。誰將子上南薰殿，爲寫褒鄂光麒麟。

龜室并序

天久不雨，人家沼中水竭泥燥。見一龜朝夕避日，無可藏伏隱蔽之所，命童甃甓爲室以居之。

嗟汝至靈物，見汝亦可憐。曳尾污泥中，爆背枯池邊。朝晝暮夜露甲殼，勃窣蹣跚徉郭索。西徙東遷避炎熇，旋遶不停周四角。既無清冷之水可洗濯，又無虵蟺之穴可寄託。幸不遭豫且傷，不逢孔愉戕。我今命童奴，甃甓作爾居。非如楚相穿窟室，聊似豳公壘陶復。嘉汝不與雞鶩爭啄粟，嘉汝不與豺虎爭噉肉。日精月華自可實汝腹，何營何求自可安此屋。豈須蓮葉然後出遊息，豈必蓍叢然後入藏伏。慎勿輕易泄靈智，預人家國禍福事。將府汝以山藻之節棁，將襲汝以廟堂之巾笥。與其君王所寶榮且貴，孰若野人所坑辱且棄。嗟汝靈智誰可同，能與汝友惟神龍。偶然行雨淩太空，還當與汝相守壽等天地無終窮。

送里中星禽人往東廣省兄

蛟龍變莫測，虎豹文且威。昂然馬牛大，蕞爾蚓蝠微。是何區區者，而盡化化機。猿鶴沙蟲果類，應百千萬種未可幾。吾嘗問天天不語，惟見碧空夜夜流清暉。里中斯人傳秘妙，形形象象四面圍。所安林藪悉羅罩，洞視情性兼瘠肥。敢將物賤擬人貴，謂有百是無一非。擔頭擔術庾嶺去，廣蛇潛蟄江燕歸。難兄執筆司福禍，萬命懸寄一手揮。二十八禽休細辯，好在天際脊令鴻雁飛。

壽王講師

欲雪未雪雲黯黑，不知此日神僊謫。桃實今經幾度紅，梅花仍似當年白。厭向閩山食荔蕉，喜來江浦訪鸞簫。廣文客舍寒如許，自有春風長藥苗。

題米元暉山水

一水兩山間，水如練帶山如鬟。昔見江山似圖畫，今觀圖畫如江山。米家下筆亦等閑，盧家珍襲同瑶環。一朝身後落人手，又爲好者開歡顔。我家一幅廣長畫，朝夕對之如列班。有力莫能偷奪去，常青常白色不黯。若將此幅與論價，仇金何啻千千鍰。

送真楊師遠遊

黎君曾著祖生鞭，銜石欲把滄海填。風流雲散事已矣，何處韜藏三略篇。如今老去視顛顛，反耕築室治寸田。古來豪傑多神仙，佇看騎鶴凌紫烟。

如齋詩

五金同入大冶爐，洪纖厚薄各異模。孰高孰下孰脩短，孰爲不足孰有餘。浩劫變成只須臾，百年何事分戚愉。至人謂性不謂命，性惟一本命萬殊。君家畫出太極圖，誰知太極本來無。道有所如還不是，如如不動乃真如。

印千江月來軒

千江有水無人吸，江裏月來何處入。若浮水外入江來，水浸月輪應解濕。在天一月在江千，千月還同一月圓。水中月影元非月，無所從來月在天。

羅漢圖

四大假合成幻身，大地山河俱幻境。傀奇磥砢十六尊，得遇世尊爲摩頂。諸多伎倆近狡獪，雖未大乘亦機警。有能領取像外意，閉目超然發深省。畫人漫灑毫端墨，觀者只疑燈下影。慈尊長閔衆生癡，直到于今癡不醒。

贈畫史黄庸之

混溟誰是老畫師，幻出形相萬不齊。如梧如竹如桃李，如冰如雪如虹霓。堂堂人中廊廟器，淡淡物外江湖姿。獨予醜惡類蒙倛，執拗頗亦見頻頤。古來伊周匪易爲，老不用世免誚譏。黄工筆意神更奇，寫遍麟鳳到鹿麋。付與鄧林嘉客去，歸挂壁角儕鍾馗。豈能夜深吐怪犯牛斗，或者歲久化象乘尾箕。

自牧歌贈僧自牧

曾聞牧人處林下，擊鼓用兵先喪馬。又聞牧人穀與臧，讀書博塞俱亡羊。嗟爾牧人何所務，務在留心嘗管顧。吾師絛繩䋁定水牯牛，不容斜視略回頭。有時純熟鞭不動，來亦無擒去無縱。毛群齊足不亂行，人生自得兩相忘。大衆茫茫少閑暇，誰非喪馬忘羊者。

送時中内翰

氣燄龍光上衝斗，才謨牛刃新發硎。芳菲拾盡禿汀若，奇險楚屈號湘靈。曾聽姚程二公說，相期冬蟄轟雷霆。如何不留掌帝制，而使汎汎猶風萍。里矉不羞見者走，衆醜共媢孤娉婷。山玉崖珠豈終閟，鶡班螺甲姑自馨。皇心急士甚暍渴，識子會有天眼青。

送江州學録潘興祖

潘生年少醇美資，往往溢浦來語違。紛紛末學衒華辭，願汝實學培本基。慎獨畏天勿妄爲，交朋每事毋誑欺。狄侯曾作宰相師，汝可慕傚終身規。

贈楊山人

易言山下有火賁，冲暖温和生萬類。葬書暗與易意同，納人死骨乘生氣。苟得其術宜深秘，慎勿求人售富貴。各有正業惟四民，我食我衣方無愧。

李母慶九十

李翁八十壽考終，李母九十猶女工。耳聰目明四體健，禮賓奉祭饋必躬。大兒七十小半百，李門諸婿皆如龍。孫男有六曾孫五，才賢衮衮方興隆。誰能一家五福備，信知積厚報必豐。子貞學士爲予説，作詩聊續十五風。

題張郡侯慶壽

八十五歲張子野，强健風流老瀟洒。一百餘歲張北平，含嘻乳哺還孩嬰。人間大福無如壽，張家壽者時時有。清河郡侯家柏鄉，漢宋二張鴻雁行。只今八十又踰五，未來一百從今數。壽星光裏舞斕斑，兒孫玉雪翁朱顔。腰繫黄金身衣紫，焜赫天恩耀閭里。生封侯國天下榮，三尊備具身康寧。侯家積善已數世，顯親肇自殊科使。殊祥有志晞鶱舉，晨昏致養親歡愉。綺羅筵上開春酒，賓客駢闐祝公壽。喧傳盛事至京師，朝士人人爲賦詩。鋪舒世美誰椽筆，董相文章今第一。

過枯河

高堂出郭二舍近，午憇東陽安樂鎮。雙堤對峙似城墻，中坳一道如壕圳。驅車下坂抵坳行，低平盡處還復登。半坳一門字斗大，濱鹽滄鹽兩分界。不知此是古黄河，且行且顧心疑怪。前詢父老爲予言，河北山東此處分。濱隷河南滄隷北，河流已改界仍存。古河來自白馬渡，東過開州城下去。遂入滄河粤魯河，入海當年猶此處。自從六七十年來，南趨梁汴會于淮。河患古來兖州極，今日兖州河道塞。憶昔初通禹貢時，道元漁仲遍參稽。萬語千言俱紙上，親見親聞今指掌。振古黄河北道流，漸漸南移天地秋。今逕與淮同入海，北行無用濟河舟。世事古今大奇變，豈但蓬萊更清淺。他年欲續山海經，聊述此詩紀聞見。

題東坡載笠着屐圖

白鶴峰前井赤鱓，遠徙又化南溟鯤。城南白晝魑魅現，賴有東黎諸弟昆。腥鹹滿口無異語，似人斷意聊過門。竹刺藤梢歸路晚，濛濛霧雨天欲昏。御人不識臧紇聖，抖擻雨具相温存。天涯禹跛不到處，要使舊攆留新痕。荷笠俄成牧羊叟，誰憐海上屬國孫。襄童拍手接籬倒，庸犬驚吠扶桑暾。先生招怪每類此，白首幸免長鯨吞。何人爲作野老像，風流不減乘朱幡。謫來天仙墮塵網，化身千億難名論。我從像外得真相，神交心醉都忘言。

題牧牛圖

樹葉醉霜秋草萎，童驅觳觫涉淺溪。一牛先登舐犢背，犢毛濕濕猶未晞。一牛四蹄歸在水，引脰前望喜近隄。一牛兩脚初下水，尻高未舉後兩蹄。前牛已濟伺同隊，回身向後立不移。一牛將濟一未濟，直須并濟同時歸。此牛如人有恩義，人不如牛多有之。人不如牛多有之，笑問二童知不知？

卷九十九　韻語

臨江仙

九日，舟泊安慶城下，晚憩臨江水驛。于時月明風清，水共天碧，情景佳甚，與徐道川、方復齋、況肩吾、方清之，驛亭草酌。子文京侍，以「殊鄉又逢晚秋」分韻，得「殊」字，賦臨江仙。

去歲家山重九日，西風短帽蕭疏。如今景物幾曾殊，舒州城下月，未覺此身孤。
勝友二三成草草，只憐有酒無茱。江涵萬象碧霄虛，客星何處是，光彩近辰居。

謁金門　依韻和孤蟾四闋

如何喜。自喜自知可矣。天地與人同一理，世人知者幾。六十循環卦氣，歲歲二分二至。坎險何妨離附麗，共誰研底裏。

如何樂。見〔二〕孤蟾輪廓。莫道箇中難捉摸，細尋應會錯。斫桂吴生善謔，管甚高深廣博。記取嫦娥端的，約當空圓不落。

如何改。認得吾廬堪愛。虛敞玲瓏無障礙，主人常只在。得此非因賜賚，得此非因賭賽。占斷這些閑境界，僦來成永買。

〔二〕依韻，此處應不止一「見」字。

如何悟。静看風前雪絮。飄落晴光明媚處。易晞還似露。
大笑忽然回顧，日在天心幾度。八萬里中元不暮，往來經熟路。

渡江雲　揭浩齋送春

名園花正好，嬌紅殢白，百態競春粧。笑痕添酒暈，豐臉凝脂，誰與試鉛霜。詩朋酒伴，趁此日、流轉風光。儘夜遊、不妨秉燭，未覺是疏狂。
茫茫，一年一度，爛熳離披，似長江去浪。但要教、啼鶯語燕，不怨盧郎。問春春道何曾去，任蜂蝶、飛過東墻。君看取、年年潘令河陽。

木蘭花慢　和楊司業梨花

是誰家庭院，寒食後，好花稠。况墻外秋千，晝喧鳳管，夜燦星毬。蕭然獨醒騷客，只江蘺汀若當肴羞。冰玉相看一笑，今年三月皇州。

底須歌舞最高樓，興味儘悠悠。有白雪精神，春風顔貌，絶世英遊。從教對花無酒，這雙眉、應不惹閑愁。那更關西夫子，許來同醉香篘。

再用韻

正群芳開遍，花簇簇，蕊稠稠。看艷杏夭桃，蒸霞作糝，輥繡成毬。天然素肌仙質，對穠妝艷飾似含羞。癡絶京華倦客，貪春忘却南州。

似傳聞天上玉爲樓，此事付悠悠。且白晝風前，黄昏月下，爛熳同遊。神凝藐姑冰雪，又何須、一醉解千愁。自有壺中勝賞，釀來玉液新篘。

三用韻

好風流詩老，雙鬢上，雪霜稠。憶少壯歡娛，呼鷹逐兔，走馬飛毬。春風斷腸柔唱，拚千金一笑破嬌羞。此日花時意氣，當年夢裏揚州。

對客床百尺卧危樓，往事總悠悠。把湖海人豪，消磨變换，洙泗天遊。應知裂麻司業，爲前時、諫舌頗多愁。去今却堪痛飲，甕頭有酒頻篘。

四用韻

看風花煙柳，濃又淡，少還稠。有小巧微蟲，垂天布網，轉地搏毬。冲融一般春意，只啼鶯語燕向人羞。收取塵間樂事，都歸杓裏舒州。

下綺筵珍饌醉青樓，光景信悠悠。柰蜹隊蝦群，空中聚散，水上浮遊。誰知太和真趣，本無愁、何用更澆愁。問字頻來未已，漉巾不要親篘。

水調歌頭

四垂雲晻曖，一夏雨溟濛。千奇百怪驚人，海蜃眩青紅。誰道穀城黄石，混迹長安紫陌，九萬里培風。静夜歘澄霽，皎月麗中天。人問今年，年幾許，尚童蒙。憨癡自笑，能裨造化竟何功。豈意京華倦客，忽得蓬萊妙唱，流響韻商宫。此去兩神劍，終久會雌雄。

卷一百　韻語

楚語　雜題

約離騷

靈宗嬋嫣諜高陽，箳路籃縷啓南荒。祖瑕食屈奕葉光，蹇予初服雜衆芳。蕙纕蘭佩芙蓉裳，忍令遺棄官道傍。靈脩收拾充幃囊，先後皇輿驟康莊。好姱佳麗蛾眉揚，衆妬謡該言如簧。牛女中道成參商，所天不二何可忘。中腸踴躍如沸湯，抆淚哀吟寤后皇。下凍羿澆桀紂亡，上述三后躋虞唐。雲旗龍駕環四方，終然臨睨悲舊鄉。浮雲蔽日夜未央，終不見天老人狂。貞臣一變宗國疆，登天有夢魂無抗。國事顛倒衡人張，絶齊婚媾親虎狼。秦闗月冷空傍徨，輿尸東歸涕泗滂。天未絶楚郢有王，寢苫枕戈膽可嘗。不幸言中臣罪當，天乎何辜竄江湘。君恩已矣無復望，繾綣惻怛臣所臧。九歌天問繼九章，求僊問卜歌滄浪。讒人壅君恨不彰，臨絶之音轉琅琅。一經六傳相頡頏，至今光燄亘天長。爲千萬世扶三綱，比經風雅伯仲行。九十四章三百七十有六句，言言壹爲靈脩故。後世不知原所愬，祇把離騷等詞賦。模擬逼真誰得似，玄翁胸中富奇字，赫赫官稱亦大夫，大夫還反楚三閭。三閭當日沉湘意，臣僕於人不如死。魚腹清魂招不回，悠悠千古何人哉！一死一生同一哀，晉士一篇歸去來。

泗濱四章 并序

泗濱，美善長也。善長蓋氏，而居泗之濱焉。

泗之濱兮結屋，樹蒼蒼兮波緑。挹其清兮可沐首，雖俛兮心不覆。杲杲兮東旭，晞予髪兮陽之谷。就其深兮可浴，澡予身兮濯予足。如垢凈兮莫予敢黷，白皓皓兮人如玉。

泗之濱兮出遊，蔭喬木兮頫清流。顒顒魚泳兮，鳥哢幽幽；風輕雲淡兮，晝景悠悠。

馬騑騑兮轡柔，蹇予省兮松楸。野老争席兮竟日綢繆，解后蕕人兮猶不忘乎諏謀騤。天衢兮策驊騮，胡於此兮淹留？

泗之源兮縈紆，經魯阜兮派南洙。合流兮舒舒，借微潤兮澤萬世而有餘。沛歌大風兮，惟覇之符；彭城恃力兮，子羽噫嗚。二雄陳迹兮俛仰已无，湯湯自如兮襟帶揚徐。濁河横潰兮不與同污，非清沂清淮兮誰與爲徒？

泗之流兮沕潏，逝如斯兮夜繼日。風帆兮迅疾，千里尋常兮，往來忽欻。屈折而東兮，奚固奚必？沈浮任物兮，齊出汨入。滔滔兮汨汨，積小成大兮不遺纖悉。彌遠彌多兮，靡殫靡畢；終然到海兮，會萬川爲一。

楚歌五首勸潭士歸鄉

潦徑兮篁叢，露沾衣兮翳夫蒿蓬。塊獨立兮山中，蹇何人兮忽予從。袖在兮懷蓀，闕其馨兮鯳不得聞。翦紙兮招離魂，坐三沐兮三熏。

鬖髿兮尾瑣，影隨形兮我我。中渴饑兮焦火夢，西江以供吸兮沙飯顆顆。

又

湘水兮沄沄，莽千里兮九疑之雲。朝朝暮暮兮晴復雨，十年不見兮我心苦。湘竹兮脩脩，淚痕雖乾兮滑欲流。天寒歲暮兮之子無裯，君胡爲兮此淹留？

題蘆雁飛鳴宿食圖

敗蘆兮蕭蕭，肅肅兮聱聱。驚夜兮泬寥，爲一飽兮辱泥滓以劬勞。鴻冥冥兮九霄，侶大鵬兮逍遥。

楚語贈歐陽尚古

歐陽尚古將遊孔林，遂游京師。壯哉，斯遊也！吾聞君子之愛人以德，不以姑息，於是作楚語招之。其辭曰：

嗟嗟！子之爲斯遊兮，余一不知其何求。工居肆以締造兮，農服勤乎畎疇。買宅市以貿遷兮，商致遠乎車舟。緊淳古之安土樂俗兮，行惘惘而靡由。雖中世之賢能兮，長治亦不出乎鄉州。逮春秋戰國兮，孔孟皇皇而周流。蓋聖哲之不得已兮，庶幾民病之速瘳。彼儀秦妾婦以希合兮，大丈夫之所羞。六一公之違墳墓兮，寓於隨而藏脩。竟薦書以策名兮，不聞未仕而遨遊。今聖代之隆盛兮，多士咸蒙其庇庥。勵行業於家庭兮，欻焱舉而雲浮。縣里選而天府兮，脱民伍而贊皇猷。又奚僕僕於道路兮，囁囁於王侯？惟孔道之昺陽兮，若大明之燭幽。瞻前後而無不在兮，豈在乎堂防之一抔？子有太平十二策兮，姑待對於宸旒。抱璞而自獻兮，仲淹未免乎愆尤。歸來歸來兮，息藝圃以優優。異時快意觀光兮，固異乎今日之羈愁。歸來歸來兮，馴猿放鶴聊淹留。辭曰：秋風兮娲娲，莽汀洲兮蘋蓼，于何之兮天渺渺。珠在淵兮月皎皎，寔鴻萬里兮，俟子雲表。

雜題

題鄭印心龍頭

冬而沉冥，夫孰測其頭角峥嶸也？春而奮興，又孰測其雷雨發生也？時止時行，初真後亨。吁嗟！客鄉善得其情。

題况生手卷

欲渡未渡兮，岸側夷猶之舟；欲到未到兮，雲中縹緲之樓。何時天風泠然臂兩翼，瞬息飛步過十州。

跋牧樵子草蟲

維野有牧，見彼于于；維山有樵，見彼嘤嘤。子豈樵夫？子豈牧豎？子何見聞，深解蟲趣？

牧樵子言：「此論未然。聞聞見見，得者淺淺。維蟲能天，天固在我。非牧非樵，亦何不可！」

跋虎溪三笑圖

一谿不過，限隔爾我。偶接高人，容易打破。六眼相視，大笑呵呵。法界無邊，吾師知麽？

悟者。

題王氏洗經圖

净洗净洗，莫留一字。并將故紙，撇在水裏。空手歸來，無可執把。如是如是，是了悟者。

題東溪周氏畫魚

得所得所，鄭相可欺。樂也樂也，蒙叟安知？畫好畫好，一點千癡。

題子昂竹石

匪竹匪石，伊松伊雪。作如是觀，奇絶奇絶。

題馬圖

頫首蹯蹄，昂首欲起。誰其御之，一日千里。

題牧樵子草蟲

入機出機，走草飛草。真假俱幻，玄造玄造。

跋草蟲

嘤嘤趯趯，蠢蠢蝡蝡。誰之所爲？自然而然。

跋一犁春雨圖

聽人使唤，依理耕種。稼穡休犯，見草休動。

跋牧牛圖

齁齁鈎鈎，這般頑牛。把鼻拽轉，尚不擡頭。

題飛鳴宿食四雁圖

前者東，後者西。好兄弟，胡相違？

天宇高，陰風號。儘嗸嗸，誰汝勞？

水深深，夜沉沉。無人舉火蘆荻林。
湖澤卑，菰稻肥。何事春來又北歸？

宋徽宗二鵲圖

帝皇之世，巢可俯窺？萬機餘暇，及此玄微。
昔觀二鶴，今覩二鵲。筆意如生，撫卷淚落。

題劉壽翁爲予寫真 見家藏遺像墨蹟

里人劉壽翁爲予寫真，見之者咸曰：「此朱夫子像也。」其有若之似與？抑陽虎之似與？予爲此思。識者鑒焉。草廬六十翁始生之日題。

自警二首 前丙寅十八歲作

氣昏嗜卧害非輕，才到更初困倦生。必有事焉常恐恐，直教心要强惺惺。縱當意思沉如醉，打起精神坐到明。著此一鞭能勇猛，做何事業不能成。

又

元來一片虚靈府，埋没經年滓穢場。不特通時多走逸，覺於静處亦飛揚。晝間常被事牽引，夜後猶如夢擾攘。唤起主人翁警省，自家三徑不容荒。

題閤皂山

漢吴仙跡兩峰齊，欲拾瑶花路恐迷。寶殿青紅疑地湧，林巒蒼翠接天低。九重香案分雲篆，八景琅函記玉題。仙鶴翔空清似水，步虚聲在朵梅西。

題蘇李泣别圖

節旄盡矣自須存，此日生還侍主恩。策杖謾循椎結泣，平陵有子廣無孫。

送陳小庭之廬山

匡廬幾千仞崔嵬，上有天仙相往來。我欲遊之未遐遠，君今往矣何時回。我遊我意亦無佗，君遊君意還如何。豈爲昔人詩句好，豈爲其間僧舍多。天地升在最高頂，谷簾界天直下懸銀河。我觀此水注湖注東注入海，復隨海日騰湧上天偏飛洒〔一〕。浩浩蕩蕩無塵界，萬生活動增恣態。流無轉窮萬萬載更萬萬載，匡廬山不改。

〔一〕「洒」下原衍一「飛」字，以意删。

晦庵畫像贊

義理密微，蠶絲牛尾。心胸恢廓，海闊天高。豪杰之才，聖賢之學。景星慶雲，泰山喬岳。

寧可無頃

風吹枯木不摇，水激方輪不動。畢竟有木有輪，惹起風號水湧。雖如泡影露電，也被眼根覷見。諸有都歸變壞，萬劫一空長在。

（已上自自警二章起至此，見風雅集，今增入。）

贈術者自言能通皇極經世訣 戊辰五月

六合之外大無方，一氣所到何渺茫。浮陽運轉無停止，濁滓凝結留中央。
不用安排理自然，能知其理爲知天。區區象數特糠粃，屑屑推占心愈偏。
偉哉邵子蓋世英，天光宇泰何靈明。南禽聲裏知人事，枯樹枝頭識物情。
天地中間物幾般，古今來往事多端。玲瓏樓閣虛空裏，八達四通皆洞觀。
世人膠漆盆中錮，趍亦趍兮步亦步。未得逍遥林下心，焉能默會環中數。
風角鳥占世不少，凡是術家皆可了。觀海迺令河伯嘆，登岱始知中山小。
嗟予用工在格致，觀書亦嘗到經世。窺天豈不見分毫，對人何敢談容易。
如君幾載江湖客，自道有傳并有得。臨别聊陳我一言，熟玩之餘細消息。

贈金工新學篆刻 癸酉六月

赤幘白衣逞妖媚，工倕驅歸宋無忌。鍊骨範形鎸鑿奇，花葉龍蛇有生意。靈心巧智隨機轉，鼎足釵頭得新製。棗刻逼真瘦與肥，朱絲屈盤鬬神麗。姓名千里一封書，萬口沫流天上藝。他年鑄就左顧黽，倩生爲剔全窠字。

宜黄友人遠遊不反因其投贈用韻招之 乙亥七月

君平歸來鳳山巔，明月清風相欵延。窮冬笙簫響松檜，盛夏霜雪飛湍泉。步屧春躋赤松嶺，挐舟秋泛黄華川。賓朋過從亦足樂，談王説霸浩無邊。詩思發來把酒沃，睡魔寇我呼茶煎。人生窮達固有定，富貴不在人着鞭。袍笏堆床錢滿屋，一身以外皆可捐。從來肉食多肉眼，千古英雄苦叫天。能除種種貪癡相，是即生生自在仙。出門一步便荆棘，歸家四壁黱霞煙。山高水深橋梁絶，猨左狨右虎豹前。投刺謁人困細字，上書獻策費長箋。君不見長安富兒羅葷羶，十日一炊稱世賢。又不見朱輪華轂諸王宅，子雲默默守太玄。歸乎歸乎盍歸乎，毋上九關兮入雷淵。

贈術者 丙子二月

金精山人李方叔，到處山頭曾印足。季袁術數景純書，許巫識鑒君平卜。談天三寸舌瀾翻，相地一雙眸歷睩。我欲從君問占筭，已拚前程任伸縮。我欲倩君看骨骼，生出世來知碌碌。搜求天下佳山水，又怕兒孫不禁福。布裙掛破芒鞋穿，山靈秘護迷人目。與君且飲數盃酒，寄傲荒村老茅屋。日月無光天地黑，微軀何翅太倉粟。臂插雙翎背負雲，側身北望吞聲哭。君不見，古來隧道獸蹄腥，空塚茫茫春草緑。

和桃源行效何判縣鍾作

冀州以北犍蹄馬，一旦群嘶廬藿下。睢陽不遇雙貂公，總是開關迎拜者。燎原燄燄春復春，不惟捧水惟益薪。海門浪沸會稽坼，血淚交流草莽臣。舉首日邊遠與近，不知官守何人問。仲連未即蹈東海，元亮至今尚東晉。桃源深處無腥塵，依然平日舊衣巾。擬學漁郎棹舟入，韓良寧忍終忘秦。

懷黄縣丞申時避亂寓華蓋山丁丑四月

丞君丞君天一所，十日不共床頭語。粤從天紀涣散來，大半英雄化兒女。舉世張頤啖糞壤，君獨吐之不肯茹。舉世眯目蒙埃塵，君獨去之不肯處。大鵬垂翅何人憐，神龍失水癡獺侮。當道林林立虎豺，深山處處多蛇鼠。

不堪嘯聚没復出，近來眠食問幾阻。奔逃無間天陰晴，腹背浴汗頭沐雨。心如清水到底潔，身寄白雲深虚住。伯夷叔齊上追蹤。浮丘王喬兩爲侣。洞巖殷殷生風雷，仙館沉沉鎖烟霧。山蔬可羡買米炊，何須更學農與圃。有兒讀書紹家風，有客清談忘世務。我自遠來亦云樂，尋又别去徒延佇。二親定省不可曠，安得終歲矻矻萬仞岡頭論今古。

忍卦

忍刃上心下，元亨。初吝。終吉。悔亡。利君子貞。不利小丈夫。象曰：忍，剛發乎内，柔制乎外；小有所抑，大有所益也。象曰：心上有利刃。忍，君子以含容成德。初一：必有忍，其乃有濟。象曰：能忍其性，事克濟也。次二：小不忍則亂大謀。象曰：小不克忍成，大亂也。次三：一朝之忿，忘其身，以及其親。象曰：一朝之忿，至易忍也。忘身及親，禍孰大也？次四：出於胯下，以成漢功。韓信以之。象曰：胯下之辱，小辱也；成漢之功，大功也。次五：張公藝九世同居，書一「忍」字以對天子。象曰：同居之義，忍克致也；積而九世，有容德也。上六：血氣方剛，戒之在鬬。象曰：方剛之氣，忍則滅也；形而爲鬬，自求禍也。

送樂希魯之高安征官見樂氏家藏墨蹟

馬首向高安，駝裘耐苦寒。聖師曾委吏，賢相亦征官。初筮寧辭賤，脩程此發端。塵中吟不費，有句寄來看。

自贊畫像

峩峩玄冠，肅肅玄端。人今服古，貌醜神完。秋霜面目，春陽肺肝。少也弗秉耕莘之耒，老而弗持釣渭之竿。徜徉烟霞泉石之間，悠然而有餘歡。其自適於樂水樂山者歟？

一吾山人自贊。

又

身形瘦削，春林獨鶴；眼睛閃瞭，秋霄一鶚。遠絶塵滓，大同寥廓。自鳴自和，自歌自樂。以爾蕞爾之軀，誰謂充滿六合而有餘？以爾熒然之目，誰謂周流萬古而不足？舒舒其居也，于于其趨也。其山林樵牧者乎？野之耕築者乎？

補編

臨川草廬吴先生道學基統

學基

〇君子終日乾乾，夕惕若。

〇君子以自强不息。

〇君子無終食之間違仁，造次必如是，顛沛必如是。

〇非禮勿視，非禮勿聽，非禮勿言，非禮勿動。

〇出門如見大賓，使民如承大祭。

〇居處恭，執事敬，與人忠。

〇言忠信，行篤敬。立，則見其參于前；在與，則見其倚于衡。

〇道也者，不可須臾離也，可離，非道也。是故君子戒慎乎其所不睹，恐懼乎其所不聞。莫見乎隱，莫顯乎微，故君子慎其獨也。

〇毋不敬，儼若思，安定辭。

〇坐如尸，立如齊。

〇莊敬日强，安肆日偷。

〇致禮以治躬則莊敬，莊敬則嚴威。外貌斯須不莊不敬，而易慢之心入之矣。

〇姦聲亂色，不留聰明；淫樂慝禮，不接心術；惰慢邪辟之氣不設於身體，使耳目鼻口心知百體皆由順正以行其義。

〇禮也者，所以固人肌膚之會、筋骸之束也。

〇清明在躬，志氣如神。

〇持其志，無暴其氣。

〇養心莫善於寡欲。其爲人也寡欲，雖有不存焉者，寡矣。

〇苟得其養，無物不長。操則存，舍則亡。出入無時，莫知其鄉，惟心之謂與？

○學問之道無它，求其放心而已矣。

○耳目之官不思，而蔽於物，物交物，則引之而已矣。心之官則思，思則得之，不思則不得也。此天之所與我者。先立乎其大者，則其小者弗能奪也。

右前二十則，易二，論語五，中庸一，禮七，孟子五。

○一者無欲也，無欲則静虚動直。

○動而無動，静而無静。

○定之以中正仁義而主静。

○定性者，動亦定，静亦定。

○静後，見萬物自然皆有春意。

○敬則自虚静。

○有主則虚。

○敬勝百邪。

○有主則實。

○外物不接，内欲不萌。

○若要做得心主定，惟是止於事。

○心要在腔子里。

○整齊嚴肅，則心便一。

○主一之謂敬，無適之謂一。

○一於恭敬，則天地自位，萬物自育。此體信達順之道，聰明睿智皆由此出。

○定，然後始有光明。

○心清時，視明聽聰，四體不待羈束而自然恭謹。

○常惺惺。

○其心收斂，不容一物。

○正其衣冠，尊其瞻視。潛心以居，對越上帝。足容必重，手容必恭。擇地而蹈，折旋蟻封。出門如賓，承事如祭。戰戰兢兢，罔敢或易。守口如瓶，防意如城。洞洞屬屬，罔敢或輕。不東以西，不南以北。當事而存，靡他其適。弗貳以二，弗參以三。惟精惟一，萬變是監。從事于斯，是曰持敬。動静無違，表裏交正。須臾有間，私欲萬端。不火而熱，不冰而寒。毫釐有差，天壤易處。三綱既淪，九法亦斁。於乎！小子，念哉敬哉。

右后二十則，周子三，程子十二，張子二，謝先生一，尹先生一，朱先生一。

學統

易

書

詩

禮：儀禮傳逸經、周官、大戴禮、小戴禮

春秋：左氏傳、公羊傳、穀梁傳

論語

孝經

大學

中庸

孟子

右本言十

邵子

周子

張子

程子

右幹言四

國語

戰國策

史記（漢書附）

老子

莊子

孫子（八陣圖附）

楚詞（後語附）

太玄（潛虛附）

右支言八

陰陽大論

内經（素問、靈樞）

八十一難經

傷寒論

周易參同契

葬書

右末言六

教法

一曰經學

易

注疏、伊川、晦庵（項平庵、蔡節齋附）

以上凡三家，各以一家爲主，而旁通諸家。他經倣此。

書

注疏、東坡、晦庵（林少穎、蔡九峰、吴才老附）

以上凡三家。

詩

注疏、歐陽本義、晦庵集傳（蘇黄門解、吕東萊讀詩記附）

以上凡三家。

儀禮

注疏、晦庵經傳（通釋附）

以上凡二家。

周禮

注疏、王東岩訂義（易芾、鄭諤附）

以上凡二家。

禮記

注疏、衛氏集

以上凡二家。

春秋

注疏、啖趙纂例、程胡二先生解（劉氏意林、孫泰山、高抑崇、吕大圭五論、吕東萊、張主一集傳、止齋後傳附）

以上凡三家。

二傳

注疏、劉氏權衡（陳止齋章旨附）

以上凡二家。

右諸經專一經，每經各專一家，亦須熟讀經文注文，旁通諸家講説，義理度數明白分曉。凡治經者，皆要兼通小學書及四書。

二曰行實

孝：在家孝於父母

弟：在家弟於兄，在外弟於長

睦：和於宗族

婣：和於外姓之親

任：厚於朋友

恤：仁於鄉黨以及衆人

三曰文藝

古文

詩

四曰治事

選舉

食貨

禮儀

樂律

筭法

吏文

星歷

水利

各依所習，讀通典、刑統、筭经諸書。

是爲擬定教法。

前件系以程明道學校奏疏、胡安定大學教法、朱文公學校貢舉私議三者參酌去取。

臨川吳文正公外集　卷一

私録綱領

私録者，吳澄私自録其平日所作也。澄自爲學以來，凡有所得，則必識之，以備遺忘；凡有所失，則必箴之，以示懲創；凡有所感，亦必隨寓而爲之辭，以寫警戒，蓋皆出於心之自然，而觸於機之不容已者，而非有意於作也。舊嘗集而爲録，一依所作之先後而爲之次。其見固多未定之見，其言亦多有病之言，皆不暇銓擇，蓋欲使他日觀之，因得以考所得之先後、驗所學之淺深。今復間以一二著述附焉，以類相從，分爲四集，此可以續筆于其末。嗚呼！是録之成集，四五年矣，欲焚之，則有所不忍，姑存其編，而私貯之箱篋。出以示人，亦或可以資識者之一笑。咸淳辛未，春三月十日癸酉序。

箴銘

勤箴

夏而不扇，冬而不爐。思則徹曉，得則疾書。我思古人，關、洛之儒。勤哉勤哉，毋替厥初。

謹箴

生而請事，動言聽視；死而知免，戰兢臨履。我思古人，洙、泗之子。謹之謹之，一如其始。

右勤、謹二箴，景定甲子歲作。予始讀朱子訓子帖，而得勤、謹二字，每常思之。竊謂：此二字，真持養之要經，爲學之先務也。勤則德性無所懈，問學無所倦；謹則宅心無所放，處事無所失。苟能依此二字行，則於聖賢之道庶乎其可至矣。遂取前所作二箴筆之方册，以常觀覽，於此而自省焉。咸淳乙丑，秋九月七日壬寅謹跋。

敬銘

維人之心，易於放逸。操存舍亡，或入或出。
敬之一字，其義精密。學者所當，服膺弗失。
收斂方寸，不容一物。如入靈祠，如奉軍律。
整齊嚴肅，端莊静一。戒謹恐懼，兢業戰栗。
如見大賓，罔敢輕率；如承大祭，罔敢慢忽。
視聽言動，非禮則勿；忠信傳習，省身者悉。
把捉於中，精神心術；檢束於外，形骸肌骨。
常令惺惺，又新日日。敢以此語，鏤于虚室。

右景定甲子歲作。程子曰：「入道莫如敬。」朱子曰：「敬者，一心之主宰，而萬事之本根也。」予始以爲聖賢千言萬語，勤、謹二字足以括之，故作勤、謹箴，以廣朱子訓子帖之意。後又以爲朱子勤、謹二字，敬之一字足以該之，故又爲敬銘，以續朱子敬齋箴之作云。咸淳乙丑，秋九月七日壬寅謹跋。

和銘

「和而不流」，訓在中庸。顔之愷悌，孔之温恭。孔顔往矣，孰繼遐蹤？卓彼先覺，元公淳公。元氣之會，淳德之鍾。瑞日祥雲，霽月光風。庭草不除，意思冲冲；天地生物，氣象融融。萬物静觀，境與天通；四時佳興，樂與人同。泯若圭角，春然心胸。如玉之潤，如酒之醲。睟面盎背，辭色雍容。待人接物，德量含洪。和粹之氣，涵養之功。敢以此語，佩于厥躬。

右景定甲子歲作。予舊作二銘，一曰存養心性，一曰涵養氣質。後覺命名之未當，故前既改存養心性之銘爲敬銘，今又改涵養氣質之銘爲和銘云。咸淳丙寅，冬十有一月二十有五日癸丑謹跋。

大哉，敬乎！至哉，和乎！其仁義之用、禮樂之本乎？敬近義，和近仁；敬爲禮，和爲樂。敬者，嚴肅齋莊之謂；和者，從容不迫之意。是故，敬則常惺惺地，而本心不放，外物莫干；和則活潑潑地，而天理春融，人欲净盡。

敬則如小程子之嚴厲，立尺雪者，凛如也；和則如大程子之渾厚，坐春風者，温如也。敬則如張子之氣質剛毅，德盛貌恭，肅如也；和則如周子之胸中洒落，光風霽月，盎如也。敬則如孟子之秋殺，而泰山巖巖，毅如也；和則如顏子之春生，而和風慶雲，藹如也。

吾讀敬銘，則使人心神收斂，百妄俱消，如在靈祠中，如立嚴師側，凄凄乎其似秋，而不自覺足之重、手之恭也；讀和銘，則使人心神怡曠，萬境俱融，有弄月吟風情，有傍花隨柳想，熙熙乎其似春，而不自知手之舞、足之蹈也。

范氏曰：「禮之體主於敬，而其用則以和爲貴。敬者，禮之所以立；和者，樂之所由生。」程子曰：「禮勝則離，故禮之用和爲貴；樂勝則流，故和而不以禮節之，亦不可行。」此言敬與和二者不可偏於一也。

然愚觀偏於敬而失之離者鮮，偏於和而失之流者多。蓋敬者必和，和者不必敬。借使偏於敬，而不能濟之以和，猶不失爲狷介；苟偏於和，而不能主之以敬，則必墮爲不恭。況乎未有敬有不能和者也，若和而不能敬者，則有之矣。程子謂敬則自然和樂，柳下惠聖於和，而孟子猶或以不恭病之。然則，敬勝則離，和勝則流，固也。然與其流也，寧離。矧未必果離邪？聖賢雅言敬，而罕言和，豈無意哉？學者儻專務於敬，而能敬焉，則雖不期於和，而自和矣。

故吾於二銘，以敬爲先，而和爲後，亦周子之禮先而樂後之意云。咸淳丁卯春正月庚戌總跋。

顔冉銘

我思古人，明發不寐。卓彼先覺，顔冉二子。

主一持敬，克己復禮。出門如賓，使民如祭。非禮勿言，非禮勿履；非禮勿聽，非禮勿視。蟬蜕人欲，春融天理。彼何人哉？晞之則是。斬絶自新，從今以始。自怨自艾，處仁遷義。指天爲誓，鏤心爲記。吾雖不敏，事斯語矣。

右咸淳己丑，冬十月二十四日己丑作。

理一箴

或問予天，予對曰理。陰陽五行，化生萬類。其用至神，然特氣爾。必先有理，而後有氣。蒼蒼蓋高，包含無際。其體至大，然特形只。形氣之凝，理實主是。無聲無臭，於禮不已。天之爲天，斯其爲至。分而言之，名則有異。乾其性情，天其形體。妙用曰神，主宰曰帝。

以其功用，曰神曰鬼。專而言之，曰理而已。大哉至哉！理之一言。
天以此理，位上爲天。物資以始，是謂乾元。地以此理，而位下焉。
物資以生，實承乎乾。人生其間，眇然有己。乃位乎中，而參天地。
惟其理一，所以如此。天地與人，理固一矣。人之與物，抑又豈二？
天地人物，萬殊一實。其分雖殊，其理則一。天地無情，純乎一真。
至誠不息，終古常新。曰天地人，理則惟鈞。或不相似，以人有身。
氣質不齊，私欲相因。惟聖無欲，與天地參。理渾然一，形肖而三。
下聖一等，于時保之。未能樂天，畏天之威。畏天伊何？無終食違。
及其至也，與聖同歸。一者謂誠，惟天惟聖。希聖之賢，主一持敬。
敬而戒懼，弗聞弗見。敬而謹獨，莫見莫顯；敬而窮理，則明乎善。
如臨如履，心常戰戰。一而無適，有失者鮮。如或不爾，禽獸不遠。
人物之初，理同一原。人靈於物，曷爲其然？形氣之禀，物得其偏。
是以於理，不通其全。人得其正，固非物比。全體貫通，性爲最貴。

最貴之中，又有不同。氣有清濁，質有美惡。曰聖賢愚，其品殊途。
濁者惡者，愚不肖也。其清其美，則爲賢知。得美之美，得清之清。
無過不及，純粹靈明。天理渾然，無所虧喪。斯爲聖人，至誠無妄。
聖性而安，賢學而行，愚而能學，雖愚必明。愚而不學，是自暴棄。
下愚不移，正此之謂。乾父坤母，民胞物與。四而實一，窮亘今古。
四者之内，物謂最賤。天地與人，則無少間。胡世之人，多間以私？
上不化贊，下甘物爲。上知下愚，學知困知。就人而論，亦分四歧。
理焉本一，人自爲四。下愚之人，蓋不足齒。困知可賢，聖可學能。
奈何爲人，不求踐形？理在兩間，一本殊分。散爲百行，别爲四端。
或謂之道，或謂之誠。千言萬語，一之異名。萬事萬物，胥此焉出。
理一之義，周遍詳密。理萬而一，心爲主宰；心一而萬，理之宗會。
在天曰理，在人曰心。理一曰實，心一曰欽。吾皇二年，歲在丙寅。
十有一月，壬子之辰，作理一箴，于以自克。無念爾祖，聿脩厥德。

自新銘

齒本白，一朝不潄，其污已積。面本白，一旦不頮，其垢已黑。體本白，一日不浴，其形已墨。齒雖污，潄之則即無；面雖垢，頮之則即不；體雖墨其形，浴之則瑩然如玉，潔且清。是知齒本無污，其污也，實自污；面本無垢，其垢也，實自取；體本潔且清，其形之墨也，實自成。齒本白，而我自污，誰之辜？面本白，而我自垢，誰之咎？體本白，而我自墨，誰之慝？幸而一朝潄其齒，白者復爾；一旦頮其面，白者復見；一日潔其體而浴，白者復如上。盍曰：向也，吾身白者已塵；今焉，澡雪舊染維新。而今而後，殆不可復。

士子守己，當如女子；文人治身，當如武人。女子居室，必無一毫點污。介然自守如此，是謂守己如女。武人殺敵，必須直前不顧。勇於自治如此，是謂治身如武。女不女易，所謂不有躬也；武不武傳，所謂我非夫者。身之白者渾全而未壞，貴常以不女之女爲戒；身之白者既壞而求全，謹無若不武之武人然。

自脩銘

養天性，治天情，正天官，盡天倫。奚而養？奚而治？奚而盡？未知之，則究之；既知之，則踐之。究者何？窮其理。踐者何？履其事。若何而爲仁義禮智之道？若何而爲喜怒哀懼愛惡之節？若何而爲耳目口鼻手足四肢之則？若何而爲君臣父子夫婦長幼朋友之常？探其所以然，求其所當然，是之謂窮其理。存之於心則如此，見之於事則如此，行之於身則又如此。内而施之於家則如此，外而推之於人則如此，大而楷之於天下則又如此。躬行之焉，力踐之焉，是之謂履其事。然則，其先如之何？曰立誠而居敬。

右二銘，咸淳丁卯，夏四月九日丙寅作。

消人欲銘

人欲之極，惟色與食。食能殞軀，色能傾國。

紾兄摟女，食色乃得。將紾將摟，不亦大惑！

必也謀道，必也好德。而勿謀食，而勿好色。飲食男女，大欲存焉。不爲欲流，乃可聖賢。我思古人，以理制欲。常戒以懼，猶謹其獨。賢賢易色，好善不足，何暇色躭，恣情悦目？食無求飽，志學惟篤，何暇食求，以拯口腹？如或不然，是人其天。貪淫蠱惑，有愧格言。好色是欲，德未見好；惡食是恥，未足議道。嗚呼食色，今其戒兹。戒之如何？剛以治之。

長天理銘

天理之至，惟仁與義。仁只在孝，義只在弟。苟孝於親，是能爲子；苟弟於兄，是能爲弟。能爲子弟，他不外是。此之不能，何況他事？

盡乎人倫，堯舜爲至。然其爲道，孝弟而已。知斯二者，即所謂知；節斯二者，即所謂禮。實有二者，即信之謂。安行二者，樂則生矣。五常百行，不離斯二。窮神知化，亦由此始。如或不然，流入佛氏，名爲周遍，實外倫理。事親從兄，豈不甚易？人非不能，特不爲耳。嗚呼仁義，爲之由己。尚勉之哉！毋自暴棄。

右二銘，咸淳丁卯，夏四月二十一日戊寅作。

克己銘

去病非難，當拔其根。己私既克，天理復還。克他未得，但加裁抑。固不猖獗，終尚潛匿。克者伊何？譬如破敵。戰而勝之，是之謂克。

二者異情，學者當明。人欲如敵，入據吾城，
被吾戰勝，遠屏退聽，不敢復來，攻城犯命。
或敵在内，驅之城外，閉門固拒，控守要害。
雖不得入，禍胎猶在。守備一疏，又被攻壞。
一戰有功，敵自服從。區區固守，敵敢力鬭。
一日克己，隨即復禮，天下歸仁，其效如此。
克伐怨欲，苟徒力制，而使不行，仁則猶未。
去惡之道，如農去草。既已芟夷，復藴崇之。
絶其本根，勿使能殖。善者信矣，無復蝨賊。
不能勝敵，其何能國？爲學亦然，其可弗力？
以士希賢，顔真準的，力到功深，優入聖域。

悔過銘

穆公悔過，爰作秦誓；武帝悔過，棄輪臺地。悔不可有，亦不可無。不可無也，其可長歟？悔雖可有，然不可再。是以君子，有過則改。不遠而復，乃可無悔。既悔而復，亦猶未害。悔而復悔，岌乎危殆。頻復之厲，大易有戒。思昔顔子，過而不貳。有一不善，未嘗復行；如得一善，拳拳服膺。纔知差失，便不更然。慊於己者，不再萌焉。思昔太甲，度以欲敗。其後三年，自怨自艾。處仁遷義，反躬引罪。卒爲賢君，克終厥德。推所從來，一悔之力。悔心之生，良心之萌。乘此憤悱，有大發啓。

當悔之餘，惟新是圖。朝雖爲跖，暮可爲虞。當悔之時，不圖改之，是乃自棄，小人之歸。

右二銘，咸淳丁卯，夏四月二十八日乙酉作。

五興 水 玉 泉 火 蒉稗

天理難瑩，人欲易勝。惟不知警，遂情其性。爰作五興，于以自省。時咸淳丁卯六月九日也。

始吾立乎溪湄，相彼水之清兮。湛乎其燭鬚眉，天光泓其明兮。彼癡兒兮，溷以沉兮，誠可悲兮。

右水

始吾陟乎崑西，相彼玉之色兮。粹乎其無一疵，瑩乎其甚白兮。涅以墨兮，白其黑兮。白其黑兮，良可惻兮。

右玉

相彼微泉，始涓涓兮。積而成淵，勢滔天兮。以汩汩兮，以没没兮。一滴之泉，不可忽也。如欲遏之，迨其方出兮。

右泉

彼火熒熒，一明星兮。煽而燎原，燗張天兮。不可邇兮，矧可止兮。一燼之微，不可欺也。如欲撲之，迨其微之時兮。

右火

一粒蓂稗，苗之害兮。曷其除之？維農夫兮。勿使能育兮，恐賊嘉穀兮。其除之兮，根尚宿兮；雖除之兮，害猶蓄兮。假以歲月，芃其生兮。稂吾之稌，莠吾秔兮。周任有言，必絶其本根兮。

右蕒稗

紀夢

詩不云乎？「敬天之怒，無敢戲豫。」又不云乎？「畏天之威，于時保之。」

天之有雷，動蕩九垓；擊無不摧，震無不頹。陰包陽外，陽奮陰内，相薄相軋，響聾醒聵。當春一轟，啓蟄發萌，土脉以酥，萬物以生。斷石碎鐵，巨木奄折。凡遭之者，罔不糜滅。起天之旁，將奮將揚。其聲鏜鏜，若尋若常。金蛇一掣，過眼一瞥，其聲烈烈，如破如裂。

其在於易，與風交激。雷風爲「恒」，風雷爲「益」。
與雹而同，曰「噬嗑」豐。「豫」出地奮，「復」在地中。
雲雷「屯」卦，雷雨作「解」，山上「小過」，澤上「歸妹」。
山下則「頤」，澤中則「隨」。天上「大壯」，天下「無妄」。
游而爲「震」，其威尤迅。震驚百里，驚遠惟邇。
大哉夫子！象傳示警。君子以之，恐懼脩省。
恐而戰戰，懼以兢兢。是以君子，雖夜必興。
謹脩其身，思省其過。是以君子，衣冠而坐，
心神念慮，無敢不敬。事爲舉措，無敢不正。
上帝臨汝，毋貳爾心。慄慄危懼，若隕于深。
彼天之怒，有時而舒；此心之敬，無時而渝。
彼天之威，有時而霽；此心之畏，無時而替。
維昨之夜，仲春之晦，于彼中宵，形諸夢寐。

目有所見，赫然電明；耳有所聞，劃然雷聲。
夢中自言，恐或有愆。天譴子也，亦儆予焉。
夢中自喜，欲圖勉勵。恍然而悟，庸默而識。
吾心即天，至靈至神。雷形諸夢，雷固非真。
所貴此心，隨觸隨覺。豈必真雷，而後愓若？
我問天君，如何則可？天君答曰：「嚴師事我。
凡汝一身，我實爲主。範我馳驅，轟以規矩；
以理制欲，以志帥氣。静而居仁，動而由義。
功深力到，全體渾涵。與聖人一，與天地參。」
予旦而起，筆之於紙。常寘于懷，自强不已。
咸淳四年，春三月朔，壬子之辰，此箴爰作。

矯輕銘

吾聞「君子不重不威」，立屹然而如山，坐凝然而如尸。足縮縮如狐之疑，手翼翼如翬斯飛。正其衣冠，尊其瞻視。欲言則如有鬼物捫其舌，其動則如有桎梏拘其體。毅然兮色不可犯，儼然兮人望而畏。將矯輕而爲重，如揉曲而爲直。變惡質以爲良，最不可以不力。能循是而學焉，可進進乎聖域。

警惰銘

漏下一滴間，天行幾萬里。一日而一周，無時暫停止。天以理賦物，人獨得其全。天特大於人，人特小於天。形有大小，理則一焉。天行不息，人所當體。日有孳孳，斃而後已。禹寸陰是惜，舜雞鳴而起。相大聖而且然，矧狂簡之小子。是必勵自强之志，變昏惰之氣。終日乾乾，夕猶愓厲。晝無息之敢閑，坐待旦而不寐。見進未見止，後生誠可畏。失今而不爲，忽覺老將至。

子在川上曰，「逝者如斯夫」。道體本若是，我心當何如？宰予晝寢，夫子深誅：朽木兮糞牆，何可以雕杇！勇猛奮躍而不已，造次顛沛之不渝，雖超賢而躡聖，亦豈俟乎改途！惰之不警，自棄也吁！

右二銘，咸淳戊辰，夏四月望日作。

訟惡箴

吾之一心，其德本完。養而無害，心廣體胖。少有間之，鼿卼不安。是以此心，閑之惟艱。大哉仁乎！人之安宅。伊欲求安，謹無戕賊。惟理是循，一私必克。纖欲尚留，安胡可得？所謂欲者，豈必在事！念慮微差，滔天私意。

天理至安，曠而弗居；人欲至危，甘遊其途。謂吾無知，思亦嘗至。知而復蹈，何如其知？謂吾無耻，心亦知愧。耻而復爲，何可謂義？嗟予小子，氣質污卑。用力於學，有年于兹。累月檢束，成之不足；失在斯須，壞之有餘。險哉人欲！匪不克灼。猶爲牽引，而不自覺。賊吾心德，害吾天樂。爰作此箴，以訟其惡。

右，咸淳戊辰，夏五月二十六日丙子午前作。

謹言動箴

吴澄作以自警也，因以告我友朋焉。

君子所重，惟言與動。凡言必敬，凡動必正。

謹言伊何？言必可師。辯事説理，讀書誦詩。
鄙俚之辭，褻慢之語，一出諸口，如茹糞土。
謹動伊何？動必可式。周規折矩，趨徐拱翼。
毋傲毋輕，毋惰毋側。雖在暗室，如對賓客。
非禮勿視，非禮勿言，夫子之學，顔子是傳。
容遠暴慢，辭遠鄙倍。曾子之學，敬字是誨。
大聖巨賢，惟此之謹。嗟予小子，其敢弗盡！
天資匪高，俗染彌深。不能自覺，以蕩其心。
江流滔滔，砥柱屹立。往不可追，來猶可及。
曰維兹辰，蓂朔更新。感時惕悔，痛省厥身。
辛未之春，三月初吉，爰作此箴，以自糾詰。
右十二章，章四句。

伯夷傳

伯夷、叔齊，孤竹君之二子也。父欲立叔齊，及父卒，叔齊讓伯夷。伯夷曰：「父命也。」遂逃去。叔齊亦不肯立而逃，國人立其中子。於是辟紂之亂，居北海之濱。聞西伯昌善養老，往歸焉。西伯卒，其子發嗣爲西伯。十有二年，東伐紂。伯夷、叔齊叩馬而諫，太公曰：「義人也。」扶而去之。發既勝殷而王天下，伯夷、叔齊耻之，義不食周粟，隱於首陽山，采薇而食，遂餓而死。

子貢問曰：「伯夷、叔齊，何人也？」子曰：「古之賢人也。」曰：「怨乎？」曰：「求仁而得仁，又何怨？」又曰：「伯夷、叔齊不念舊惡，怨是用希。」又曰：「伯夷、叔齊餓于首陽之下，民到于今稱之。」

孟子曰：「伯夷目不視惡色，耳不聽惡聲；非其君不事，非其友不友，非其民不使。治則進，亂則退。横政之所出，横民之所止，不忍居也。不立於惡人之朝，不與惡人言。立於惡人之朝，與惡人言，如以朝衣朝冠坐於塗炭。推惡惡之心，思與鄉人立，其冠不正，望望然去之，若將浼焉。是故，諸侯雖有善其辭命而至者，不受也。當紂之時，居北海之濱，以待天下之清也。故聞伯夷之風者，頑夫廉，懦夫有立志。」

韓子曰：「當殷之亡、周之興，微子，賢也，抱祭器而去之；武王、周公，聖也，從天下之賢士與天下之諸侯而往攻之，未聞有非之者也。彼伯夷、叔齊乃獨以爲不可。殷既滅矣，天下宗周，獨耻食其粟，餓死而不顧。夫豈有求而爲哉？信道篤而自知明也。」

澄聞之，曰：夷、齊讓國而逃，諫伐而餓，心安理順，君臣、父子、昆弟之倫得。二子者，其聖人之徒與！其聖人之徒與！聖人，人倫之至也，奮乎百世之上。百世之下，聞者莫不興起。夫子稱其無怨，余睹軼詩，異焉。太史公信之，何哉？予於是采傳中事實，而削其所可疑，附之以聖賢顯微闡幽之辭。若太史公語，則無取焉。天道一節，蓋出傷己憤世之私，雖非所以論夷、齊，而余之未能忘其不平，則古今同此慨也，故不以其言之不合道，而姑繫之篇末。

太史公曰：「『天道無親，常與善人』，若伯夷、叔齊，可謂善人者，非邪？積仁潔行如此，而餓死。且七十子之徒，仲尼獨薦顔淵爲好學，然回也屢空，糟糠不厭，而卒蚤夭。天之報施善人，其何如哉？盜蹠日殺不辜，膾人之肉，暴戾恣睢，聚黨數千人，横行天下，竟以壽終。是遵何德哉？此其尤大彰明較著者也。若至近世，操行不軌，專犯忌諱，而終身逸樂，富厚累世不絶。或擇地而蹈之，時然後出言，行不由徑，非公正不發憤，而遇禍災者，不可勝數也。余甚惑焉。儻所謂天道，是邪？非邪？」

春中讀太史公書，更定伯夷一傳，尋失其藁。恐遂遺忘，因録於此云。戊寅冬十月辛亥朔，吴澄記。

臨川吴文正公外集　卷二

雜識

一

或問性，愚曰：性者，天所付於我之理，純粹至善者也。是性也，張子所謂天地之性也；孟子所以言性善者，謂此也。曰：今世言人性善性惡、性緩性急、性昏性明、性剛性柔者，何也？曰：此氣質之性也。

蓋人之生也，天雖賦以是理，而人得之以爲仁義禮智之性。然是性也，實具於五臟内之所謂心者焉，故必付以是氣，而人得之以爲五臟百骸之身，然後，所謂性者有所寓也。是以，人之生也，禀氣有厚薄，而形體運動有肥瘠强弱之殊；禀氣有清濁，而材質知覺有愚知昏明之異。是則告子所謂生之謂性，而朱子謂其指人知覺運動爲性者是也。是性也，實氣也，故張子謂「氣質之性，君子有弗性者焉」；程子亦謂「有自幼而善，有自幼而惡，是氣稟有然也」，斯豈天地本然之性云乎哉？若論天地本然之性，則程子曰：「性即理也。」斯言盡之矣。荀、楊、韓子不知此理，皆指氣質以爲言，而各立一説，以與孟子競。

嗚呼！彼豈知孟子之所言視何者爲性而指性爲何物哉？至我朝歐陽公、司馬公、蘇氏、胡氏，皆一代大儒，而於此猶不察焉，他何足責！信矣夫！性之一字，非真有見於道體者，不能知也。噫！孟子而後，向微周、程、張、朱數夫子，性學其泯矣。景定甲子，秋九月甲戌朏，謹識。

二

戒謹乎其所不睹，恐懼乎其所不聞者，言常存敬畏，雖己所不睹、不聞，亦不敢忽也。吾未舉手足之時，目未見其動也，而已兢兢乎戒謹，惟恐其動而或不敬，不待徵於色而後喻也。吾未出辭氣之時，耳未聞其言也，而已業業乎恐懼，惟恐其言而或不信，不待發於聲而後喻也。故中庸首章既言此，而末章復引「不愧屋漏」之詩，而言曰「君子不動而敬，不言而信」，其義密哉！

三

「博學於文」者，窮理也；「約之以禮」者，居敬也。故曰：「持敬觀理，不可偏廢。」此之謂也。

四

博學者，讀書論人，處事觀物，無所不學。有一理不通、一事不能，非博也。蓋學之博，然後有以備事物之理，故能錯綜之，以有所疑而質諸問。審問者，難疑答問，丁寧反復，謹盡於問。若匆遽急迫，粗略鹵莽，非審也。蓋問之審，然後有以盡師友之情，故能講明之，以發其端，而反諸思。學於己，問於人，此二者，皆得於外者也。

苟徒從事於記誦口耳，而不能反之於心以驗其實，則是徒徇外夸多以爲人，而非反身窮理以爲己。亦將察之不精、信之不篤，而其所通之理、所能之事、所質之疑、所聞之訓，亦皆在外之物，而非自得於心者。故又必思索以精之，然後心與理一，融會貫通，而凡學之所得、問之所聞，皆我之所自得。然使其思也，或太多而不專，則亦泛濫而無益；或太深而不正，則又過苦而有傷。故思又不可不謹。

夫既已因其學問之所得，而謹思之，則有所自得，而可以施其辨；又因其思之所及者，而明辨之，乃無所疑惑，而可以見於行。辨者無他，即其所思而省察於念慮之微，决擇於事爲之著，剖判分别，其孰爲「天理」，孰爲「人欲」而已。然使其辨也，見或弗真，則差之毫釐，繆以千里，故辨又不可不明。夫既辨之明矣，則知得某爲「天理」當行，某爲「人欲」不當行，於是擇其當行者而行之。然使其行也，或自畫於半途，或功虧於一簣，則亦終不可至。故行之又不可以不篤。學問，得之於外者也；思辨，反之於心者也。所謂知至至之，可與幾也。行則以身履之而爲其事。所謂知終終之，可與存義也。此學、問、思、辨、行五者之序也。

五

朱子大學章句曰：「凡傳文雜引經傳，若無統紀，然文理接續，血脉貫通，深淺始終，至爲精密，熟讀詳味，久當見之，今不盡釋也。」觀朱子之意，引而不發，蓋欲使學者深思而自得之。竊嘗伏讀其書，深思其故，敢妄爲之説，俟咨之識者而考正焉。

首章，先言克明德，以明文王獨能明其明德，而衆人不能，則人之未能明其明德者，不可不求所以克明其明德也。然欲求所以克明其明德者，當如之何哉？蓋人之明德，即天所以與我之明命也。自天所付於人而言，則謂之命；自人所得於天而言，則謂之德，其實則一而已。然常人類爲氣禀物欲之所昏，而不察乎此，是以昏昧蔽塞，不能自明，至於梏其性，而忘之也。故欲求所以克明其明德者，必常自在乎天所以與我之明德而有察焉。則必能因其所發，而致其學問思辯推究之功；又能因其所明，而致其存養省察推行之實。則吾之明德亦得以充其本體之全，以無氣質物欲之累，而能明其大德，與堯無異矣。此所引康誥、太甲、帝典之書，皆自明明德之事也，故曰「皆自明也」。康誥言文王之獨能明其明德，發明明德之端也。太甲承上文，言欲求所以克明其德者，必常目在乎天所以與我之明德，示明明德之方也。帝典承上文，言能目在夫天所以與我之明德而明之，則是能如堯之克明其大德矣，著明明德之效也，而又結之曰此「皆自明之事也」。蓋自明者，所以自新，使民皆有以明其明德者，所以新民。然欲使民皆有以明其明德而新民，必先有以自明而自新，故以「自明」二字結上文明德之傳，而起下章盤銘自新之意也。

次章，首引盤銘之辭者，朱子謂人之有是德，猶其有是身；德之本明，猶其身之本潔；德之明而利欲昏之，猶身之潔而塵垢污之也。一旦存養省察之功，真有以去其前日利欲之昏，而日新焉，則亦猶其疏瀹澡雪，而有以去其前日塵垢之污也。然既新矣，而所以新之之功不繼，則利欲之交將復有如前日之昏；猶既潔矣，而所以潔之之功不繼，則塵垢之集，將復有如前日之污也。故必因其已新而日日新之，又日新之，使其存養省察之功無少間斷，則明德常明，而不復爲利欲之昏。亦如人之一日沐浴，又無日而不沐浴，使其疏瀹澡雪之功無少間斷，則身常潔清，而不復爲舊染之污也。昔成湯所以反之而至於聖者，正惟有得乎此。朱子所言，其旨明矣。蓋能如此，則明德常明，而所以自新者至矣。

能自新如此，然後可推己之自新者爲之標準，以齊家、治國、平天下，而振起作興其自新之民。既自新之至，而推以作興其自新之民，則是己德既新，而能推以新民，將見民德皆新，而天命亦與之俱新矣。故如周之有邦，自后稷以來千有餘年，至于文王，明德日新，能作興於上以新民，而民德亦新，故天命之以有天下。是其邦雖舊，而命則新也。蓋民之視效在君，故自新既至，則有以作興，而民德皆新。天之視聽在民，故若能作興而民德皆新，則天命之新亦隨之矣。此自新而新民之極效，一至於此。是故君子之於自新與新民，無所不用其極至之善，皆欲止於此，而惟恐有一毫之不盡而未至也。故曰「君子無所不用其極」。盤銘承上章，言自明者所以自新。而欲新民者，必先自新，如是發新民之端也。康誥承上文，言自新既至，則可推以作興自新之民，示新民之方也。文王詩承上文，言既能自新而推以新民，則民德皆新，而天命亦新，著新民之效也。此言能自新而新民者，有如此之極效，是豈薄德小善之所能哉？此君子之自新、新民所以必用其至極之善也。盤銘言自新，康誥言新民，文王詩自新新民之極也，極即至善之云也。用其極者，求其止於是之謂也。自新、新民，皆欲止於極至之善，故以「用其極」結上文自新、新民之義，而起下章所止之説也。

二章首言邦畿，乃民所居止。王者之畿，民皆廬居族處，而止息於此。所謂止者，居者不能外此而不即，固止於此也；行者亦不能舍此而不反，反必至於此而後止也。此即上章所謂極者之義。此言民之止居於邦畿，以明凡物莫不各有所止之處，而天下未有無所止者，豈以人之爲道而無所止之處哉？然此特汎言凡物各有所止之處，以明人道亦必有所止。而人之所止，又非汎然如民之止於邦圻而已也。是故鳥於欲止之時，猶知其當止之處，不汎然而止也，必擇夫丘隅岑蔚之處而止焉，豈以人爲萬物之靈，反不如鳥，而不知所當止之處乎？然則鳥猶知所當止之處，則人固當知所當止之處也。

而人所當止之處何在？昔者，文王則能生而知所當止者矣，故其一心天理渾然，常連續光明，無一不敬，而安然以止於其當止。人之未至於文王者，豈可不學而求知所當止之處哉？蓋人所居之位不同，則所止之善不一。是以凡人所當止之處，爲人君，則所止在於仁；爲人臣，則所止在於敬；爲人子，則所止在於孝；爲人父，則所止在於慈；與國人交，則所止在於信。其他日用常行、事事物物，莫不各有當然之則，是所謂當止之處也。此乃程子所謂義理精敬之極，有不可指名，故姑以至善目之者。朱子所謂必其有以盡夫天理之極，無一毫人欲之私。文王所以緝熙常敬，而安所止，亦不過此者。玆所謂至善，而人所當止之處在於此也。

然人固當止於此也，而所以求其止於此者，當如之何？必也講論誦習，以格物致知。而講於學者，如治骨角之既切以刀鋸，而復磋以鑢鍚，精而益求其精。省察克治，以誠意正心。而脩其身者，如治玉石之既琢以椎鑿，而復磨以沙石，密而益求其密。如是，則物格，知至，意誠，心正，身脩。而瑟僩恂慄之存乎中，所謂充實之謂美；赫喧威儀之著於外，所謂有光輝之謂大，睟面盎背皆其效驗，蓋有必至焉者。此其得於身之德如此其盛，止於理之善如此其至，則天下後世之民亦不能忘之矣。此蓋明明德，止於至善之極效，而足以新民者。朱子謂以明明德之得所止言之，而發新民之端是已。又繼此民不能忘之語而引詩曰：「嗚呼！前王之不可忘。」蓋其家齊國治而天下平，故能使其後世嗣王賢士仰其德業之盛，而賢其賢，思其撫育之恩；而親其親，使其後世小民野叟、含哺鼓腹，而樂其所以遺我之樂，耕田鑿井而利其所以遺我之利。此其所以既没世而其後世嗣王賢士、小夫野人思慕之而不能忘者，非前王盛德至善之餘澤使之而然乎？此蓋新民止於至善之極效，而本於明明德者。朱子謂以新民之得所止言之，而著明明德之效是已。

玄鳥詩泛言物各有所止，以起下文人當知所止之義；綿蠻詩承上文物各有所止之意，以明人當知所止之義，而起下文，實指人所當止者之説，此蓋發止於至善之端也。文王詩以下承上文人當知所當止之義，而實指人所當止之處。淇澳「切磋琢磨」承上文實指人所當止之處，而言求止於所當止者之由此，蓋示於至善之方也。「瑟僩」以下言明明德得止於至善之極驗，而發新民之端，烈文詩以下承上文民不能忘之説，而言新民得止於至善之極驗，以著明明德之效，此蓋極言止於至善之故也。淇澳一節「道學自脩」，包得格物致知，誠意、正心、脩身，故朱子以爲言明明德之所止；烈文一節「親賢樂利」，包得齊家、治國、平天下，故朱子以爲言新民之所止。夫既明明德止於至善，而恂慄威儀之效如此；新民止於至善，而親賢樂利之效又如此，則斯人也，以斯德也，臨斯民也，是其己德既明，自然有以大畏服民之心志，而使之去惡遷善以自新，故其聽訟雖無異於人，而自能使之無訟也。斯人也，可謂知本矣，言知以明德爲本，新民爲末，故但務明其明德而自足新民，與世之棄本而不知明其明德，乃區區於分争辯訟之末以新民者異矣。蓋上章淇澳以明明德之所止言之，而發新民之端者，是能明明德而後足以新民也，故此章言聖人己德既明，然後能使無實之人不敢盡其虛誕之辭，自然有以畏服民之心志，是以訟不待聽，自然無訟，而足以新民也。上章烈文以新民之所止言之，而著明明德之效者，是能新民者皆本於明明德也，故此章言聖人能使民德自新而無實也，人不敢盡其虛誕之辭，自然有以畏服其心志，是以訟不待聽而自無者，蓋本於能明其明德也，故朱子曰：「觀於此言，可以知本末之先後。」其由是觀之，則朱子所謂文理接續、血脉貫通、深淺始終至爲精密，豈不信哉！

六

朱子有言曰：「天理人欲，間不容髮。」自今以往，必使此心無一毫之蔽，此身無一毫之玷。舉措、施爲，無一之不敬；視聽、言動，無一之不正。不使天理有須臾之間，不使人欲有纖芥之留，夫然後神氣清明，義理昭著，自能尋向上去，所謂下學而上達，庶可以入於聖賢之域，而不至淪於禽獸之區也。嗚呼，戒之哉！念之哉！敬之哉！咸淳乙丑，秋八月五日庚午記。

七

子曰：「非其鬼而祭之，諂也。」朱子集注曰：「非其鬼，謂非其所當祭之鬼。諂，求媚也。」「見義不爲，無勇也。」朱子集注曰：「知而不爲，是無勇也。」

澄曰：非其鬼，謂非其祖考，所不當祭者也。義者，宜也，謂事理當然，所當爲者也。非所當祭而祭之，是祭所不當祭者；見其當爲而不爲，是不爲其所當爲者。不當祭而祭，求媚而已；當爲而不爲，其懦可知。一過，一不及也。夫子告樊遲曰：「務民之義，敬鬼神而遠之。」夫苟於鬼神知所遠，而於義知所務焉，庶乎其不至於祭所不當祭，而爲所不當爲也。

八

子曰：「吾猶及史之闕文也。有馬者借人乘之，今亡矣夫。」澄按：包氏舊説謂：

「古之良史於書字有疑則闕之，以待知者；有馬不能調良，則借人乘習之。孔子自謂及見其人如此，至今無有矣。」朱子集注所引楊氏之説，蓋亦祖此。是説蓋謂古人己有所不知，則以待乎後之知者；己有所不能，則以資於人之能者。能舍己以從人，不自欺而妄作也。夫子謂於昔猶及見之，今則世變日益下，人心日益薄，而亡此風俗矣。故有所不知，則穿鑿附會以求其通，而自謂之知，必不肯闕之以俟知者，而自處於不知也；有所不能，則勉强矯飾以護其短，而自謂之能，必不肯借人以資其能，而自處於不能也。故楊氏以爲悼時之益偷。然朱子既引楊氏之言，而復引胡氏之説，以爲此章義疑，不可强解，豈以楊氏祖包説爲未必當與？嘗聞一説云：「『有馬者借人乘之』七字，是史册之文，前後皆闕文，止有此七字，孔子自謂，昔者吾猶及見史册之闕文有七字，云『有馬者借人乘之』，今則并此七字而亡之矣。」謾記於此，未知是否也。

九

天地者，吾之父母也；父母者，吾之天地也。天即父，父即天。地即母，母即地。人事天地，當如事父母；子事父母，當如事天地。保者，持守此理而不敢違，賢人也；樂者，從容順理而自然中，聖人也。蓋是理，即天地之理，而天地，則吾之父母也。持守而不敢違吾父母之理，非子之翼敬者乎？從容而自然順吾父母之理，非孝子之極純者乎？不愛其親，而愛他人者，謂之悖德。天理者，父母所以與我者也，而乃違之，是不愛其親也。

賊仁者謂之賊。仁者，父母所以與我之心德也，而乃害之，是自戕其親也。世濟其惡，增其惡名，則是父母之不才子矣。若能踐其所以得五行秀爲萬物靈者之形，則是與天地相似，而克肖乎父母矣。知者，聖人踐形惟肖，有以默契乎是理，非但聞見之知也。化則天地化育之事，乾道變化發育，萬物各正性命者。知得天地化育之事，則吾亦能爲天地之事，是善述吾父母所爲之事矣。窮者，聖人窮理盡性，有以究極乎是理，而知之無不盡也。

神，則天地神妙之心，維天之命至誠無息，於穆不已者。窮得天地神妙之心，則吾亦能心天地之心，是善繼吾父母所存之志矣。此造聖之終事，踐形惟肖者之盛德，所謂「樂且不憂，純乎孝者」也。「不愧屋漏」者，己私克盡，心自然存，性得其養，雖於屋漏之奥，尚無愧怍之事。夫其無愧於天，則是無忝辱於所生之父母也。存心養性者，用力克己，惕然惟恐有愧於天，操而不舍其主於身之心，順而不害其具於心之理，存心養性，所以事天，夫其不怠於存養此天理，則是不懈怠於事父母也，此作聖之始，事學踐形惟肖者之工夫，所謂「于時保之，子之翼也」。

然知化者必能窮神，窮神然後能知化。不愧屋漏者必能存心養性，存心養性然後能不愧屋漏。善述事者必能繼志，善繼志然後能述事。無忝者必能匪懈，匪懈然後能無忝。存心養性然後有以不愧屋漏，不愧屋漏然後可以至於窮神，窮神然後有以知化。匪懈然後有以無忝，無忝然後可以志於善繼志，善繼志者然後有以善述事也。

十道統

道之大原出於天，羲、農、黄帝繼天立極，是謂三皇。道統之傳，實始於此。黄帝而後，少皥、顓帝、高辛繼之，通堯、舜謂之五帝。堯、舜、禹、皋，君臣也，而并此唐虞之際，所以爲盛也。成湯、伊尹生於商之初興，而傅説生於商之中世，文、武、周、召生於周之盛際，而夫子生於周之既衰。夫子以來，始不得位，而聖人之道不行，於是始教授弟子，而惟顔、曾得其傳。顔子早死，曾子傳之子思，子思傳之孟子，孟子没而不得其傳焉。我朝周子始有以接乎孟子之傳於千載之下。其時有邵子者，亦非常人也。二程子則師於周子，張子則友於二程，而傳其學。中興而後，又有朱子，集周、程、張、邵之大成，是皆得夫道統之傳者也。

聖賢繼作，前後相承，吾道正脉賴以不墜。通而言之，則堯、舜而上，道之元也；堯、舜而下，道之亨也；洙、泗、魯、鄒，道之利也；濂、洛、關、閩，道之貞也。分而言之，則羲、農，其上古之元乎？堯、舜其亨，禹、湯其利，而文、武、周公，其貞也。夫子其中古之元乎？顔、曾其亨，子思其利，而孟子其貞也。至於周子，則我朝之元也，程、張，則我朝之亨也，朱子則我朝之利也。然則孰爲我朝之貞乎哉？未有也。然則其責可以終無所歸哉？不可也。嗚呼！蓋有不可得而辭者矣。丁卯六月望。右道統圖。

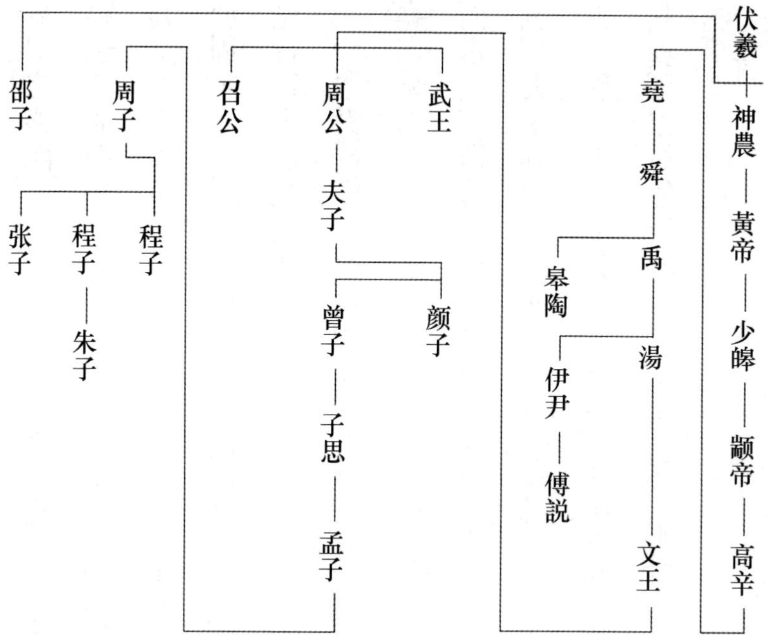
伏羲
神農
黄帝
少皞
颛帝
高辛
堯
舜
禹
湯
文王
皋陶
伊尹
傅説
武王
周公
夫子
顔子
曾子
子思
孟子
召公
周子
程子
程子
張子
朱子
邵子

十一

聖賢之學，但在天理人欲上用功。天理之發，苟不剛以克之，吾未見其不爲人欲所奪也；人欲之萌，苟不剛以鋤之，吾未見其不爲天理之賊也。昔程、朱夫子皆十七八時，已超然有卓絶之見，慨然有求道之志，然猶未至於化而死也。今愚生十有九年矣，失今不學，更待何時？日月逝矣，歲不我與。夫子曰：「後生可畏，焉知來者之不如今也」，「四十、五十而無聞焉，斯亦不足畏也已」。嗚呼！可不懼哉！可不念哉！況天之所以拂亂於我，而增益其所不能者方新乎？則又安可不改過遷善，而滌其舊染之污，以圖自新也？嗚呼！可不學哉！可不勉哉！咸淳丁卯，九月戊申謹識。

十二

君子小人之分，理欲之間而已矣。自今以往，苟乘此一念之怨悔，而擴充其天理，尚庶幾乎。其或尚因循不改，而顛冥於人欲，則其爲小人之歸也必矣。嗚呼！身也者，非吾之身也，父母之身也。父母之所以生我者何如？而我乃棄之於小人也，何其不孝至於此極也？身也者，非吾之身也，天地之身也。天地之所以與我者何如？而我乃棄之於小人也，何其不仁至於此極也？嗚呼！人懵不知道，而身不行道，猶云可也；今亦既略知道矣，而乃至於違道，無乃小人而無忌憚之尤者乎？嗚呼！何其繆戾若斯之甚也！咸淳丁卯，九月己酉書。

十三

天之生是人，其生也，有仁義禮智信之性；人之有是性，其發也，有喜怒哀懼愛惡欲之情。心，統性情者也。性具於心，情發於心，而言則心之聲也。情動於中，則外必形於言。昔人之所以作詩者，由此也。太史公曰：「詩三百篇，大抵聖賢發憤之所爲作也。」愚謂：三百篇未必皆然，而其間發憤而作者，蓋亦有之矣。夫羞惡知覺，人皆有之。愚猛省昔懵不知道時，凡動作云爲之繆，心術念慮之差，安然處之，恬不知怪。其後略有見識，則凡一有非義理之正，而不得其本心之安者，其羞愧悔恨之情，火於中而泚於面，必至泄於辭以自道其惡，而後其情得以少紓焉。此無他，羞惡知覺之真心發見，自然而然，不能自已者也。

故凡吾所作之箴、銘、言語，因有過而爲之者過半。嘗觀於詩賓之初筵，迺衞武公悔過之作，而抑戒之篇，亦武公自警之辭也。非其有過而爲之與？何則？無爲而言者，其辭和以平；有過而悔者，其辭激以切。今觀二詩，辭氣奮厲，旨意勤懇，若將唾駡其身，斥指其慝，而惟恐其或恕也。「伐柯伐柯，其則不迷。他人有心，予忖度之。」則衞武公之二詩，其亦予所作之類也。雖然，過而恧，恧而悔，悔而言，其視向之懵無所知固有間矣，然亦豈願其常如此哉？易不云乎？「頻復，厲。」周子以人生不聞過爲不幸，而尤以無耻爲大不幸者，其意亦然。咸淳三年丁卯，冬十二月癸丑朔，吴澄題。

十四

孟子而後，道學無傳，儒者惟知以記誦、詞章爲事。宋興，大賢輩出，覺癡指迷，學者始知天下學術固不止於前二端之陋而已也。新安夫子訓釋四書以惠後學，使世之學者由是而學焉，德至渥也。今世之士，皆知尊尚其書，而樂誦之矣。曾不知四書中之所言者，果何事也？古聖賢之所學者，果何學也？

嗚呼！漢唐之儒不知讀其書，而不能行其言者，吾無責焉已矣。今世之士，知讀其書矣，乃徒慕其名以爲高，而不究其實之可用；徒知從事於口耳，而不知反之於身心；終身誦之，而不知一言爲可行，不亦四書之罪人也乎？澄爲此懼。不惟不敢，實亦不肯。今之世，果有願與我同志者乎？若有之，吾將與之遊，于以共學焉。咸淳四年戊辰，春二月二十七日戊申，吴澄題四書後。

十五

賦之名何始乎？詩有六義，一曰賦。然有比焉，有興焉，有一詩而全賦比興三體者焉，不獨賦而已矣。雅亡於東遷，風終於陳靈，删詩之後，不復有詩，六義隱矣。楚屈子遭讒放逐，寫其忠愛眷戀之心，誠貫金石，光奪日月。其辭則興少而比賦多，故後人或名之曰賦。宋玉之徒從而和之，然高唐等作已非騷體，其後遂爲漢司馬、揚、班之賦，豈復離騷比哉？然擬以今之賦，則相去又不知其幾等也。而子雲猶且謂之壯夫不爲，使見今之賦，則其言又當何如？子雲身自好之，猶爲此言，使不爲子雲者，則其言又當何如？歷魏至唐，愈昌愈變愈卑，獨隋李諤能覺其謬。曾謂今世之士大夫，而所見反出於隋人後乎？愚嘗愛致堂胡先生之言曰：「詞賦本於離騷，而不逮騷遠矣。聲韻四六，本於詞賦，而不逮賦又遠矣。後世方以之設科取士，於是讀書者不復講求義理，惟務採摘對偶，一韻爭奇，一字競巧，緝纘成文，去本愈遠。父兄詔子弟、師長訓生徒，皆汲汲孜孜焉。不爲此，則不足以收聲名、躋仕路。一旦得官，回視曩昔，芻狗之不如也。所用非所學，所學非所用，人才大壞，其害豈小小哉？」嗚呼！旨哉言也！然則今之賦，其可醜也如此，則將絶之而不爲乎？曰：朝廷方以此而設科，布衣必藉此而進身。士如有志於遯世離群，則可矣。然不仕無義，愛身獨善，亦聖賢之所不許，則亦姑從俗而爲之可也。第所學則當求之於此外焉爾。孔子之於魯也，魯人獵較，孔子亦獵較。獵較猶可，何況於賦？咸淳四年戊辰，夏四月九日。

十六

人之一身，具耳、目、鼻、口而爲全人。其或目而眇焉，足而跛焉，則皆以爲廢人矣，爲其身之不全也。人之有是疾也，蓋未嘗不恨其身之不若人也。人之見是人也，蓋未有不懼其身之或若是也。然有不幸而出於天疾，則固付之無可柰何；其或幸而無是疾，而得爲全人，顧乃不循理不畏法，以至蹈於黥劓髡刖之辟，而有甚於跛眇之可耻可惡焉者。當此之時，雖痛自悔恨，思欲翻東海之波，以湔洗其前日之所爲，而買其身之復全，豈可得哉？夫黥劓髡刖，顯然有迹而可見者也，猶或不知避，以至於陷焉而後悔，則夫無黥劓髡刖之迹，而其可耻可惡之實，猶有甚於黥劓髡刖者，固宜冥然入於中，而不自知也。

嗚呼！人之一身幸而得爲全人，而乃不自謹重，以至陷於刑辟矣，則亦將如之何哉？其亦晝今以始而自新焉可也。悔往者之不可及，則亦圖來者之無或再焉可也。雖然，孰若謹之於初者之爲得哉？一非足以害萬善，而萬善未足以蓋一非也。縱使後之善可以蓋昔之非，其視夫終始粹然無一欠者，固有愧矣。然則，君子之有意於謹身而免過者，其亦於其初而謹之也哉！既不能自其初而謹之，則亦及其未至於是而速改之也哉！不能謹於初，又不能改於中，而所以蓋於後者，又不能以自力焉，其亦可哀也已。然則，君子之有意於改過而遷善者，其可不深思而熟監於斯與？咸淳庚午，秋七月丁未書。

十七

甚矣，人之不可忘孝也！孝者何？常以父母爲心而已矣。人而常以父母爲心，則所以謹其身者，將何所不至哉！一舉足而不敢忘父母，一出言而不敢忘父母。父母憂而憂焉，父母喜而喜焉。行必不招辱也，言必不招忿也；其順必足以事長，其忠必足以事君。惟知父母之可慕，雖有名位之貴，而不慕也；惟知父母之可慕，雖有貨財之富，而不慕也；惟知父母之可慕，雖有聲色之紛華，而不慕也。一瞬息之間未嘗忘父母，則無瞬息之過矣；一毫髮之事未嘗忘父母，則無毫髮之過矣。

孔子以謹身爲庶人之孝，而孟子亦以守其身而後能事其親。然人能思所以孝於親，則自知所以謹守其身矣。使一瞬息間、一毫髮事而不以父母爲心，則是忘其身之所從來者，而又何能知所謹守哉？曾子曰：「父母全而生之，子全而歸之。」至哉言也！學者苟能深有體於其言，則於父母自不能忘，而於身自不能不謹矣。充之以至其極，則雖堯、舜、文王，亦不外是。嗚呼！此孝之所以爲至德也與？同前日，吴澄書。

臨川吴文正公外集　卷三

雜著

謁趙判簿書

二月五日，學生吴澄，謹齋沐裁書獻于判簿大著先生座前：

澄嘗謂：天之生豪傑之士也，甚不數也。世之稱豪傑之士者，吾惑焉。世有以治世之能臣、亂世之奸雄，如曹操之狡猾爲豪傑者矣。然而如曹操輩者，天地間亂人也，果豪傑之士云乎哉？又有以顛冥於詩酒、放浪於形骸，如晉人之曠蕩爲豪傑者矣。然而如晉人等者，天地間棄人也，又果豪傑之士云乎哉？

然則，何如斯可謂豪傑之士？我朱夫子所謂「才智過人者」是也。夫所謂過人者，度越一世而超出乎等夷者也。戰國時，天下靡然率爲功利之趨，而其間惑世誣民、充塞仁義，如楊墨之徒者，抑又滔滔也。且當是時也，孔子徒黨盡矣，而有孟子者生乎其時，挺乎其中，不趨於功利，不惑於楊墨，確然願學孔子，何其壯也！卒之得吾夫子之傳者，孟子也。以戰國之時而有孟子，蓋曠世一人而已。嗚呼！孟子，其真豪傑之士也歟！故其言曰：「待文王而興者，凡民也。若夫豪傑之士，雖無文王猶興。」味斯言也，可以想見其人矣。

孟子死，聖人之學不傳。曠秦、漢、三國至隋、唐、五季，千有餘年，學者溺於俗儒之陋習，淫於老佛之異説，而無一豪傑之士生於其間。僅有一韓愈奮然而出，因學爲文，粗有所見，而終於見道未明，去道猶遠，然亦以自奇特爲難得。其他益不足數也已。

至于我朝，天開文治，篤生異人，周、程、張、邵，一時迭出，嗚呼盛哉！夫斯文之喪久矣，世之人其父兄相與講明、師友相與傳習以爲學者，果何事也？而周子乃獨能超然默悟此道於千載之下；二程子又獨能以周子爲師，而從學焉；張子又獨能與程子爲友，而慨然以吾道自足，何事旁求？至於邵子，則又獨能默悟天地之化，窮極象數之微，尤人所難能也。數夫子之見，可謂高出一世之右矣。非蓋世之豪傑，而能之乎？然當時遊程、張之門者，未能得程、張之道。

南渡以來，去程、張殆將百年，而閩中有朱夫子，又能集數夫子之大成。則朱子，又中興以後之豪傑也。朱子没，至今逮將百年矣，以紹朱子之統自任者，果有其人乎？今世之儒，所學者果何學也？要不過工時文，獵科第，取温飽而已。嗚呼！陋矣哉！或稍有見識，與之言及聖賢之學，其刻薄者則笑之曰「迂闊」，其忠厚者亦不過曰「可施之議論，而難形諸踐履」。至於矯詐者，則又竊取其名以欺世。吁！聖賢之學皆切己事，而乃曰「迂闊」；聖賢之學正在躬行，而乃曰「但可施之議論」；聖賢之學不誠無物，爲己爲人間不容髪，而乃竊取其名以欺世，皆聖賢之所不勝誅也。斯人也，縱或擢高科，登顯仕，愚不知朝廷亦何用於若人哉？

澄生十有九年矣，家貧不能從師，惟大父家庭之訓是聞。幼年頗以能屬文而見知於人，然當時所能者，舉業而已，未聞道也。年十有六，始知舉業之外，有所謂聖賢之學者，而吾未之學，於是始厭科舉之業，慨然以豪傑之士自期，必欲爲周、程、張、邵、朱，而又推此道，以堯舜其君民而後已也。試嘗實用其力於此，則豁然似有所見，坦然若甚易行，以爲天之生我也，似不偶然也，吾又何忍自棄？於是益務加勉，以窮盡天下之理。雖力小任重，如蚊負山，所學固未敢自是。然自料所見，則加於人一等矣。

嘗謂我臨川之邦，前後人才有王荆公之爲人，非常人也，然與程子同時，而不與程子同道；有陸象山之爲學，非俗學，然與朱子同時，而不能與朱子同道。吾爲此懼。所恨者，天不慭遺，大父即世，家庭之訓既已無聞，而又僻處窮鄉，所與處者皆田夫野人，因未嘗有一達者遊吾里而過吾門也，况可與爲師友而資其教導講明之益哉？

恭惟先生簿於斯邑，其爲政也，人皆稱爲公明廉潔。而澄也，於頹簷敗壁之下，亦嘗側聞先生之風矣。以人所稱、己所聞者推之，則先生之學，似非俗儒之所學者矣。第以官民之間，無自親炙，未得以一睹賢人之光，而窺先生所學之萬一。

會先生有民事於吾鄉，而過吾門，竊於道途望其容貌，淵乎其似道，儼乎其一古君子也。且以爲窮鄉僻途，商旅鮮行之地，而先生忽過其門，此誠空谷之足音也。於此而不一見焉，是自絶於先生也，敢修咫尺之書，迎謁道左，冀聞一言，而終身佩服之。儻先生不以夫子之待孺悲者待我，而贈之一言，幸甚幸甚。澄嘗以張子之爲學有得則識之，故自爲學以來，少有所見，無不備録，有草藁在，未敢以爲獻。若予其進，尚圖繼此而求印正於先生焉。先生請無以獵先儒之名而欺世者例視。不宣。

發解謝繆守書

十月三日，門生鄉貢進士吴澄惶懼百拜，獻書于判府節制監丞侍郎先生閤下：澄嘗謂：古之仕者必學，今之仕者不必學。「子張學干禄」，而夫子以「謹言謹行」告之，則是古之欲干禄者，必於言行焉致謹。言之不謹而招尤，行之不謹而招悔，則禄也終不我及。孟子亦謂：「古之人脩其天爵，而人爵從；今之人脩其天爵，以要人爵。」是雖戰國之時之人，獲人爵而棄天爵，初不足道，然於其始也，亦不容不脩其天爵以要之，猶未若今世之人，自初及終，曾不一知天爵之爲何事，而人爵直可以唾手取者。愚所以謂古之仕者必學，而今之仕者不必學也。夫今之學者，自其羈丱成童時，父兄已教之讀書矣。晨對面曦之窗，夜爇繼晷之膏，其用心蓋甚勤，其用力蓋甚勞。然學其所學，非吾所謂學也。蓋愚嘗與今之學者共學矣，問其所讀之文，則曰「時文」；問其所脩之業，則曰「舉業」；問其所志，則曰「吾將以釣科第、媒爵禄，而利身肥家」也。嗚呼！士而如此，其可謂陋也已！

澄生廿有二年，五歲而讀書，七歲而能聲對，九歲而能詩賦，十有三歲而應舉之文盡通，自以爲所學止於是矣。年十五六，因玩先聖、先師之格言，而知先聖、先師之所學者，固不止是也。於是始欲息乎其所已學，以勤乎其所未學。日取大學、論語、孟子、中庸四書讀之，而以濂、洛、關、閩諸君子之説參焉。其於大本大原固已略能窺破，至於事之易行者，又已竊取其一二行之於家，而以之事祖先，而以之事父母，而以之事長上矣。顧嘗深思，易、書、詩、春秋四經中間，諸儒以彖象雜於本經之中，而易亂；以小序冠於各篇之首，而詩、書亂；以三傳之説解春秋，而春秋亂。若易與詩，則紫陽夫子已嘗正之。獨書與春秋猶有欠整理者，甚欲集諸家之善爲之訓説，以補先儒之未及，而破千古之舛訛。固嘗略開其端緒矣，然而饑寒窮困拂亂其所爲，科舉事業又從而分其心慮，雖此志牢不可奪，而終不能不窘於掣善書之肘者也。比者，承親之命，而來試於棘闈，非曰求免於貧賤而貪即夫富貴也，蓋欲脱去科舉之累，略專意於聖賢之學而已。有司不以其文不能高壓時流而棄之，乃擢而寘之三十九人之内。因是之故，姓名始通於先生之前。

夫諸侯薦人於天子，古也。今之郡守固古諸侯職，然今之世，自非以無用之文爲有司所取，則雖有曾、閔之孝、夷、齊之廉，其姓名亦無自而通於郡侯，亦無自而薦之天子。今澄之姓名既幸而上聞於先生矣，竊惟朝廷科舉於覆試猶嚴焉，蓋欲取實才也。然愚謂與其取實能文者，顧不若取其實有行者也。有司既取其文，而先生遂觀其志，察其學，而考其行，此澄之所深望於先生也。儻先生有以教誨成就之，而獲大用於世，則必非但知有身有家，而誤朝廷、禍天下者，庶乎可以無負於先生爲天子求實才之意。

今者之來，隨例具啓，以謝先生天造作成之賜。固每科之常禮，然而麗葉駢花，組織四六，乃平生之所不爲。貢諛以求人之悦己，自獎以求人之知己，亦素心之所深恥。用是，不敢以同乎流俗，然亦不可以默然而已也，敢以書謝。惟先生擇焉。不宣備。澄惶懼百拜。

謝張教

十月日具位，吴澄惶懼百拜，致書府博秘書郎卿先生講席前：澄聞三代之時，取士於校庠序之中。其後，校庠序既廢，獨州縣間有學。然州縣雖有學，而教養亦無法。春秋二補徒以無用之文而試之，是以就食於學者，類多輕薄無行之士，稍有廉耻者，則以不屑處於學爲高。澄也，生於窮鄉，不得時游郡學，以承先生之教，而講明古者大學之道。比者，承親之命，而來試於秋闈，幸爲有司所録，因得進謝於先生。然而，組綴駢儷之文，謟諛夸大之態，乃平生素心之所耻爲者，用是，更不具四六啓，以爲先生玷，始以書而陳所志，幸垂察焉。

澄生五年而讀書，七年而能聲對，九年而能詩賦，十有三年而應舉之文盡通。當是之時，不知科舉之外他有所謂學也。年十五六，始恍然有悟於聖經賢傳之中，始知科舉不足以爲吾學，而欲探夫孔孟之傳。尋墜緒之茫茫，獨旁搜而遠紹，已數年于兹。柰何學力微，未勝物欲昏，涓涓始欲達，又被黄流吞。

今生廿有二年矣，未始云獲也，不過僅能有見於大意而已矣。然而，俯視俗儒之没溺於俗學而不能自拔者，則未始不心笑而矜憫之也。有如今秋，馳逐萬人之場，而相角一日之技，非曰欲以媒利禄而梯顯榮也，公欲進對天子之庭，以攄其致君澤民之藴，私欲釋去舉業之累，以遂其讀書脩己之心而已。儻得直言天下事於大廷親策之晨，以少吐平時所學之萬一，然後退而私居，博考載籍，力學聖賢，則澄之志願得矣。俟其德器成就，達可行之天下而後行之，庶乎不至於上負天子而下誤蒼生也。得志，澤加於民；不得志，脩身見於世。窮則獨善其身，達則兼善天下，此愚志也。若夫幸科第之就手，慕榮途而動心，則非愚之所志。先生其許之否？不備。澄惶懼百拜。

張教復書：

某惶恐再拜，謝恩殿元台座某：比承以英妙之年，登賢能之選，此固人所夸以爲榮，而吾子獨慊然以學未見道爲急，而欲有所述以傳後。珍函委貺，陳誼甚高。吾子之志，古人之志也。僕長於吾子十有五年，少時亦嘗有志於此。嘗讀通鑑，患其有與正史牴牾而首尾斷絶，欲爲一書以廣之。抱此志十餘年，殊未能就。試嘗舉以語人，則强者怒罵，弱者嘻笑，僕亦恧焉。然則，年未高，學未至，而輕出焉，未有不蹈僕之愧也。以吾子之志，充吾子之學，善寶而藏之，它日學成，僕願北面。區區欲言，不能更。僕謹白某。再拜。

謝程教

十月日具位，吴澄惶懼百拜，致書府博秘書郎卿先生講席前：

澄嘗謂：孟子没，而道學不得其傳。自我朝程夫子出，而後有以接夫千載不傳之緒。澄也，厭科舉之業，而欲學夫子之學久矣，嘗恨不得生乎其時、游乎其門。顧徒私淑艾於遺編，而想慕於異世。雖夢寐間，如或見之。蓋今之世，有程其氏者，亦莫不願識其人，以少慰予心之所思。

今先生職教於吾邦，澄也一睹先生之姓，怳然若河南二夫子之復出於今也。柰以處於窮鄉，遠於郡庠，不得以挹坐間之春風、立門外之尺雪，未嘗不爲之怏怏。今秋試于棘闈，幸爲有司所録，因得進謝於先生。惟四六之文，乃平生之所耻爲，用是，更不隨例，具啓以獻，聊爲言程夫子之所學，而求印正於先生焉。

蓋澄聞之：人之生也，其心之所具，有仁、義、禮、智之性；其發也，則有喜、怒、哀、懼、愛、惡、欲之情；其身之所接，有君臣、父子、兄弟、夫婦、朋友之倫；日用之間，又有萬事萬物紛至沓來之變。吾之一心，則所以具衆理而應萬事者也。吾心所具之理，即天下萬事之理。理之散於萬事者，莫不統於吾心；理之具於吾心者，足以管夫萬事。天下有無窮之事，而吾心所以應之者，有一定之理。人惟不能有以存其心，而無以爲一身之主；不能有以盡其心，而無以知天下之理。是以往往皆出於私意人欲，而不能自反也。

程夫子之教人也，使人居敬以存夫心，如主人在家，童僕之職各供其使令而不紊；賓客之來，各隨其所應酬而無差。使人窮理以盡其心，如善知路之人，知適某處當從此，知適某處當從彼；如善識秤之人，知某物爲若干銖，知某物爲若干兩。是以處君臣，則盡君臣之義；處父子，則盡父子之仁；處兄弟，則盡兄弟之禮；處夫婦，則全夫婦之别；

處朋友，則全朋友之信。以至處天下之事，亦莫不各有以當其當然之則。此程夫子教人爲學之大略也，愚生自十五六時已有志乎此，今用工七八年矣。顧爲科舉之業所分，而未得以專繼此。儻得免於科舉之累，而從事於此焉，則吾之志得矣。若夫一舉及第做狀元，而便謂終身事業已了當者，鄙人也，愚竊耻之。乃所願，則學。程夫子，先生同姓人也，家世之所傳，果亦有異聞者乎？願以教我。不備。澄惶懼百拜。

程教復書：

某皇恐拜稟新貢正奏狀元秘著：某切惟郡國勸駕，以賢書上天子。兹公選也，奚容私謝爲哉？某情見乎辭，非以聲音顔色拒人。尊兄不諒其真，雖脱略乎儷牘，猶舂容乎大篇，且首援淳、正二公以爲况。二公春融，坐中一團和氣，雪立門外，儼若冰壺。某學未見聖，於二公不能爲役。姓所同也，而舉是以儗之，不以倫矣！此正昌黎所謂「不敢當、不敢當」者也。然厚意難虚辱，良月次朔，倚席湖堂，亦惟士友間以外物之得喪爲内心之戚欣。曾以孟氏「良貴」一篇爲士友敷繹之，因以求教。儻於趙孟之貴不逐逐其欲，有貴於己者不昧昧其思，其庶矣乎？有暇過我，又得面叩所疑。切幾台照，右謹具拜復。十月日，從事郎、宣差撫州州教授兼臨汝書堂山長、暫權通判程某劄子。

謝僉幕

澄嘗觀姓氏家以吴爲出於泰伯虞仲之後，此固未可知也。然以理論之，則天下之姓，其流派雖至於十百千萬，而其初必同出於一原。此程子所以謂同姓當推親親之念也。先生之官于此邦也，公則於澄有師長之尊，私則於澄有父兄之親。孟子曰：「中也養不中，才也養不才。」故人樂有賢父兄也。澄之所望於宗先生者，政不淺。

澄生二十有二年矣，五歲而讀書，七歲而能聲對，九歲而能詩賦，十有三歲而應舉之文盡通。當是時也，自以爲吾之所學足矣。年十五六，始恍然有悟於聖經賢傳之中，而妄意欲探夫魯、鄒、濂、洛之傳。用工垂七八年，固已略見大意。世俗之嗜好一無所入於其心，而爵禄之顯榮，舉不足以動乎其中。有如今秋，承親之命而投應舉之牒，非爲掇取科第計也，欲求釋去舉業之累，而專意於所學焉耳。今者幸爲有司所擢，而得以進謝於先生。惟四六之文乃平生之所耻爲，用是更不具啓以獻，聊以書而陳所志。伏惟先生推父兄所以待子弟者待之，澄也願安承教。不備。

謝推幕

澄嘗聞伊川程子以少年登高科爲人之不幸，然澄十五六時已慨然厭科舉之業，思欲務聖賢之學。循至于今，凡七八年。非不略見大體，然而工夫終不能無間斷者，豈非科舉之業有以分其心而然與？明道程子、晦庵朱子蓋皆少年登第者也，然則自無志於學者言之，則少年登科固爲不幸；自有志於學者言之，則少年登科乃爲大幸與。

澄也，生二十有二年，平居立志，不肯以俗儒之學自足。其承親之命而來應舉也，非曰欲以梯顯榮而媒利禄，蓋欲求脱科舉之累，以專意聖賢之學而已。今者幸爲有司所擢，天其或者使澄得與於斯文歟？先生實爲我郡侯之僚幕，於禮不可以不謝。然而四六之文，乃平生之所耻爲，用是不敢循例以啓爲瀆，聊以書而陳所志。惟先生觀其志，察其學，而有以教誨之。幸甚幸甚。不備。

答程教講義

孟子曰：「欲貴者，人之同心也。人人有貴於己者，弗思耳。此第一節，言人皆欲外物之貴，而不知有在我之貴也。人之所貴者，非良貴也。趙孟之所貴，趙孟能賤之。此第二節，言外物之貴不足貴也。詩云：『既醉以酒，既飽以德。』言飽乎仁義也，所以不願人之膏粱之味也。令聞廣譽施於身，所以不願人之文繡也。」此第三節，言人能有在我之貴，則有不願外物之貴也。願，即上文所謂欲也。

愚嘗聞之曰：欲與思，皆心之用也。外有所慕者謂之欲，内有所省者謂之思。是欲者，用心向外；而思者，用心向内也。大凡人之有所慕於外者，必其己之無是物也。若己有是物，則亦無所慕於外矣。珍寶玩好，己所無也，則有見人之珍寶玩好，而欲之者矣。耳、目、鼻、口，己所有也，則未有見人之耳、目、鼻、口，而欲之者也。

今夫人之欲貴也，徒見夫高堂數仞，榱題數尺，彼有是而我無是也，則不免於欲之；

徒見夫食前方丈，侍妾數百，彼有是而我無是也，則不免於欲之；徒見夫般樂飲酒，驅騁田獵，後車千乘，彼有是而我無是也，則不免於欲之。

嗚呼！曾不思彼皆外物而已矣，孰若我所自有者之爲足貴哉？我所自有，何以欲爲？抹黛以爲眉，華則華矣，固不若吾天然自有之眉；施粉以爲白，妍則妍矣，固不若吾天然自有之白；公卿大夫之尊榮，貴則貴矣，固不若吾性分中自有之貴也。人人有貴於己者，何必外物之貴是慕！且所謂貴於己者，果何物哉？蓋天之生是人，其生也，皆有仁、義、禮、智之性；人之有是性，其發也，皆有惻隱、羞惡、辭讓、是非之情。其推以處父子、君臣、夫婦、長幼、朋友、事物之間也，蓋莫不各有自然之理，當然之則。若探其本原而要其極致，則雖天地之所以爲天地、聖人之所以爲聖人者，亦不過此。苟能得之於心，而行之於身，則舉天下至美至好、可羡可慕之物，皆不能以易此樂，其爲貴孰加焉？此夫子所以謂「好仁者無以尚之」，正謂人能真知仁之可好，則天下之物無以加於此也。

愚嘗聞之周子曰：「天地間，至尊者道，至貴者，德而已矣。至難得者人，人而至難得者，道德有於身而已矣。」又曰：「君子以道充爲貴，身安爲富，而塵視金玉，銖視軒冕，其重無加焉耳。」又曰：「富貴，人所愛者也。顔子不愛不求，而樂乎貧者，獨何心哉？天地間有至貴至富、可愛可求，而異乎彼者，見其大而忘其小焉耳。」嗚呼！兹其所以爲貴於己者與？斯貴也，人人有之。時人自弗思，而不知其有耳。

蓋人之性，則知愚賢不肖一也，而其氣質，則不無清濁美惡之不同。其氣清而質美，則自其初生，已能知其性之所有，而循其性之自然。其或濁且惡也，則其於己之良貴，固懵然不自知其有矣。然人心之虛靈知覺，其神明無所不通。苟能反而思之，則無不可知者。人所以不能知己之有是良貴者，亦坐於不思而已耳。夫惟其不知有在我之貴也，是以不能無所慕於外物之貴者。在我之貴，有貴於己者是也；外物之貴，人之所貴者是也。人之所貴者，必待人以爵位加諸我而後貴。是其貴有待於人，而非己所自有，豈若吾性本然之善，自然可貴者哉？

趙孟，晉卿之尤有權勢者，能予人以爵位而使之貴，亦能奪人之爵位而使之賤。受趙孟之爵位而貴者，是趙孟之所貴而已，其貴非己有也。趙孟一朝而予之，則一朝而貴；

趙孟一朝而奪之，則一朝而賤矣。故夫趙孟之所貴者，趙孟亦能賤之也。夫其必有待於人之予我而貴，又不能保人之不奪我而賤，是其貴其賤皆係乎人，而己無與焉也。其貴係乎人，而己無與，則其貴亦不足貴也已。若夫天所與我、己所自有者，則人又烏得而奪之，烏得而賤之哉？

由是觀之，則己之良貴爲足貴乎？人之所貴爲足貴乎？必有能辯之者。詩云：「既醉以酒，既飽以德。」此詩大雅既醉篇之所言，本謂臣下醉於人君之酒，飽於人君之恩意也。孟子引詩斷章，則其所謂飽者，言其充足於中；所謂德者，言其仁義之得於心者也。夫其仁義之充足於中也，蓋有甚於膏粱之充其腹者，又豈有願於人之膏粱以爲飽哉？有其實者必有其名，有諸中者必形諸外。故「君子之道，闇然而日章」，雖不求名，而名自至。仁義充足於中，則其令善之聞、廣大之譽自有張施於身，而不可掩。夫其令聞廣譽之施於身也，蓋有甚於文繡之榮其身者，又豈有願於人之文繡以爲榮哉？是其所以不願於人者，以其自有於己故也。苟非其自有於己，則始有不能不願於人者矣。

故孟子此章，當分爲三節而觀之。其第一節，言人皆欲外物之貴，而不知有在我之貴也；第二節，言外物之貴，不足貴也；第三節，言人能知在我之貴，則自不願乎外物之貴也。第一節所謂欲貴者，指外物之貴而言也；所謂貴於己者，指在我之貴而言也。第二節所謂人之所貴者，指外物之貴而言也；所謂良貴者，指在我之貴而言也。第三節所謂仁義聞譽者，又指在我之貴而言也；所謂膏粱文繡者，又指外物之貴而言也。内外界限截乎甚嚴。孟子言之所以如是其深切者，正以當世陷溺之深故耳。

嗚呼！孟子之時陷溺之深者，吾不暇論也。居今之世，爲今之儒，自其丱角讀書，惟曰「吾爲應舉之文，以取科第之貴而已」。一旦得官，則自謂所學既效，而平生之志願遂、一身之能事畢矣。其間見識之頗明、趨向之頗正者，能幾何人哉？蓋愚嘗求一人焉以與之共學，而不可得也。是以私淑於經，而無所師；獨學於家，而無所友。今先生乃推夫子與進互鄉之心，而曉之以義理。

愚也伏讀三數，不覺惻然有契於心者焉。思欲有言，而不知所以爲言也。聊誦所聞如此，蓋將演其義，而未暇脩其辭也。外有私録二集，乃平日自警之辭；孝經定本一編，又取它書之言孝者爲外傳十篇，而編次未畢；皇極經世續書一編，蓋以先天六十四卦分配一元之數，其後復推古今治亂相禪之由。若書與春秋，則嘗欲集諸家之善爲一家之解，以補先儒之未及，而方發其端，未及竟也。姑以秦誓一篇、隱公一年、二年草藁爲獻，以求有道之正。蓋多未定之見，固有以覺其非，而未暇銓改者。幸先生察其所以，而終教之。

若庸來此二十一年，閱人多矣，未見年方逾冠而有此志量、有此工夫，廣大精微，無所不究，如晝方旦，何可量也？雖然，道無終窮，學無止法，以友天下之善士爲未足，尚論古之人，愈廣大而愈精微、愈精微而愈廣大，豈但不臨深以爲高而已哉？僕雖老，不敢自棄，願聞切磋語。小兒仔復雖同歲而未知，方幸鞭策而進之。辛未八月二十六日，程若庸劄子。

（先生年十三而已厭舉子業，至十五六，慨然有志於聖賢之學，以探夫濂、洛、關、閩之傳，即已見夫大意。年十有九，敘道統之傳，直以繼朱子自任，豈徒爲是虛言以自夸也與？噫！不幾於生知者乎，晚年從容道義則安且成矣。是編，起於宋咸淳乙丑，訖於咸淳辛未，時方二十有三，皆手自編次，定爲四卷。今悉不敢亂，其第四卷雜詩闕。徽庵程先生嘗跋其後。觀往年受讀于先生之季子稟。今欲看先生之全集，則是編者乃先生之爲學之大方，進德之次第，有志于先生之學者，必由是而基焉，則詎可以爲小年之作而遂湮没之乎？今序次于支言之後，仍「私録」之名而自爲「外集」。元統甲戌，三月既望，學生譚觀謹識。）

附录

年譜 并序

臨川吴文正公年譜二卷，門人危素所纂次。初，公既捐館，其長孫當嘗草定其次序，又以請謚來京師，以蔭補官。朝廷知其能世家學，馴致清顯，數期素刊訂公書，以傳於世。素以及公之門者，在朝在野，猶有其人，故屢致辭讓。當以江西肅政廉訪使奉詔招捕盜賊，十年不返，而最後及公之門者亦皆相繼物故，素於是不敢緩也。會繇禁林調官嶺北，暇日取其藁，頗加紬繹。凡公自製之文見於集中者可以互見，宜不必載；其與人論辨勝負一時之言亦復删去；祭文、輓詩、行狀、謚議、神道碑并附見焉。

嗚呼！方宋周元公倡聖賢之絶學，關洛之大儒繼出。遷國江南，斯道之傳尤盛於閩境。已而當國者不明，重加禁絶。嘉定以來，國是既章，而東南之學者靡然從之。其設科取士亦必以是爲宗。其流之弊往往馳逐於空言，而汩亂於實學，以致國隨以亡而莫之悟。

公生於淳祐，長於咸淳，而斯何時也？乃毅然有志，拔乎流俗，以徑造高明之域。宋既内附，隱居山林者三十年，研經籍之微，玩天人之妙。槀城董忠宣公力薦起之仕，或不久而即退，或拜命而不行，要之無意爲世之用。著書立言，以示後學，蓋粲然存乎簡編。方來之英彦，亦可以潛心於此，而無負公之所屬望，豈非善學者哉？

素幾弱冠，以親命執經座下，侵尋衰莫，無能發明師訓，夙夜畏惕，莫知所云。年譜之成，君子有以悲其志矣。

至正二十五年正月既望，門人榮禄大夫、嶺北等處行中書省左丞臨川危素序。

公諱澂，字伯清，姓吴氏。其先七世始自豐城縣今富州徙撫之崇仁縣，六世周始居崇仁鄉之坫原，生二子：璣、璿。宋高宗渡江，選民爲兵，璣以繇役長鄉兵，戍江東，因家太平州。璿生煜，公高祖也。謹厚慈儉，家自饒裕。有寇自寧都縣今升州境至，屋廬盡燬，改築於吴山之下，曰咸口。年至八十餘。曾祖考大德，澹然無時俗嗜好，中年即謝家事，優游林泉，亦享耆壽。祖考鐸，工進士詩賦，精通天文星歷之學，寬厚不屑細務。考樞，温粹純實，謙退不與人争，善爲方里。嘗大札，業醫者多畏傳染，不敢往視，或盡室不起，乃賫善藥，命一力持以自隨，給以飲之，全活者數十家。有喪不能舉者，竭力周恤，終身以爲常。妣游氏，生二子，長則公也。

宋淳祐九年己酉。

正月壬戌日申時，公生。十九日公生前一夕，鄰媪夢神物蜿蜒降於舍旁之池中，里父老云，豊城徐覺得望氣之術，見紫氣於華蓋、臨川二山之間，謂人曰：「是必有蓋世偉人生焉。」公稍長，與覺遇諸鄰邑，覺驚異，曰：「向吾所占偉人，子良是，幸自重。」

十年庚戌。

十一年辛亥。

三歲，穎異日發。公三歲，大父每讀古詩，愛之，漸至數百篇琅琅成誦。游夫人攜過里，姥姥惠以錢果，公敬受之，終有慚色，密置之而去。

十二年壬子。

寶祐元年癸丑。

五歲，就外傅。公五歲始就外傅，穎敏殊絶，讀書累千餘言，數過即能記。自是日務勤學，或至達旦。游夫人慮其過勤致疾，量給膏油，僅可夜分。乃密市油，伺母寢，復觀書，且障其明，恐爲母所覺也。

二年甲寅。

三年乙卯。

七歲。論語、孟子、五經皆成誦，能屬詩，通進士賦。

四年丙辰。

五年丁巳。

九歲。鄉里鄰邑課試，每中前名。

六年戊午。

十歲始得朱子大學等書讀之。讀大學、中庸朱氏章句。公嘗因學者求讀中庸，語之曰：吾幼時習詩賦，未盡見朱子之書，蓋業進士者不知用力於此也。十歲偶於故書中得大學、中庸章句，讀之喜甚。自是，清晨必誦大學二十過者千餘日，然後讀中庸及諸經，則如破竹之勢，略無凝滯矣。學者於大學得分曉，則中庸不難讀也。

開慶元年己未。

景定元年庚申。

二年辛酉。

十三歲，大肆力於群書，應舉之文盡通。公於書一覽無不盡記。時麻沙新刻古文集成，因家貧，從粥書者借讀，踰月而歸之。粥書者曰：「子能盡讀之乎？」公曰：「試抽以問我。」隨粥者舉問，輒盡其章。粥者驚異，遂贈以此書。

三年壬戌。

秋時十四歲。丱角就撫州補試。按公撰許母墓誌云：「余以童丱就郡學補試。同邸有一先生長者視予所作賦，勉而教之。試畢，各不問名居而去。後八年，予忝鄉貢工，歌鹿鳴之燕，向所見先生長者在焉。問之，則臨川許先生功甫也，其年爲江西轉運司所貢士。」

四年癸亥。

十五歲，知厭科舉之業，用力聖賢之學，作勤、謹二箴。公年十有五深知科舉業之不足致力，專務聖賢之學。因讀朱子訓子帖，得「勤」「謹」二字，謂真持養之要經，爲學之大務。作敬、和二銘。公曰：吾讀敬銘，則使人心神收斂，百望俱消，如在靈祠中，如立嚴師側，凄凄乎其似秋，而不覺足之重、手之恭也。讀和銘，則使人心神怡曠，萬境俱融，有弄月吟風情，有傍花隨柳想，熙熙乎其似春，而不知手之舞、足之蹈也。

五年甲子。

秋，侍大父如郡城。時大父赴鄉試，會郡守延致番昜程先生若庸於臨汝書院。宋季士習惟以進取爲務，程先生嘗遊石洞饒氏之門，獨以朱子之學授諸生。公謁見，升堂，歷觀其標貼壁間之説，有不盡合於朱子，公乃一一請問，如所謂大學爲正大高明之學，然則小學其卑小淺陋之學乎？程先生悚然，曰：若庸處此，未見有知學能問如子者，余之子仔復、族子槱之皆與子同年生，可相與爲友。自是，公每至郡，必留臨汝。槱之，翰林承旨程文憲公鉅夫舊名也。

咸淳元年乙丑。

八月，作褋識五章。十月己丑，作顔冉銘。十二月戊子，大父卒。喪葬凡役，公悉考古禮，稟於父左丞公而行之。大父寢疾，公侍其父視藥食不就寢席者凡十餘夕，無怠容。大父嘆曰：吾察此孫服勤，連晝夜不懈，而神氣有餘，此大器可望，其善教之。

二年丙寅。

冬，葬大父於坫原之古宅。十一月壬子，作理一箴。

三年丁卯。

十九歲，作道統圖并敍，較正孝經。又取他書之言孝者爲外傳十篇。公謂朱子於諸經各有成書，獨未及於書於春秋，欲取諸家之訓説而成朱子之志。精力方强，凡天文、地理、律歷、田賦、名物、筭數，博考經傳，而得夫觀察之微、制作之故。作皇極經世續書。公潛心邵子之書，每病夫昧者流爲術數之末，遂以先天六十四卦，分配一元之數，推治亂相禪之由，而爲是書。兵火後，散軼不存。通趙主簿書，作自新、自修、消人欲、長天理、克己、悔過諸銘。

四年戊辰。

作題四書一章，紀夢一章，襪識一章，矯輕、警惰二銘。

五年己巳。

六年庚午。

八月，應鄉貢中選。以乾卦保合太和萬國咸寧賦中第二十八名。答繆郡守書，答程教授書，作襍識二章。

七年辛未。

春，省試下第。三月癸酉，纂次舊作，題曰私録。程先生識其後曰：「若庸來此二十二年，閲人多矣，未見年方弱冠而有此志量，有此工夫，廣大精微，無所不究，如畫方旦，何可量也。僕雖老，不敢自棄，願聞切磋語。」八月，至臨汝書院。留止數月。

八年壬申。

授徒山中。

九年癸酉。

十年甲戌。

授徒樂安縣。以縣丞黄酉卿之招。酉卿，蜀人，忠義士也。

大元至元十二年乙亥。撫州内附。

十三年丙子。奉親避寇。時寧都盜起。

十四年丁丑。

十五年戊寅。

十六年己卯。

十七年庚辰。

隱居布水谷。公與前貢士樂安鄭松結廬谷中。谷在樂安之高山上，有田有池，群山外環，唯一逕可[一]通，縣崖飛瀑而出，故曰布水。屏絶人事，簞瓢卒歲，今爲古隱觀，以公舊隱故也。

十八年辛巳。

〔一〕可，四庫本作「河」，據文意改。

留布水谷。纂次諸經，注釋孝經章句成。

十九年壬午。

留布水谷。較易、書、詩、春秋，修正儀禮、小戴大戴記成。

二十年癸未。

冬還自布水谷。

二十一年甲申。

五月己酉朔，父左丞公卒。公居喪治葬率循古制，參以書儀家禮行之，鄉黨姻戚亦多依效，不用浮屠。里俗或譏之，則以爲解。

二十二年乙酉。

居喪。冬，葬父左丞公於里之魯步東邊。

二十三年丙戌。

八月釋服。程文憲公以江南行臺侍御史承詔訪求遺逸，有德行才藝者，即驛送入覲。冬，程公至撫州，命郡縣問勞迎致，强公出仕。力以母老辭，程公曰：誠不肯爲朝廷出，中原山川之勝可無一覽乎？公諾之，歸白游夫人，治行。十一月，如建昌路。同程公行故也。

二十四年丁亥。

春，適燕。程公疏上所薦士以復命，終不忍舍公。公微知之，力以母老辭，遂治任南歸。公卿大夫多中原老成，而宋之遺士，亦有留燕者，皆知公之不可留，而惜其去，相率賦詩送别。閻文康公復之詩有曰：「群材方用楚，一士獨辭燕。」趙文敏公孟頫，方被召爲兵部郎中，獨書朱子與其師劉先生屏山所賡三詩爲贈。十二月，還家。舟中賦感興詩二十五章。

二十五年戊子。

授徒宜黄縣明新堂。宜黄吴東子建義塾，扁曰明新堂，設先聖像，行舍菜禮，奉書幣，聘延公受徒其中。屬鄰境有警，乃奉游夫人寓門人鄒志道舊廬，自留寓塾數月。

秋，還家。朝命求較定易、書、詩、春秋、儀禮、大戴記、小戴記。程文憲公請於朝曰：「吴澂不願仕，而所考易、書、詩、春秋、儀禮、大戴記、小戴記俱有成書，於世有益。宜取寘國子監，令諸生肄習，次第傳之天下。」朝廷從之，遂移行省，遣官詣門，謄寫進呈，仍令有司常加優禮。

二十六年己丑。

進呈諸經。今藏國子監崇文閣，見書目。

二十七年庚寅。

二十八年辛卯。

夫人余氏卒。夫人諱惟恭，父珏，世居里之余溪，寶祐三年二月庚寅生，得年三十有七。

二十九年壬辰。

三十年癸巳。

三十一年甲午。以上皆元世祖朝。

正月甲子，如福州。程文憲公爲福建閩海道肅政廉訪使，迎致焉。十一月戊申，還家。

元貞元年乙未。元成宗朝。

八月，如龍興，遊西山。江西湖東道肅政廉訪使司經歷郝文，聞公至，來見，問易疑數十條。留居郡學，有答問之辭。郝君命吏從旁書之，令學者傳録，名曰原理。○朔南士友問學者衆。時元文敏公明善自負所學，論經之次輒屈其坐人。聞公至，質諸經疑難數十條，問春秋尤多。公隨問剖析，元公大加畏服，以爲平生所遇明經之師未見如先生者。及論性理，未甚領悟，公令其觀程子遺書及近思録。元公嘗讀是書，至是始潛心力究，而有所得。他日，謝先生曰：先生所學，程、朱二子所學也，請執弟子禮終身。城中士友及諸生請開講郡學，公説「修己以敬」章，反覆萬餘言，聽者千百，多所感發。十一月，還家。

二年丙申。

如龍興。時董忠宣公士選任江西行省左丞，元文敏公其客也，辟爲掾，以教其子。公執謁於其館，董公聞之，親饋食中堂，頗問經義、治道，顧元公曰：吴先生德容嚴厲而不失其和，吾平生未之見也。

大德元年丁酉。成宗。

二年戊戌。

董忠宣公以江南行臺御史中丞入覲，改僉樞密院事，力薦公於朝堂，吏頗緩其事。一日，議事都堂，董公起立，語丞相諤勒哲、平章軍國重事東平文貞王博果密曰：「士選所薦吴澂，非一才一藝之能也，其人經明行修，論道經邦，可以輔佐治世，大受之器也。」皆曰：「僉院質實，所薦必天下士，何疑焉？」會平章拜御史中丞，尋薨，不及用公。七月，母夫人游氏卒。

三年己亥。

居喪。

四年庚子。

六月，作正中堂於咸口之原。長子文治其後，堂成，程文憲公爲之記，趙文敏公篆其額。八月，釋服。

五年辛丑。

授應奉翰林文字登仕郎、同知制誥，兼國史院編修官。董忠宣公時爲御史中丞，以私書勉公應召。都堂移江西行省，令有司敦請。復董中丞書。

六年壬寅。

八月壬戌，戒行。十月丁亥，至京師。春，有司奉旨朝命趣行督迫，邑里具驛舟敦遣。至京師，已有代矣。公即欲歸，河凍不可行。元文敏公朝夕奉公尤謹，大夫士多來問學。及行，元公爲詩序。

七年癸卯。

春，治歸。五月己酉，至揚州。董忠宣公言：「應奉翰林文字吴澂，天禀高特，道業安成，不求用於時，隱居五十餘載。至元間，遣使求賢，同至者俱爲按察，本官力以母老辭還。大德三年，舉本官。有道之士都省奏充前職，咨行省特遣之任。未至，而吏部作不赴任闕。頃於本官無所加損，似失朝廷崇儒重道之意。」至揚州，江北淮東道肅政廉訪使趙公完澤，以暑熾强公留郡學。中山王玠、河南張恒皆受業焉。答張恒問孝經。七月，至真州。淮東宣慰使沙卜珠公玠、工部侍郎賈公鈞、湖廣廉訪使盧公摯、淮東僉事趙公瑛、南臺御史詹公士龍及元文敏公諸寓公，具疏致幣，率子弟至揚州，請公講學。

八年甲辰。

授將仕郎、江西等處儒學副提舉。十月，還家。

九年乙巳。

較定邵子。公嘗謂，邵子著書，一本於易，直可上接羲、文、周、孔之傳，非術數之比。其能前知，在人不在書，在心不在數也。公天資高明，蚤年已能領悟，故於其書，考較詳審，布置精密，并有意義。較定葬書。

十年丙午。

四月，如袁州。公將遊南嶽，至袁州，儒學提舉鄭公陶孫遣使致書，追請赴任。十月朔，上官。各路學官循常例，具禮物致慶者，却之，惟諭之以篤意教養而已。有直學以錢穀訐其教授者，公曰：「直學所竊，教授有所不知；教授所得，直學無不知者，均謂之盗，欺人不知而愬其可知者，可乎？直學爲教授屬，於義爲犯上，當先治之。」時天寒，其人惶愧汗下，拜謝悔過，告訐者爲之息。學官之不嚴者，聞之皆凛然知耻云。省若憲以两提舉俱碩學鴻儒，每加優禮。憲府即郡庠設燕以聽講爲請，鄭公以講席遜公，公亦以其出於誠意毋謙也，爲講孟子一章，開發明辨，有以各當其心也。日與鄭提舉謁。參政戎公益公曰：東南士習凋敝，得二先生作而新之，使不習如某者得以蒙成而逭責，豈非幸歟？公從容言曰：必欲作成人才，在於教人言忠信行篤敬以尊德性而已。

十一年丁未。

正月戊辰，以疾謁告。二月，就醫富州。寓清都觀。五旬之内，本司遣學職催請者六，吏人催請者四，文移往復凡數十。又移省憲趣還，公固辭以疾。嘗曰：「學校教育，各有其職，錢穀出入，總之有司，提舉之官，本爲虚設，徒縻廪粟。」故勇於去職。較定老子、莊子、太玄章句。公以老、莊二子，世之異書，讀者不人人知其本旨，注釋者又多荒唐自誑。公爲之參考訂定，將使智之過高者不至陷溺於其中，凡下者不至妄加儗度於高虚云耳。太玄之書，其文艱深，讀之者少，然邵子於其數實有取焉。六月，如臨江路。病至百日，止門人清江皮溍家。十月，還家。

至大元年戊申。元武宗朝。

授從仕郎、國子監丞。九月，改築宅於咸口。此故宅基，華蓋、臨川二山，南北對峙，相距各十有五里，山水明秀，長子文董其役。

二年己酉。

正月丁未，次子衮卒。衮，字士工，生至元壬午七月己卯。既殯，郡縣與都堂移江西行省，遣官禮請，給驛舟具禮敦遣，公哀痛未欲行，督趣不置。三月，戒行。五月，至京。六月，上官。初，許文正公爲國子祭酒，始以朱子之書訓授諸生。厥後，監官不復身任教事，唯委之博士、助教。公至官，六館翕然歸向。公清晨舉燭堂上，各舉所疑以質問；日昃，退就寓舍，則執經以從，公因其才質之高下而開導誘掖之，講論不倦，每至夜分，寒暑不廢。一時觀感而興起者甚衆，時未設典簿，廩膳出内，監丞主之。公會其羡餘以增養膳，而舊弊悉革。中書省政多循習故常，好大喜功乘間而起，立尚書省以奪其政權。其丞轄嘗通洪範、易經之義，近進者多言儒術以迎合之，數欲引公以爲之重，公嚴重不可屈致。有辯士自謂能致之，踵門曰：「先生負治平之學，生民之塗炭、國家之困敝，甚矣。今在朝廷，寧能不一副執政者之求乎？」公以疾辭。明日，又至，則避之。辯士遂知終不可致，歸紿其人：「老儒未嘗騎乘，墮馬折臂，不能來矣。」乃止。

三年庚戌。

四年辛亥。

授文林郎、國子司業，癸酉上官。尚書省臣伏誅，阿附得進者皆斥罷。中書省奏升公司業。劉公賡繇侍御史拜集賢學士兼國子祭酒，問語諸生曰：「朝廷徒以吾舊臣，故自臺臣來領學事。主上作新斯文之意甚重，吾豈敢當。司業大儒，吾猶有所質問，時不可失，師不易遇，諸生其勉之。」公爲取程淳公學校奏疏、胡文公二學教法及朱文公貢舉私議三者斟酌去取，一曰經學：易、詩、書、儀禮、周禮、禮記（大戴記附）、春秋（三傳附），右諸經各專一經，并須熟讀經文，傍通諸家講説，義理度數，明白分曉。凡治經者要兼通小學書及四書；二曰行實：孝（於父母），弟（在家弟於兄，在外弟於長），睦（和於宗族），婣（和於外姓之親），任（厚於朋友），恤（仁於鄉里以及衆人）；三曰文藝：古文、詩；四曰治事：選舉、食貨、禮儀、樂律、筭法、吏文、星歷、水利，各於所習，讀通典、刑統、筭經諸書。是爲擬定教法。同列欲改課爲試，行大學積分法，公謂教之以争，非良法也，論議不合，遂有去志。

皇慶元年壬子。元仁宗。

正月，移疾去職。公登舟賦詩留别，僚友皆爲之驚愕。諸生一旦失所依歸，有流涕者。監學命屬吏及諸生十人追至通州河上，懇留，不從。都堂亦遣使請，或尼不行。三月，至真州。舊學者强留講學。七月，至建康。冬，還家。

二年癸丑。

集賢院知公之教人不倦，同至都堂，請以國子祭酒召公還朝。平章李公孟爲倡言曰：吴司業高年，養病而歸，今即召還，是苦之也。遂不復召。

延祐元年甲寅。元仁宗。

作久大堂。命長子文董其役，倣古規制，趙文敏公篆額。八月，江西貢院考鄉試。屢以病辭不獲。

二年乙卯。

正月，如龍興。時經理田糧，限期嚴迫，使者立法苛刻，務重增民賦以覬爵賞。郡縣奉行尤虐，民不堪命，群情洶洶。邑父老知公與部使杜顯祖在朝廷有交承之誼，請往陳其害。公既行一日，使者已趨袁、瑞，不及入城而還。

三年丙辰。

留宜黄縣五峰。公欲著易纂言，五峰僧舍僻静，門人往從者二十餘人。

四年丁巳。

七月，江西省考鄉試。時患足瘡，堅卧不出，使者率即縣留山中不去，不獲已而行。考官七員，公所命題出經問曰：「孟子道性善，堯舜至於途人一耳，而論語曰性相近，何也？」同官或怪其易，公曰：「於此有真知則言不差。」江西貢士二十二人，公以爲答此問不差者纔得二三卷耳。先是，臣僚數言公姓名於上前，八月，上特問公何在，太保楚蘇對：「臣聞居江西。」集賢知上意所在，請以代李源道爲直學士，中書奏可，命修撰虞集給驛聘召。

五年戊午。

還自永豐縣武城書院。授集賢學士、奉議大夫。既拜命，疾作，久之無行意。虞集曰：「此除實出上意，宜勉爲行。」五月，戒行。八月，次儀真。疾復作，使者亟欲復命，公因辭謝，遂留淮南。十一月，留建康，書纂言成。

六月己未。

留建康。十月，留江州。寓濂溪書院，南北學者百餘人。十一月庚寅，祭周元公墓。

七年庚申。

留江州。七月，湖廣省請考鄉試。以疾辭。還家。北方學者皆從。

至治元年辛酉。元英宗朝。

二年壬戌。

如建康。定王氏義塾規制。有司上其事，賜額江東書院。十月，還家，易纂言成。

三年癸亥。

授翰林學士、太中大夫、知制誥同修國史。英宗皇帝嚴明果斷，獨委丞相拜珠以政，於是勵精求治，故老薦公才德於今爲儒士冠，故超授是命。遣直省舍人劉布呼齊給驛聘召，疾馳至公家，且曰：上固知先生年已高，所以來召者，必欲見先生，宜毋以此爲辭。

二月庚寅，戒行。三月甲辰，次龍興。己酉，省憲官祖餞。五月，至京師。時上在上都，丞相聞公至，大喜。六月己巳，上官。七月，勑譔金書佛經序。時書經於慶壽寺，中書左丞蘇蘇傳旨譔序，仍諭上意，一追薦列聖、一祈天永命、一爲民祈福。對曰：「主上寫經之意，爲國爲民，甚盛舉也。唯追薦冥福，臣所未知。蓋釋氏因果利益之説，人所喜聞。至言輪迴之事，彼之高者且不談，其意以爲，爲善之人，死則上通高明，其極品則與日月齊光；爲惡之人，死則下淪汚穢，其極下則與沙蟲同類。其徒遂爲超生薦拔之説，以蠱惑世人。今列聖之神，上同日月，何待子孫薦拔？且國初以來，凡寫經追薦之事不知其幾，若超拔未效，是無佛法矣；若超拔已效，是誣其祖矣。譔爲文辭，不可以示後世。」左丞曰：「上命也，先生請俟駕還奏之。」會上崩，不及奏而止。八月丁卯，上還，次南坡，崩。丞相亦遇害。十一月，晉王入，即位。十二月癸酉，逆賊以次伏誅。公亟謀治歸，河凍不可行。勑譔國子監崇文閣碑。

泰定元年甲子。元泰定帝。

正月推登極恩。賜銀百两、金織文錦四疋。二月，開經筵。用江浙省左丞趙簡言也。

命公同中書平章張珪與祭酒鄧文原爲講官。壬午，會議進講事宜，條奏敕講官賜坐。三月壬寅，上御明仁殿聽講。悉屏侍臣，唯丞相、御史大夫在侍，講罷，命内饔賜食。甲寅，上御流杯池亭聽講。公講中庸「舜其大孝」章及資治通鑑數條，上大悦。四月壬戌，中書集議太廟神主。先是，至治末，有詔作太廟，議者習見同堂異室之制，新廟作十二室，未及遷奉，而國有大故。有司疑於昭穆之次，故命集議焉。先生曰：「世祖皇帝混一天下，率考古制而行之。古者，天子七廟，廟各爲宫，太祖廟居中，左三廟爲昭，右三廟爲穆，昭穆神主各以次遞遷其廟之中，頗如今中書省六部對列。省部之設亦效金、宋之典，官府尚從前代典故，豈有宗廟之序次不考古之典故，可乎？」七月，修英宗皇帝實録。中書會議司天監屬訐其官長。所訐二月皇后出殯係犯復日，又葬日正犯聖算行年，輕侮不敬，致二后同日而崩。刑部取罪狀，中書奏兩院，會議公曰云云。

二年乙丑。

正月朔。以疾不能會朝。辛卯移疾。養疾南城天寶宫之别館。辛丑，中書遣官問疾。朝中知公將南歸。庚戌，中書請議事。直省舍人某來。辛卯，中書具燕。禮部郎中楚輝致丞相意敦請還職。閏月辛未，翰林國史院開局纂修英宗皇帝實録。有旨賜宴，丞相親至，公以是居院之西廳。二月，進講。八月辛亥，移疾。實録既畢。丙子，中書具燕舉留。左丞相許師敬領官屬至院。燕畢，即命小車出城，僚友及朝士大夫知者，追餞於都門外，諸生送至通州。中書聞知，亟命官具驛舟，追至楊村，不及而還。十一月，至龍興。延祐經理各省田糧，後有詔蠲虛增之税，惟江西舞文之吏以减削則例爲名，增税至三萬餘石不得免。至治初，包銀令爲害。泰定改元，中書集議便民之事，公力以二事爲言，下詔始免包銀，且命體覆减削之名而蠲之。有司因循未行。至是，值奉使宣撫在江西，公又言之，乃督憲司即爲除害。人皆德之。十二月，還家。

三年丙寅。

授翰林學士、資善大夫、知制誥同修國史。公既歸，丞相數欲召還，或曰：公以高年稱疾而去，其可得而復致乎？丞相乃言於上曰：江南吴某舊德重望，往年召爲學士，商議政事，進講經筵，今以年高辭朝而去，宜加優禮，以宣揚朝廷敬老尊賢之意，使天下有所激勸，而聖明之譽亦得垂於無窮矣。上深然之，乃有是命，并賜中統鈔五千貫、金織文幣二表裏遣翰林編修官劉光至家傳旨。三月己巳，拜命。公上表辭謝。蔡國公張珪薦章。其略云：「欽承明詔，肇啓經筵，考論前經，講明正道，實國家之令典，其所關係非細務也，而珪以家世之舊，愚戇之誠，備位宰相，首當勸諫，及解機務，仍俾專官。自念世備戎行，所謂明經，實慚寡陋，况通譯之難，講明有限，積誠未至，不能感格，惟願老成之進，庶幾陳閉之心。竊以周尚父授丹書之戒，漢申公赴蒲輪之招，皆以耆頤爲國羽翼，蓋有乞言之禮，必於養老之時非徒外飾虚文，實以諮諏治道。翰林學士吴澂，心正而量遠，氣冲而神和，博考於事物之賾，而達乎聖賢之藴；致察於踐履之微，而極乎神化之妙。正學真傳，深造自得，實與末俗盗名欺世者霄壤不同。粤自布衣，一再收召，超擢學士，有識君子不以爲過，前當講説，剴切温潤，完厚康健聰明，經學之師，當代寡二。雖蒙恩賜存撫，爲禮甚優，然合召還，資其學問，良非小補。」云云。未幾，復舉以自代，曰：「制誥、國史二事，所以成一王之大經、萬世之昭憲，比於效一官、分一職，重輕不侔。若止因循冒昧，常人孰不可爲。當職世從軍旅，歷職省臺，文章本非所長，志慮耗於勞勩，深思逭責，其在薦賢。翰林學士吴澂，學貫天人，行足師表，書事得筆削之法，代言近典誥之文，蓋其所造甚深，文學亦其餘事。

且今兩朝實録，未經進呈，累朝嘉言善行多合記録，載事修辭，全資學識。又有遼、金、宋史，先朝累有聖旨纂修，曠日引年，未覩成效，使前代之得失無聞，聖朝之著述不見，恐貽後悔，君子耻之。然非博洽明通，孰克成此。本官雖曰年近八十，其實耳聰目明，心清力贍，今不使身任其事，後必追悔無及。近蒙朝廷差官優賜存問，禮意誠厚，然須使當承旨之任總裁，方可成就，所合舉以自代，允協輿論。」云云。答田憲副問。

四年丁卯。

三月，省墓樂安縣。七世祖妣張氏夫人葬天授鄉之櫟步。留清江縣。荆襄來學者十有五人。八月，還家。

天歷元年。是年初，改致和元年，歲在戊辰。

二年己巳。

七月，江西省請考鄉試。辭疾不起。易纂言外翼成。

至順元年庚午。天歷、至順皆元文宗朝。

伯子文以廕授官。先是，郡縣以公歸老無復出意，舉文承廕授奉議大夫、同知柳州路總管府事。叔子京以侍養授官。故事，儒臣告老，許官一子侍養。答王參政問。

二年辛未。

答危素問。八月，冢婦曾氏卒。制大功服。十一月，孫畲卒。居母喪，毁瘠卒。公惜其穎敏，哭之痛。

三年壬申。此後爲順帝初年，先没。又三十六年，元亡。

留郡學。子京迎養，公服所製玄冠玄端以謁先聖先師。禮記纂言成。

元統元年癸酉。

遷母夫人游氏於里之魯步東邊，祔父左丞公墓左。六月甲子，感暑得疾。公感疾服藥，數日小愈，踰旬頗安，醫者請退。公曰：「吾往時病退，體即清和，今證已去而體氣若在病中，時殆未愈也。」庚辰，復作。辛巳，公命孫當曰：「吾疾異於常時矣。」召學者曾仁曰：「生死常事，可須使吾子孫知之。」共手胸前，正卧不動者數日。乙酉，揮藥不進。嗽水畢，瞑目不語。里中人是夕見一大星隕於屋之東北隅。丙戌，薨，年八十有五。卒時，神思泰然而逝。戊子，小殮，襲用玄端。己丑，大殮，用絞衿。事聞，詔加贈資德大夫、江西等處行中書省左丞、上護軍，追封臨川郡公，謚曰文正。謚法：「經天緯地曰文，内外賓服曰正。」

行狀

曾祖，大德；妣，張氏。祖鐸，贈中奉大夫、淮東道宣慰使、護軍，追封臨川郡公；妣，謝氏，追封臨川郡夫人。考樞，贈資善大夫、湖廣等處行中書省左丞、上護軍，追封臨川郡公；妣，游氏，追封臨川郡夫人。

先生諱澄，字幼清，晚稱伯清，姓吴氏。其先自豫章之豐城，遷居崇仁。七世祖周，生二子：璣將鄉兵留太平州；璿生曄，始居咸口里，公之高祖矣。自是以來，世治進士業。

先生以宋淳祐九年己酉正月十有九日生。前一夕，鄉父老見有異氣降其家後。有望氣者言，華蓋、臨川兩山之間，當有異人出。兩山之間，所謂咸口里也。三歲，穎異日發。宣慰公抱置膝上，教之古詩，隨口成誦。五歲，就外傅，日受千餘言，誦之數過，即記不忘。母夫人憂其過勤，夜節膏油之焚。常候母寢，復續火讀書達旦，不敢令母氏知也。七歲，論語、孟子、五經皆成誦，能著律賦。九歲，鄉邑課試，每中前列。十歲，始得朱子大學等書而讀之，恍然知爲學之要，日誦大學二十過，如是者三年。次第讀論語、孟子、中庸，專勤亦如之。晝誦夜惟，弗達弗措。十三歲，大肆力於群書。家貧，嘗從鬻書者借讀，既而還之。鬻書者曰：「子盡讀之乎？」先生曰：「試舉以問我。」鬻者每問一篇，輒終其卷，鬻者遂獻其書。十四歲，丱角赴郡學補試，郡之前輩儒者皆驚其文。

十五歲，知厭科舉之業，而用力聖賢之學。見朱子訓子帖有「勤謹」二字，如得面命，而服行之。作勤、謹二箴，又作敬銘，有曰：「把捉於中，精神心術。檢束於外，形骸肌骨。」又作和銘，極言周子、程伯子氣象以自勉。常自言曰：「讀敬銘如臨嚴師，如在靈祠，百妄俱消，而不覺足之重、手之恭。讀和銘，心神怡曠，萬境皆融。熙熙然，不知手之舞、足之蹈也。」其後，又作顔冉銘、理一箴、自新銘、自脩銘、消人欲銘、長天理銘、克己銘、悔過銘、矯輕銘、警惰銘等。節節警策，踐履之功，於斯可見矣。

是歲，宣慰公赴鄉試，先生侍行。時郡守迎新安徽庵程先生若庸，以朱子之學教授郡之臨汝書院。徽庵蓋從雙峰饒氏游，先生因鄉人謁之。徽庵未出，而外齋有揭帖片紙滿壁，皆徽庵特見以語學者之説，先生一覽而盡之。及見，先生從容進問，曰：「如先生壁間之書，以大學爲高明正大之學，然則小學乃卑小淺陋之學乎？」若此者數條。徽庵曰：「吾處此久矣，未有如子能問者。吾有子曰仔復，族子櫄之，與子年相若，可同學爲友。」櫄之者，盱江程文憲公文海鉅夫舊名也。自是，嘗往來徽庵之門。徽庵深知之，而同堂之人弗盡知也。

咸淳元年冬，左丞公侍宣慰公之疾，久而小間。宣慰謂左丞曰：「吾察此孫，晝夜服勤，連月不懈，而精神有餘，此大器也，可善教之。」蓋宣慰自襁褓之愛先生，間形於言，而親戚鄉里，以爲有譽孫之癖矣。十有二月，宣慰公捐舘，喪葬凡役，先生考古禮，禀於左丞而行之。

十九歲，著説曰：「道之大，原出於天。聖神繼之，堯、舜而上，道之元也。堯、舜而下，其亨也。洙、泗、魯、鄒，其利也。濂、洛、關、閩，其貞也。分而言之，上古則羲皇其元，堯、舜其亨乎？禹、湯其利，文、武、周公其貞乎？中古之統，仲尼其元，顔、曾其亨，子思其利，孟子其貞乎？近古之統，周子其元也，程、張其亨也，朱子其利也，孰謂今日之貞乎？未之有也。然則可以終無所歸哉？蓋有不可得而辭者矣。」

又嘗與人書曰：「天生豪傑之士，不數也夫。所謂豪傑之士，度越一世，而超出等夷也。戰國之時，孔子徒黨盡矣。充塞仁義，若楊墨之徒，又滔滔也。而孟子生乎其時，獨願學孔子，而卒得其傳。當斯時也，曠古一人而已，真豪傑之士哉！孟子没千有餘年，溺於俗儒之陋習，淫於老佛之異教，無一豪傑之士生於其間。至於周、程、張、邵，一時迭出，非豪傑其孰能與於斯乎？又百年，而朱子集數子之大成，則中興之豪傑也，以紹朱子之統自任者，果有其人乎？澄之齠齔，時惟大父家庭之訓是聞，以時文見知於人，未聞道也。及知聖賢之學，而未知能學也。於是以豪傑自期，以進於聖賢之學，而又欲推之以堯、舜其君民而後已。實用其力於斯，豁然似有所見，坦然知其易行，而力小任重，固未敢自以爲是，而自料所見愈於人矣。」是時，先生方弱冠，而有志自任如此。

其後，先生嘗識此二文之後曰：「其見多未定之見，其言多有病之言，然不忍棄去，録而藏之。」則晚年所進，自此可考矣。

六年庚午，應撫州鄉舉，以第二十八名薦。明年，試禮部，下第，歸而纂次舊作，謂之私録。時宋亡之證已見，先生以其道教授鄉里，嘗作草屋數間，而題其牖曰：「抱膝梁父吟，浩歌出師表。」程文憲知其意，題之曰草廬，學者稱之曰草廬先生。

歲乙亥，皇元至元十二歲也，撫州内附，傳檄至樂安。樂安丞蜀人黄酉卿，不署狀，去之窮谷，不免寒餓，猶招先生教其子，先生從之。十四年，亡宋丞相文天祥起兵廬陵，郡多應之。傍近寇起，先生奉親避地，弗寧厥居。鄉貢進士鄭松，奇士也，迎先生隱居布水谷，後人以其處爲真隱觀。

十八年，纂次諸經注釋，孝經章句成。十九年，較定易、書、詩、春秋，修正儀禮、小戴、大戴記。二十年，自布水還居草廬。

二十一年五月，左丞公捐館。二十三年，程文憲公奉詔，起遺逸於江南，至撫州强起先生，以母老辭。程公曰：「不欲仕可也，燕冀中原，可無一觀乎？」母夫人喜其行。與程公同如京師。既至，程公猶薦先生，不令其知。先生覺其意，力以母老辭。二十四年，歸。朝廷老成及宋之遺士在者，皆感激賦詩餞之。故宋宗室趙文敏公孟頫方召爲兵部郎官，獨書朱子與劉屏山所和詩三章以遺之。一時風致，識者嘆之。

二十五年，程文憲公言於朝曰：「吴澄不願仕，而所定易、書、詩、春秋、儀禮、大小戴記得聖賢之旨，可以教國子，傳之天下。」有旨，江西行省遣官繕録以進。郡縣以時敦禮。

元貞元年八月，遊豫章西山。憲幕長郝文仲明，迎先生入城，學易。時南北學者日衆，清河元文敏公明善時行省掾，以文學自負，常屈其坐人。見先生問春秋大義數十條，皆領會。至語之理學，有所未契。先生使讀程氏遺書近思録。文敏素讀是書，至是，始知反覆玩味。他日，見先生曰：「先生之學，程子之學也。願爲弟子授業終其身。」城中居官之人及諸生皆願聞先生一言，請先生至郡學。先生爲説「修己以敬」一章，指畫口授，反覆萬餘言，聽者千百人。有常用力於斯者，多所感發。

三年，董忠宣公士選任江西行省左丞，因文敏得見先生於館塾，以爲平生所見士未有德容辭氣、援據經傳如先生者。大德元年，拜行臺御史中丞，入奏事，首以先生爲薦。及在樞府，又薦之。一日，議事中書，起立謂丞相曰：「士選所薦吴澄，經明行修，大受之器。論道經邦，可助治國。」平章軍國重事博果密曰：「樞密質實所薦，天下士也。」丞相逮事世祖，親見用人之道，平章許文正公高第之得其傳者，是以知董忠宣之言，授應奉翰林文字、登仕佐郎、同知制誥、兼國史院編修官。詔有司敦遣，忠宣又以手書招之。先生答書云：「朝廷用人之不次，公卿薦人之不私，布衣之受特知，蒙特恩如此，近世以來所希有也。雖木石，猶當思所以報稱，而况於人乎？然夫子勸漆雕開仕，對以吾斯之未能信，而夫子説之者，深以開之可仕不可仕，開知之而夫子未知之也。閣下之舉古大臣之事，澄敢不以古賢人之所以自處者自勉。」繼以邵子之詩曰：「『幸逢堯舜爲真主，且放巢由作外臣。』澄不敏，願自附於前賢，成之者在閣下矣。」

有司敦迫久之，先生爲一至京師，而代者上矣。方冬寒沍，京師學者奉先生而問學焉。

七年春，中丞猶抗章論朝廷失待士之禮。

先生歸至揚州，時憲使趙公弘道，及寓公珊竹公玠、盧公摯、賈公鈞、趙公英、詹公士龍、元公明善等，先後留先生，身率子弟諸生受業。明年八月，除將仕郎、江西等處儒學副提舉。九月，校定邵子之書。十年十月，之官。十一年正月朔，以疾辭去。留清都觀，與門人論及老子、莊子、太玄等書之本旨，因正其訛僞，而著其説。

至大元年，除從仕郎、國子丞，朝命行省敦遣。二年六月，到官。先是，世祖皇帝初命許文正公自中書出爲祭酒，文正始以所得朱子小學躬尊信之，以訓授弟子，繼之者多其門人，猶能守其法，久之寖失其舊。先生既至，深憫學者之日就乎荒唐，而徒從事於利誘也，思有以作新之。於是，六館諸生，知所趨向。先生旦秉燭堂上，諸生以次授業；晝趨堂後寓舍，則執經者隨而請問。先生懇懇循循，其言明白痛切，因其才質之高下，聞見之淺深，而開導誘掖之。使其刻意研窮，以究乎精微之藴，反身克治，以踐乎進脩之實。講論不倦，每至夜分，寒暑不廢。於是一時游觀之彦，雖不列在弟子員者，亦皆有所觀感而興起矣。

時朝廷循習寬厚，好功名者奏立尚書省，改更紛然。新執政鑄錢貨、變鈔法以爲功，欲得先生助己，而恐其不可致。有士請致先生，先生卧病門生家不可致。乃歸紿其人曰：「老儒不善騎，墮馬折臂矣。」

四年，武皇賓天，仁宗即位。尚書省罷，先生陞司業。侍御史劉公賡拜集賢大學士兼國子祭酒，召諸生語之曰：「朝廷徒以吾舊人，自臺臣遷以重國學，司業大儒，吾猶有所質問，師不易得，時不可失，諸生勉之。」皇慶元年正月，先生使買舟通州。既行，而後移文告其去。監學官愕然，貴游之士，倀倀失所依，有流涕者。數十人追至河上，懇留不從。朝廷亦遣人追留，或尼不行。

蓋先生嘗爲學者言：「朱子道問學工夫多，陸子静却以尊德性爲主，問學不本於德性，則其弊偏於語言訓釋之末，果如陸子静所言矣，今學者當以尊德性爲本，庶幾得之。」議者遂以先生爲陸學，非許氏尊信朱子之義。然爲之辭耳，初亦莫知朱、陸之爲何如也。延祐三年，先生深入宜黄山中五峰僧舍以居，六越月，修易纂言。四年，江西行省請考鄉試，先生出經問曰：「孟子道性善，堯舜至於塗人一耳。而論語曰性相近，何也？」同官或怪其易。先生曰：「於此有真知，則言不差。」江西貢士二十二人，而答此問不差者，先生以爲纔得三四卷耳。

五年春，除集賢直學士，特陞奉議大夫。遣集賢脩撰虞集奉詔，召先生於家。行至儀真，病作不復行。渡江謁金陵門人王進德家新書塾，所至學者雲集。居數月，修書纂言。

六年十月，泝江州寓濂溪書院。十一月，率諸生拜周元公之墓。是年，北方學者爲多。明年，還臨川，從之者皆北人。至治二年，易纂言成。

三年，英宗即位，東平王拜珠爲丞相，勵精爲治，黜陟臧否，朝廷赫然。超拜先生爲翰林學士、知制誥、同脩國史，階太中大夫。遣直省舍人劉布呼奚，奉詔召先生於家。使者致君相之意甚篤，先生拜命即行。五月，至京師。六月，入院。時詔學士散直集善書者，粉黄金寫浮圖藏經，有旨自上都來，使丞相蘇蘇詔先生爲之序。先生曰：「主上寫經之意，爲國爲民，甚重事也。但追薦冥福，臣所未知，蓋釋氏因果利益之說，人所喜聞。至言輪迴之事，彼之高者且不談。其意止謂爲善之人，死則上通高明，其極品則與日月齊光。爲惡之人，死則下淪污穢，其極下則與沙蟲同類。其徒遂爲超生薦拔之說，以蠱惑世人。今列聖之神，上同日月，何待子孫薦拔。且國初以來，凡寫經追薦之事，不知其幾。若超拔未效，是無佛法矣。若超拔已效，是誣其祖矣。譔爲文辭，不可以示後世。」左丞曰：「上命也。」先生請俟駕還，奏之。會上崩，不及奏而止。

泰定元年，朝廷用江浙行省左丞趙簡言，開經筵進講。平章蔡國張公珪領之，以經學屬之先生。先生言温而氣和，經旨敷暢，得古人勸講之體。廷中驟見文物之盛，而先生首當其任，來者法焉。在至治末，詔作太廟。議者習見同堂異室之制，新廟作十二室，未及遷奉，而國有大故，有司疑於昭穆之次，故命集議焉。先生曰：「世祖皇帝，混一天下，率考古制而行之。古者，天子七廟，廟各爲宫。太祖廟居中，左三廟爲昭，右三廟爲穆。昭穆神主，各以次遞，遷其廟之中。頗如今中書省六部，對列省部之設，亦倣金、宋之典。官府尚從前代典故，豈有宗廟之敘次而不考古之典故可乎？」

七月，有旨國史院脩英宗實録。時漢人承旨缺，先生總其事，分局纂修。既畢，先生有歸志。中書左丞奉旨賜宴，史院致勉留之意。宴畢，命小車出城，朝士追送於齊化門外，諸生送至通州。中書聞，亟命官具驛舟追至楊村，不及而還。是年，先生七十有七歲。十一月，至豫章。延祐經理民田，時激變，贛之寧都，中外騷動。事定，詔蠲虚增之税，惟江西有郡縣舞文之吏，以減削則例爲名，增税二萬餘石者，不得免。至治初，又行包銀，爲害益甚。先生在朝，數言于執政者。泰定改元，中書會議便民之事，先生始以二事爲言。詔書始免包銀，且命體覆減削之名而蠲除其税，有司因循未行。

至是，值宣撫在江西，其副齊公履謙，嘗與同官成均，相敬如師友，先生力以告之。乃督憲司，即爲除豁。十二月，抵家。中書言：吴澄，國之名儒，朝之舊德，年高而歸，不忍重勞之，宜有所褒異。有詔，加授資善大夫，賜鈔五千貫，金織文錦二，皆有副。

初，先生與張蔡公同年告老。其再相也，力薦起先生，會蔡公又去，而士大夫多傳其辭云：「欽承明詔，肇起經筵，考論前經，講明正道，實國家之令典，其所關係非細務也。而珪以家世之舊，愚戇之誠，備位宰臣，首當勸講。及解機務，仍俾專官。自念世備戎行，所謂明經，實慚寡陋，况通譯之難，講明有限，積誠未至，不能感格。惟顧老成之進，庶幾陳閉之心。切以周尚父授丹書之戒，漢申公赴蒲輪之招，皆以期頤爲國羽翼。蓋有乞言之禮，必於養老之時，非徒外飾虚文，實以諮詢治道。翰林學士吴澄，心正而量遠，氣充而神和。博考於事物之賾，而達乎聖賢之藴；致察於踐履之微，而極乎神化之妙。正學真傳，深造自得，實與末俗盜名欺世者，霄壤不同。粤自布衣，一再收召，超擢學士，有識君子不以爲過。前當講明剴切，温潤完厚，康健聰明，經學之師，當代寡二。雖蒙恩賜存撫，爲禮甚優，然合召還，資其學問，良非小補。」未幾，復舉以自代曰：

「制誥、國史二事，所以成一王之大經，爲萬世之昭憲。比于效一官，分一職者，重輕不侔。若止因循冒昧，常人孰不可爲。當職世從軍旅，歷仕省臺。文章本非所長，志慮耗於勞勩，深思宜責，其在薦賢。翰林學士吴澄，學通天人，行足師表。書事得筆削之法，代言近典誥之文。蓋其所造甚深，文學亦有餘事。目今兩朝實録，未經呈進，累朝嘉言善行，多合紀録。載事修辭，全資學識。又有遼、金、宋史，先朝累有聖旨纂修，曠日引年，未覩成效。使前代之得失無聞，聖朝之著述不見，恐貽後悔，君子耻之。然非博洽明通，孰克成此。本官雖曰年近八十，其實耳聰目明，心清力贍，今不使身任其事，後必追悔無及。近蒙朝廷差官，優賜存問，禮意誠厚。然後須使當承旨之任，總裁方可成就，所合舉以自代，允協輿論。」

天歷元年，春秋纂言成。二年，易纂言外翼成。游先生之門，南北之士，前後無慮千百人。門人元明善言，嘗聞先生論及門之士。先生悵然曰：「吾聞郡多俊秀，宜有可望者。」三年，其第三子京，爲撫州路儒學教授，迎先生至城府，學者無不得見焉。進而教之，靡間晨夕。雖偶病少間，未嘗輟其問答。居久之，則又問明善曰：「得毋有未見者乎？」後數日，部使者郡守，請先生觀新譙樓。先生賦詩一章，懷王丞相、陸子静以示學者，遂登車歸其鄉矣。

四年，禮記纂言成。六月，先生寢疾，病踰旬，屏藥醫，使門人告子孫治後事，拱手正身而卧。乙酉夜，有大星隕其舍東北隅。丙戌日正午，神氣泰然而薨。年八十有五歲，以玄端斂。

娶余氏，追封臨川郡夫人。子男五，文廕，奉議大夫，同知柳州路總管府事，後先生一年卒；衮，先卒；京，以奉養先生，特授撫州路儒學教授；稟；亶。孫男十一：當、蕃、畣、葍、甇、奮、里、昇、畟、略、界。畣、甇蚤世。孫女五，適譚觀、曾文、熊鈴、袁鎮、黄盅。曾孫男四：亼、全、仚、侖。女二。

嗚呼！孟子殁千五百年，而周子出，河南兩程子爲得其傳，時則有若張子精思，以致其道。其迥出千古，則又有邵子焉。邵子之學既無傳，而張子殁，門人往往卒業於程氏，程門學者篤信師説，各有所奮力以張皇斯道，奈何世運衰微，民生寡祐而亂亡隨之矣。悲夫！斯道之南，豫章延平高明純潔，又得朱子而屬之。百有餘年間，師弟子之言折衷無復遺憾，求之於書，蓋所謂集大成者。時則有若陸子静氏，超然有得於孟子，先立乎其大者之旨，其於斯文，互有發明。學者於焉可以見其全體大用之盛，而二家門人，區區異同相勝之淺見，蓋無足論也。

朱子以來，又將百年，爲其學者，毫分縷析，日以增盛，曾不足少救俗學利欲之禍，而宋遂亡矣。先生之生，炎運垂息。自其髫齓，特異常人，得斷簡於衆遺，發新知於卓識。盛年英邁，自任以天下斯文之重，蓋不可禦也。摧折窮困，壯志莫遂。艱難避地，垂十數年。其所以自致於聖賢之道者，日就月將矣。歷觀近代進學之勇，其孰能過之？

南北未一，許文正公先得朱子之書於邊境，伏讀而深信之。持其説以事世祖皇帝，而儒者之道不廢，許公實啓之。是以世祖以來，不愛名爵以起天下之處士，雖所學所造各有以自見，其質諸聖賢而不悖，俟乎百世而不惑論者，尚慊然也。先生自布衣用大臣薦，出處久速道義，以之三命益隆，遽至内相之貴，稽其立朝之日，未嘗有三年淹也。施教成均，師道尊重。勸講内廷，誠意深遠。與大議，論大事，雖可槩見而無悠久浹洽之功者，非人之所能爲也。然而，先生生八十有五年，耳聰目明以終其身，得以其學肆於聖經賢傳，以辨前儒之惑，以成一家之言，天下後世之學者，可以探索玩味於無窮矣。

其於易學之五十餘年，其大旨宗乎周、邵，而義理則本諸程傳。其校定用東萊吕氏之本，而修正其缺衍繆誤。其纂言，則纂古人、今人之言，有合於己之所自得者。大槩因朱子象占之説，而益廣其精微。若項安世玩辭等説，則因之益致其潔静，至於自得之妙，有非學者所能遽知，而通其類例以求之者，則在外翼。外翼十二篇，曰卦統、曰卦對、曰卦變、曰卦主、曰變卦、曰互卦、曰象例、曰占例、曰辭例、曰變例、曰易原、曰易派。

書，校定以伏生所傳自爲一卷，不以所謂古文者雜之。春秋纂言，蓋取近代儒者特見之明，以破往昔諸家傳注穿鑿之陋，決以己意而折衷之。使人知聖筆有一代之法，而是經無不通之例。既采摭群言，各麗於經。又用趙氏纂例之法，分所異，合所同，纂爲總例七篇，曰天道、曰人紀、曰嘉禮、曰賓禮、曰軍禮、曰凶禮、曰吉禮，例之綱七，例之目八十有八。凡春秋之例，禮失者書，出於禮則入於法，故曰刑書也。事實辭文，善惡畢見，聖人何容心哉？蓋渾渾如天道焉，所謂例，學者以此而求聖經云耳。

儀禮存者十七篇，先生補逸經八篇者，投壺、奔喪取之小戴記，公冠、諸侯遷廟、諸侯釁廟取之大戴記。中霤、禘於太廟、王居明堂諸篇名，見鄭氏注，而其文則甚略矣。有傳十篇，冠義、昏義、士相見義、鄉飲酒義、鄉射義、燕義、大射義皆取之小戴記。大射義乃自鄉射義而分者。聘義、公食大夫義則用清江劉氏所補。朝事義則取諸大戴記以備覲義。而所謂禮記纂言者，既取諸義附於經，又別大學、中庸别爲一書。其存者，凡三十六篇，通禮九，喪禮十一，祭禮四，通論十二。篇次先後稍變於舊，就篇之中，科分櫛剔，以類相從，俾其上下文意聯屬，章之大旨標識於左。其篇章文句，秩然有倫，先後始終，至爲精密。先王之遺制，聖賢之格言，千有餘年，其亡闕僅存而可考者，既表而出之，各有所附，而其糾紛固泥於專門名家之手者，一旦各有條理，無復餘蘊矣。

孝經章句最所蚤定，而外傳十卷亡矣，其餘皆存也。詩，則以爲朱氏傳得其七八，其有餘論，則門人傳其言，未及集録。周子、程子之書，既定於朱子之手。而張子、邵子之書，先生始爲校定次第，正其訛缺。張子書，挈東西銘於篇首，而正蒙次之，又以邵子爲孔子以來一人而已。蓋其於邵子之學，深有所會悟也。

先生之博通妙契，有未易言者。門人衆多，浩不可遏，各以其所欲而求之，各以其所能而受之，蓋不齊也。乃著學基一篇，使知德性之當尊。著學統一篇，使知問學之當道。所謂窮鄉晚進，無良師友而有志於學者，循此而學之，庶乎其不差矣。又有老子、莊子、太玄經、樂律、八陣圖、郭璞葬書等説，卓見精識，去世俗淺陋之説遠甚。而先生支餘之學，蓋不止此。其進學之塗轍，首見於私録二卷，而心術之精微，文集具可考見。平日議論，門人各有紀述，識者有所擇焉。

嗚呼！先生往矣，其可得而見者，經學文字之傳於世者也。至若厲如秋霜，煦若春日，論説如江河之淵源，沾溉若雨雲之敷布，親切者如劍之就礪，薰陶者如飲之得醇，望之而心服，即之而氣融，比之求於言語文字之微者，其感化疾矣。不幸天不憖遺，文星下墜，後死者不得有與於聲光，然而，自昔賢者所可見於後世者，亦賴此而已矣。

嗚呼！天乎！集之先君子，長先生四歲，有交友之誼，自幼侍側以聆其緒餘，晚仕於朝，嘗從先生之後。歸田之日，先生已去世數月，蓋深嘆其有不可得聞者，竊敘所知之萬一，以告方來之學者。謹繕寫，上之國史太常，使君子有所考觀焉。謹狀。

元史列傳

吴澄，字幼清，撫州崇仁人。高祖曄，初居咸口里，當華蓋、臨川二山間，望氣者徐覺言其地當出異人。澄生前一夕，鄉父老見異氣降其家，鄰媪復夢有物蜿蜒降其舍旁池中，旦以告人，而澄生。三歲，穎悟日發，教之古詩，隨口成誦。五歲，日受千餘言，夜讀書至旦。母憂其過勤，節膏火，不多與，候母寢，燃火復誦習。九歲，從群弟子試鄉校，每中前列。既長，於經、傳皆習通之，知用力聖賢之學，嘗舉進士不中。

至元十三年，民初附，盜賊所在蜂起，樂安鄭松招澄居布水谷，乃著孝經章句，校定易、書、詩、春秋、儀禮及大、小戴記。御史程鉅夫奉詔求賢江南，起澄至京師。未幾，以母老辭歸。鉅夫請置澄所著書於國子監，以資學者，朝廷命有司即其家録上。元貞初，游龍興，按察司經歷郝文迎至郡學，日聽講論，其問答凡數千言。行省掾元明善以文學自負，嘗問澄易、詩、書、春秋奧義，嘆曰：「與吴先生言，如探淵海。」遂執弟子禮，終其身。左丞董士選延之於家，親執饋食，曰：「吴先生，天下士也。」既入朝，薦有道，擢應奉翰林文字。有司敦勸，久之乃至，而代者已到官，澄即日南歸。未幾，除江西儒學副提舉，居三月，以疾去官。

至大元年，召爲國子監丞。先是，許文正公衡爲祭酒，始以朱子小學等書授弟子，久之，漸失其舊。澄至，旦燃燭坐堂上，諸生以次受業，日昃，退燕居之室，執經問難者接踵而至。澄各因其材質，反覆訓誘之，每至夜分，雖寒暑不易也。皇慶元年，陞司業，用程純公學校奏疏、胡文定公太學教法、朱文公學校貢舉私議，約之爲教法四條：一曰經學，二曰行實，三曰文藝，四曰治事，未及行。又嘗爲學者言：「朱子於道問學之功居多，而陸子静以尊德性爲主。問學不本於德性，則其弊必偏於言語訓釋之末，故學必以德性爲本，庶幾得之。」議者遂以澄爲陸氏之學，非許氏尊信朱子本意，然亦莫知朱、陸之爲何如也。澄一夕謝去，諸生有不謁告而從之南者。俄拜集賢直學士，特授奉議大夫，俾乘驛至京師，次真州，疾作，不果行。

英宗即位，超遷翰林學士，進階太中大夫。先是，有旨集善書者，粉黄金爲泥，寫浮屠藏經。帝在上都，使左丞蘇蘇詔澄爲序，澄曰：「主上寫經，爲民祈福，甚盛舉也。若用以追薦，臣所未知。蓋福田利益，人所樂聞，而輪迴之事，彼習其學者，猶或不言。不過謂爲善之人，死則上通高明，其極品則與日月齊光；爲惡之人，死則下淪污濁，其極下則與沙蟲同類。其徒遂爲薦拔之説，以惑世人。今列聖之神，上同日月，何庸薦拔！且國初以來，凡寫經追薦，不知幾舉。若未效，是無佛法矣；若已效，是誣祖矣。撰爲文辭，不可以示後世，擬自上還奏之。」會帝崩而止。

泰定元年，初開經筵，首命澄與平章政事張珪、國子祭酒鄧文原爲講官。在至治末，詔作太廟，議者習見同堂異室之制，乃作十二室。未及遷奉，而國有大故，有司疑於昭穆之次，命集議之。澄議曰：「世祖混一天下，悉考古制而行之。古者，天子七廟，廟各爲宫，太祖居中，左三廟爲昭，右三廟爲穆，昭穆神主，各以次第遷，其廟之宫，頗如今之中書六部。夫省部之設，亦倣金、宋，豈以宗廟次序，而不考古乎！」有司急於行事，竟如舊次云。時澄已有去志，會脩英宗實録，命總其事，居數月，實録成，未上，即移疾不出。中書左丞許思敬奉旨賜宴國史院，仍致朝廷勉留之意，宴罷，即出城登舟去。中書聞之，遣官驛追，不及而還，言於帝曰：「吴澄，國之名儒，朝之舊德，今請老而歸，不忍重勞之，宜有所褒異。」詔加資善大夫，仍以金織文綺二及鈔五千貫賜之。

澄身若不勝衣，正坐拱手，氣融神邁，畣問亹亹，使人涣若冰釋。弱冠時，嘗著説曰：「道之大原出於天，神聖繼之，堯、舜而上，道之元也；堯、舜而下，其亨也；洙、泗、鄒、魯，其利也；濂、洛、關、閩，其貞也。分而言之，上古則羲、皇其元，堯、舜其亨，禹、湯其利，文、武、周公其貞乎？中古之統：仲尼其元，顔、曾其亨乎？子思、孟子其貞？近古之統：周子其元，程、張其亨也，朱子其利也，孰爲今日之貞乎？未之有也。然則，可以終無所歸哉！」其蚤以斯文自任如此。故出登朝署，歸於家，與郡邑之所經由，士大夫皆迎請執業，而四方之士不憚數千里，躡屩負笈來學山中者，常不下千數百人。少暇，即著書，至將終，猶不置也。於易、書、春秋、禮記，各有纂言，盡破傳注穿鑿，以發其藴，條歸紀敘，精明簡潔，卓然成一家言。作學基、學統二篇，使人知學之本，與爲學之敘，尤有得於邵子之學。校定皇極經世書，又校定老子、莊子、太玄經、樂律，及八陣圖、郭璞葬書。

初，澄所居草屋數間，程鉅夫題曰草廬，故學者稱之爲草廬先生。天歷三年，朝廷以澄耆老，特命次子京爲撫州教授，以便奉養。明年六月，得疾，有大星墜其舍東北，澄卒，年八十五。贈江西行省左丞、上護軍，追封臨川郡公，謚文正。長子文，終同知柳州路總管府事；京，終翰林國史院典籍官。孫當，自有傳。

壙記

有元翰林學士吴公諱澄，字伯清，居撫州路崇仁縣。祖鐸，贈中奉大夫、淮東道宣慰使、護軍，追封臨川郡公；妣謝氏，追封臨川郡夫人。考樞，贈資善大夫、湖廣等處行中書省左丞、上護軍，追封臨川郡公；妣游氏，追封臨川郡夫人。

公生宋淳祐九年己酉正月十有九日，中咸淳九年鄉貢進士舉。皇元大德四年以處士起，授應奉翰林文字、登仕佐郎、同知制誥兼國史院編修官，未上。八年，除將仕郎、江西等處儒學副提舉，至官三月，以疾辭去。至大元年，擢從仕郎、國子監丞。二年六月到官。四年，就陞國子司業，轉文林郎。公欲更學制，與僚友論不合，皇慶元年正月去官。延祐五年，進集賢直學士，超轉奉議大夫，奉詔行至儀真，病作而歸。至治三年，超拜翰林學士、知制誥同修國史、階太中大夫，奉詔遣直省舍人特召於家。五月至官，秋聞南坡之變，即有歸志，以寒沍，舟不可行。泰定元年春，開經筵，詔公獨當其任。明年二月，有旨修英宗實録，時承旨缺公總其事。八月，書成即歸。三年，特詔加授資善大夫，賜鈔五千貫、金織紋錦二，皆有副。上表辭謝，上不允。至順四年六月丙戌，薨於正寢。至正五年，贈江西等處行中書省左丞、上護軍，封臨川郡公，謚文正。

子男五：文、衮、京、禀、亶。文，奉議大夫、同知柳州路總管府事，後公一歲卒；京，將仕佐郎、翰林國史院典籍官。孫男十二：當、蕃、萺、奮、里、畀、曌、略、界、壘、纍。當，翰林脩撰、徵事郎、同知制誥兼國史院編脩官。孫女八。曾孫男九：亼、全、佡、侖、仝、鈺、銈、鏁、鏗。曾孫女七。玄孫男一：炫，玄孫女一。以至正七年七月初九日己酉，葬縣之禮賢鄉太平里。謹誌於壙云。

神道碑

揭傒斯奉詔撰

皇元受命，天降真儒；北有許衡，南有吴澄；所以恢宏至道，潤色鴻業，有以知斯文未喪，景運方興也。然金亡四十三年，宋始隨之。許公居王畿之内，一時用事，皆金遺老，得早以聖賢之學佐聖天子開萬世無窮之基，故其用也弘。吴公僻在江南，居阽危之中，及天下既定，又二十六年，始以大臣薦，强起而用之，則年已五十餘矣。雖事上之日晚，而得以聖賢之學爲四方學者之依歸，爲聖天子致明道敷教之實，故其及也深。上既命詞臣歐陽玄誄許公之行於石，復以吴先生之述詔臣傒斯。臣材質駑下，於學問無一堪可，詎足以窺涯涘，塞明詔，然國家盛典，敢不欽承！

謹按前奎章閣侍書學士虞集狀，公諱澄，字伯清，撫之崇仁人。曾大父大德，大父鐸，皇贈中奉大夫、淮東宣慰使、護軍，追封臨川郡公。父諱樞，皇贈資善大夫、湖廣等處行中書省左丞、上護軍，追封臨川郡公。祖妣謝氏，妣游氏，追封臨川郡夫人。世有積德，爲儒家。其所居咸口里，在華蓋、臨川二山之間。豐城徐覺者，善望氣，嘗過而指曰：必有異人出焉。已而生公之前一夕，里中人夢有神物蜿蜒降公所居，明日生公。

三歲能誦歌詩數百篇，五歲出就外傅，日受千餘言，三四過即記不忘，夜誦常至達旦。七歲能默誦五經。十歲知爲學之本，大肆力於朱子諸書，猶以大學爲入道之門，必日誦二十過，如是者三年。十五遂以聖人之學自任，作勤、謹二箴，敬、和二銘。十六拜程若庸先生，友程文憲公鉅夫。十九作自新、自脩、消人欲、理長、天理、克己、悔過、矯輕、警惰諸銘，以自策勵。二十舉進士，明年，下第。

又三年，宋亡，天下爲元，是爲至元十三年。而政教未舒，民疑未附，乃與樂安鄭松隱居布水谷，作孝經章句，校定易、書、詩、春秋、儀禮、大小戴記。二十一年，遭父喪，凡治喪悉從古制，鄉里皆化行之。服除，程文憲公以南臺侍御史奉詔求賢江南，强起公，以故舊，俱至京師，而不受其薦。居數月，以母老辭去。程公既不能屈公，又言所校諸書宜置國子監，以資學者。朝廷下行省，行省下有司，即其家盡録上之。

元貞初，至豫章，憲幕長郝文公迎館郡庠，朝夕聽講，有所問答，原理數千言。省屬元文敏公明善以學自命，問易、詩、書、春秋，嘆曰：「與吴先生言，如探淵海。」終身執弟子禮。董忠宣公士選時爲行省左丞，迎至家，親執饋食，曰：「吴先生，天下士。」方董公由南臺御史中丞入簽樞密院事，薦有道，東平文貞王博理密曰：「董公不妄舉。」方議行用之，會遷御史中丞，尋以疾薨，不果用。五年，又以董公爲中丞，乃授應奉翰林文字、登仕郎、同知制誥、國史院編修官。比至，已有代。執手遮留不去。中山王玕、張達，河西張恒輩，皆從受業焉。

八年秋，除將仕郎、江西儒學副提舉。明年，侍次家居，校定邵子書，始推其書上接伏羲、文王、周公、孔子之傳。明年冬，始就官，居三月，即免去。校定老子、莊子、太玄。至大元年，以從仕郎國子監丞召。脩許文正公之教，日講於公，夕講於次，寒暑不懈。仁宗即位，進司業。乃損益程淳公學校奏疏、胡文定公大學教法、朱文公學校貢舉司議，爲教四條：一曰經學，二曰行實，三曰文藝，四曰治事。未及施行，爲同列所嫉，一夕竟去。六館諸生悵悵如失父母者，有不謁告從之而南者，居數年然後歸，歸皆取高科，爲名士。

集賢以祭酒召公，中書不可。延祐初，賓舉之詔行。四年，再校議江西而詔集賢修撰虞集乘傳山中，起爲集賢直學士，特加奉議大夫。明年秋，行至儀真，以疾謝遣使者，就金陵，過九江，拜周元公墓而歸。北方學徒數十人，皆從之至家，留不去。英宗即位，鄆忠憲王拜珠爲丞相，進賢屏惡，天下風動。至治三年春，遣中書直省舍人會江西省臣就家起拜翰林學士、知制誥同脩國史，進階太中大夫。以五月至京師，時駕在上都，尋有南坡之變。明年春，治任將歸，衆皆懇留，爲大行實録計。

會朝廷以江淛行省左丞趙簡言請開經筵，以公及平章政事張蔡公珪、國子祭酒鄧文原爲講官。每進講必三四過乃已。泰定二年閏月，脩英宗實録。八月，書成，未及上進，即稱疾。中書知有去志，即院具宴擧留，宴畢，乘小車出城委牒而去。中書聞之，即以驛舟追至楊村，不及而返。明年詔遣使賜楮幣五千緡，金織段文二，進階資善大夫。公上表辭所賜物。四方學者日益衆，公雖疾，必强起教之，又衣食之，故學者多至卒業而後去。

元統元年六月，微疾。乙酉夜，有大星隕其舍東北隅，明日日中遂薨，年八十五。以玄端斂。及治喪，一用公所定家禮。贈江西行省左丞、上護軍，追封臨川郡公，謚文正。妻余氏，追封臨川郡夫人。子男五：文，以澤授奉議大夫、同知柳州路總管府事，後公一年卒；衮，先卒；京，以便養特授撫州路儒學教授；稟，亶。孫男十：當、蕃、畜、蕾、甾、奮、里、畀、畟、略。當，國子助教；畜、甾早世。女五，譚觀、曾、文、熊鈴、黃蛊，其婿也。曾孫男四：亼、全、仚、侖，孫女二。

臣竊惟我國家自太祖皇帝至於憲宗，凡歷四朝五十餘載，天下猶未一，法度猶未張，聖人之學猶未明。世祖皇帝以天縱之聖，繼統纂業，豪傑并用，群儒四歸，武定文承，化被萬國，何其盛歟！至若真儒之用，時則有若許文正公由朱子之言，聖人之學，列位臺輔，施教國子，是以天啓昌明之運也。乃若吳公，研磨六經，疏滌百氏，綱明目張，如禹之治水，雖不獲任君之政，而著書立言，師表百世，又豈一材一藝所得并哉！

其學之源，則見於易、詩、書、春秋、禮記諸纂言；其學之序，則見於學統、學基諸書，而深造極詣猶莫尚於邵子。其所著書文章皆行於世。公隱居時，有草屋數間，程文憲公過而署其牖曰草廬，故號草廬先生。其葬以元丁亥。其墓在縣之禮賢鄉，地名左橋陳頃坑。其銘曰：

天地之大，六籍載焉；帝王之尊，六籍位焉。
六籍之道，無内無外；六籍之義，有顯有晦。
匪伊求之，道何由明；匪伊明之，道何由行。
昔豈弗求，求或未至；昔豈弗明，明或猶蔽。
天監六籍，生此哲人；抉微闡幽，志氣如神。
其言汪汪，其書洋洋，其學之方，其國之光。
天下儒師，國中通貴；永配孔庭，以式百世。

後記

1998年9月，我進入北京大學哲學系攻讀博士學位，開學不久，導師陳來先生就跟我談論文選題，讓我在兩個題目中挑一個：漢代揚雄與元代吴澄。因爲我的興趣在宋明理學，所以我選了吴澄，雖然我是第一次聽説這個名字。定下來之後，就去找吴澄的書。一查，還没有標點本，祇能看古籍。《四庫全書》收有《吴文正集》，那時還没有電子書，祇能去圖書館看紙本。找到一看，好傢伙，一百卷。這個影印文淵閣本，是把原書四頁縮印在一起，所以字小，而底本又是手寫的，看起來很費勁。之後去古籍部看綫裝的清刻本《吴文正公集》，兩函二十册，字大，好看多了。而且綫裝書看起來，自帶一種儀式感，非常滿意。就這樣一頁一頁地看，一邊做筆記，因爲是古籍，祇讓用鉛筆。看完二十册，差不多用了一年時間。古籍部祇白天開放，後來我想辦法把《吴文正集》複印了一本，可以晚上在宿舍看。同時，拜托師妹劉昕嵐從臺灣複印到更早的明刻本。這樣，前前後後，把吴澄的文集至少看了三遍。在這個過程中，對原文免不了要自己做斷句，祇是没時間把標點都一一寫上去。2001 年，我以《吴澄哲學思想研究》通過博士論文答辯。2005 年，根據博士論文修改的《尊德性與道問學——吴澄哲學思想研究》一書由人民出版社出版。同年，《吴澄評傳》由南京大學出版社出版。之後，我轉入以《近思録》爲中心的新儒學話語的形成與結構的研究。

重新回到吴澄，是 2017 年。爲了向 2018 年北京「第二十四届世界哲學大會」獻禮，中國社會科學出版社組織「中外哲學典籍大全」，當時在中國社會科學院哲學所工作的趙金剛向同門發出邀約，共襄盛舉，我推薦了自己指導的幾名碩士、博士整理的多部古籍，爲了表示自己也願意出一份力，把《吴澄集》也報上去了。應承下來之後，纔發現《吴澄集》體量之大，以一人之力，根本無法在幾個月内按期交稿。爲難之際，我以前指導的古代文學碩士光潔拔刀相助，解了我燃眉之急。望着兩千多頁的校樣，不敢相信，時隔多年，竟然能將《吴澄集》點校出來，真如夢一般。

在此書稿即將付梓之際，略書前塵往事，以志不忘。

方旭東

辛丑冬月十二寫於海上

中外哲學典籍大全·中國哲學典籍卷

已出版書目

《關氏易傳》《易數鈎隱圖》《删定易圖》，劉嚴點校。

《周易口義》，〔宋〕胡瑗著，白輝洪、于文博、〔韓〕徐尚賢點校。

《周易玩辭》，〔宋〕項安世著，杜兵點校。

《周易内傳校注》，〔清〕王夫之著，谷繼明、孟澤宇校注。

《周易外傳校注》，〔清〕王夫之著，谷繼明校注。

《易説》，〔清〕惠士奇著，陳峴點校。

《易漢學新校注（附易例）》，〔清〕惠棟著，谷繼明校注。

《周易學》，曹元弼著，周小龍點校。

《讀禮疑圖》，〔明〕季本著，胡雨章點校。

《王制通論》《王制義按》，程大璋著，吕明烜點校。

《春秋釋例》，〔晉〕杜預著，徐淵整理。

《春秋尊王發微》，〔宋〕孫復著，趙金剛整理。

《春秋集注》，〔宋〕張洽著，蔣軍志點校。

《春秋集傳》，〔宋〕張洽著，陳峴點校。

《春秋師説》，〔元〕黄澤著，〔元〕趙汸編，張立恩點校。

《春秋闕疑》，〔元〕鄭玉著，張立恩點校。

《春秋屬辭》，〔元〕趙汸著，張立恩整理。

《宋元孝經學五種》，曾海軍點校。

《孝經集傳》，〔明〕黄道周撰，許卉、蔡傑、翟奎鳳點校。

《孝經鄭注疏》《孝經講義》，常達點校。

《孝經鄭氏注箋釋》，曹元弼著，宫志翀點校。

《孝經學》，曹元弼著，宫志翀點校。

《四書辨疑》，〔元〕陳天祥著，光潔點校。

《張九成集》，〔宋〕張九成著，李春穎點校。

《錢時著作三種》，〔宋〕錢時著，張高博點校。

《吴澄集》，〔元〕吴澄著，方旭東、光潔點校。

《涇皋藏稿》，〔明〕顧憲成著，李可心點校。

《高子遺書》，〔明〕高攀龍著，李卓點校。

《閑道録》，〔明〕沈壽民撰，雍繁星整理。

《四存編》，〔清〕顔元著，王廣點校。

《小心齋劄記》，〔明〕顧憲成著，李可心點校。

《太史公書義法》，孫德謙著，吴天宇點校。

《肇論新疏》，〔元〕文才著，夏德美點校。

更多典籍敬請期待……